永远的珍贵
——谢璞先生纪念文集

谢乐军 谢然子 编

湖南少年儿童出版社

图书在版编目（CIP）数据

永远的珍珠赋：谢璞先生纪念文集 / 谢乐军, 谢然子编. — 长沙：湖南少年儿童出版社, 2020.8

ISBN 978-7-5562-4957-2

Ⅰ.①永… Ⅱ.①谢…②谢… Ⅲ.①谢璞（1932-2018）—纪念文集 Ⅳ.①K825.6-53

中国版本图书馆CIP数据核字（2019）第261945号

永远的珍珠赋——谢璞先生纪念文集
YONGYUAN DE ZHENZHU FU——XIEPU XIANSHENG JINIAN WENJI

策划编辑： 吴双英　熊　楚
责任编辑： 熊　楚　王　杰
装帧设计： 袁词媚工坊
质量总监： 阳　梅

出 版 人： 胡　坚
出版发行： 湖南少年儿童出版社
地　　址： 湖南省长沙市晚报大道89号
邮　　编： 410016
电　　话： 0731-82196340　82196341（销售部）82196313（总编室）
传　　真： 0731-82199308（销售部）82196330（综合管理部）

常年法律顾问： 湖南崇民律师事务所　柳成柱律师
印　　刷： 长沙新湘诚印刷有限公司
字　　数： 380千
开　　本： 710 mm × 1000 mm　1/16
印　　张： 22.25
版　　次： 2020年8月第1版
印　　次： 2020年8月第1次印刷
书　　号： ISBN 978-7-5562-4957-2
定　　价： 56.00元

版权所有·侵权必究
质量服务承诺：如有印装质量问题，请向本社调换。

谢璞先生（1932—2018）

作家手迹

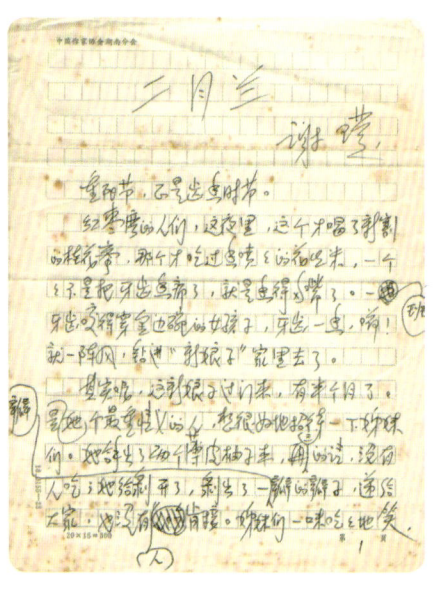

《二月兰》手稿　　　　　　　　细心打磨每一部作品

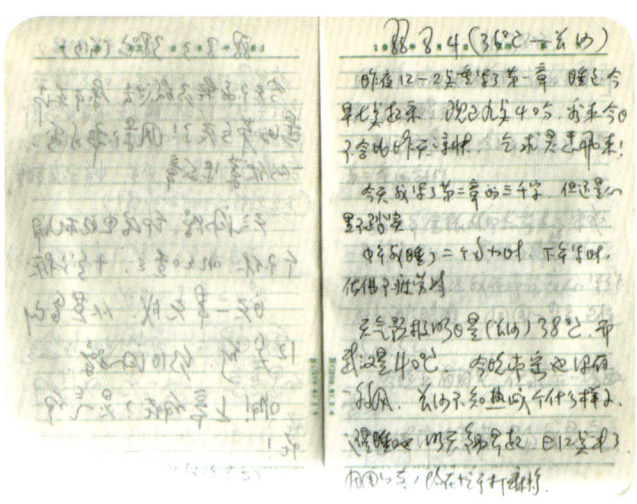

谢璞先生创作日记（1988年8月4日）

前辈祝福

谢璞同志：

接到手札，至为欢喜。当年纸秃笔，你太客气了。

去年我曾返湘，因那时"四人帮"正横行中国，我不愿给到人和自己惹麻烦，没有访问文艺界的任何熟人。"四人帮"倒台，我又有些微松筋了，但还没有写些什么。（又在努力写着）

看到你带有的作，非常高兴。望努力为文苑瑶植新花。

文化大革命的主要错误，是"四人帮"搞的。这次湖南搞批"四人帮"不平，一定搞得很好吧？

看了《山乡后变》，请挺一些修改意见。

那味农同志要发表《战场三记》，是否得到了有关的支持？便中请告知。祝

好！　董铸代向创作组诸同志和刘勇同志问好。

周立波 5.4

中国现代著名作家，编译家，
湖南省文联原主席周立波给谢璞先生的信

创办、主编报刊

为创办湖南省文联《小天使报》,谢璞先生付出了巨大的努力,亲赴北京等地,谒见冰心、严文井、叶君健等文坛前辈。

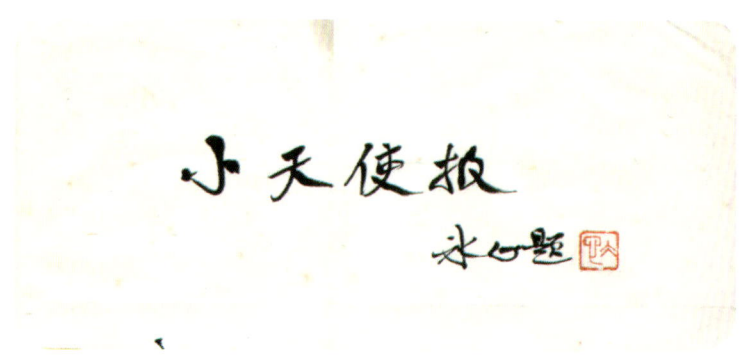

冰心先生为《小天使报》题写刊名

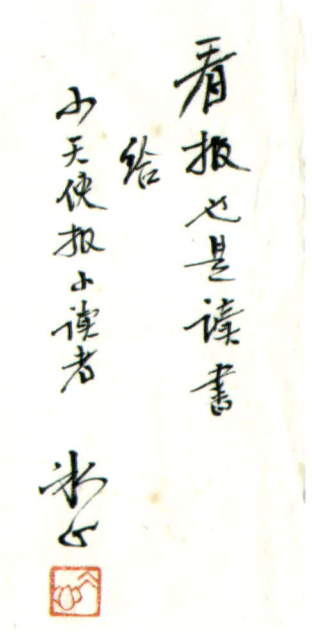

冰心先生亲笔
寄语《小天使报》读者

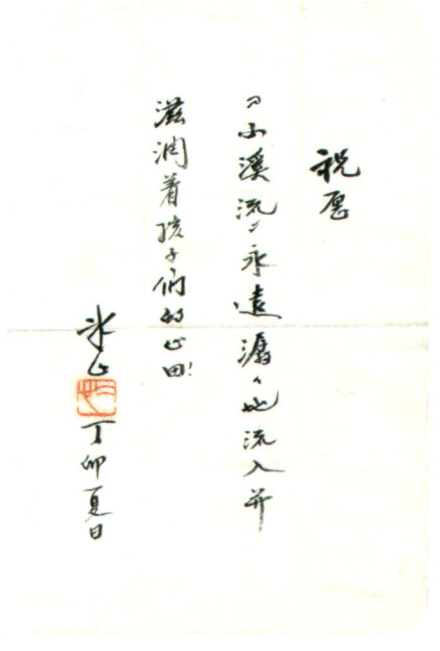

冰心先生请时任《小溪流》
杂志主编的谢璞先生转赠祝福

创办初期,冰心和严文井受邀,亲身指导《小天使报》的编创工作。

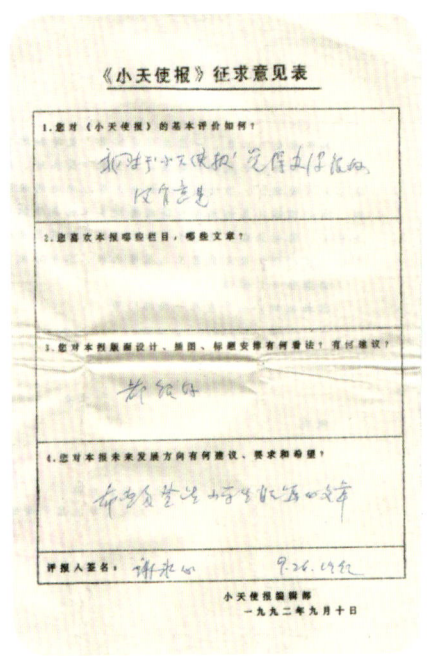

冰心先生填写的
《小天使报》征求意见表

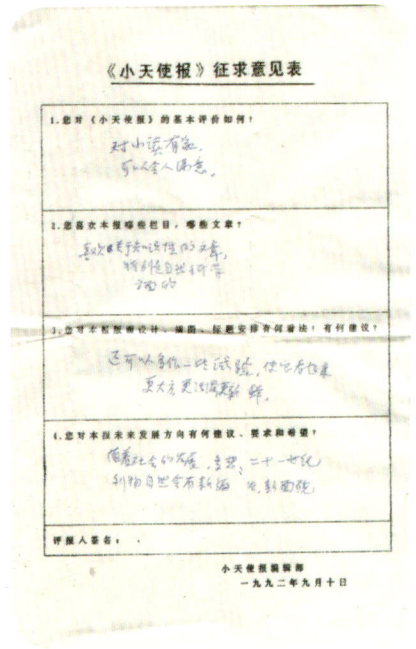

严文井先生填写的
《小天使报》征求意见表

叶君健先生的题赠

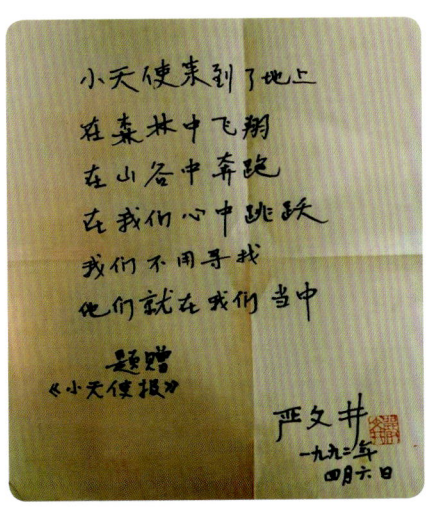

严文井先生题赠《小天使报》

成长记录

少　年

青年·中国作家协会文学讲习所期间

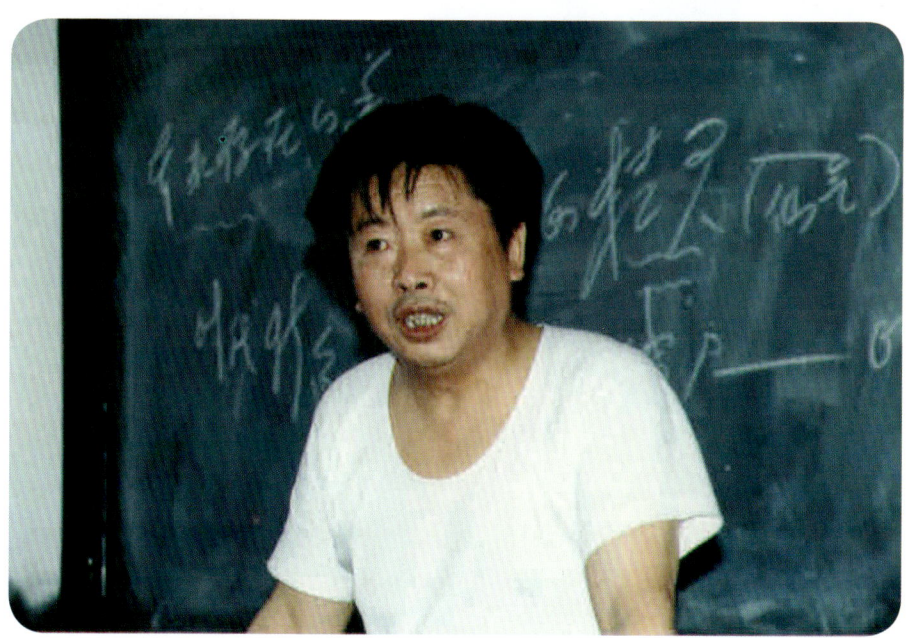

中年·全情投入授课

老年·谈笑风生，桃李满园

荣 誉

谢璞先生所著小说、散文和儿童文学作品(部分)

2009年,中国作家协会为谢璞先生颁发
"从事文学创作六十年"奖牌和荣誉证书

中华人民共和国教育部来函（1977年），
谢璞先生散文《珍珠赋》入选全国中学语文课本第五册

1992年，获得由中华人民共和国国务院颁发的全国首批"政府特殊津贴"专家荣誉

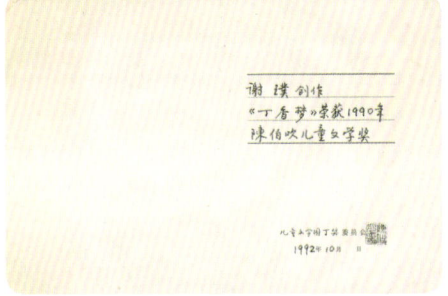

散文《丁香梦》获
陈伯吹儿童文学奖（儿童文学园丁奖委员会颁发）

散文《一片"菩提树叶"》获
1998年全国报纸副刊作品年赛金奖

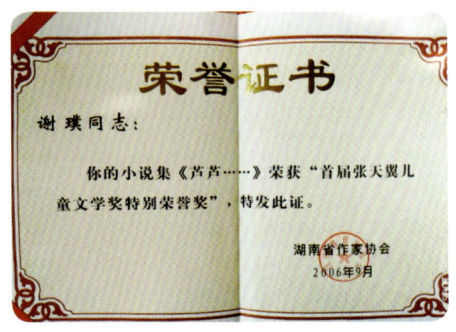

小说集《芦芦……》获
"首届张天翼儿童文学奖特别荣誉奖"

与文艺界师友合影

1992年4月8日，与冰心先生合影

与未央先生（图右）合影

与叶君健先生（图中）、曹文轩先生（图右）合影

谢璞先生（第一排左一）与湘籍著名作家、学者大合影

谢璞先生（第一排右一）与湖南省文学艺术界联合会同仁合影

2017年春节，与湖南儿童文学界作家欢聚

率团出访缅甸

  1989年12月至1990年1月，谢璞先生接受国家指派，担任中国作家代表团团长，出访缅甸，圆满完成任务后，受到外交部嘉奖。

爱的一家人

谢璞先生与夫人曾筱青女士
——执子之手，与子偕老

两双儿女终于落户长沙，
年近五十的谢璞先生安居了

谢璞先生与大儿子谢乐健（图右）
及侄儿谢乐军（图左）合影

书信鼓励

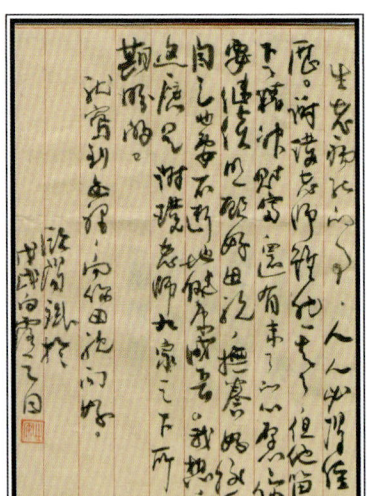

得知将出版《永远的珍珠赋——谢璞先生纪念文集》，湖南省文联主席、湖南省政协原副主席欧阳斌拨冗为谢璞先生的小女儿写下了一封信，以示鼓励。

序

斯人已逝，风范长存

尊敬的谢璞老师，我今天代表湖南省儿童文学学会、湖南省儿童文学界的朋友来送您，并且作这个发言。

我和众多儿童文学界的朋友，在学生时代都读过您的《珍珠赋》，是在您的文学滋养下成长起来的。

您是《小溪流》的创始人之一，并且创办了《小天使报》。您在写作和编辑之余，长期兼任省作协儿童文学委员会主任，您也是张天翼童话寓言奖的主要发起者和组织者。您为培养湖南乃至全国儿童文学作家作出了重大贡献。您在主持儿童文学委员会工作期间，四处筹钱办"南岳儿童文学笔会"，坚持一年一届，办了十余年；主编了《文艺湘军文丛·儿童文学卷》等多种重要图书；您为许多后辈作家作品的出版奔走呼吁。如今，"南岳儿童文学笔会"成为了贺晓彤、卓列兵、杨远新、庞敏、唐樱等许多作家温暖的记忆。《小溪流》杂志成为了深受读者、老师和家长喜爱的重要的儿童文学期刊，扶持了一大批儿童文学作家，影响了两代人的成长，不少人都自豪地说："我们是读《小溪流》长大的！"

谢璞老师，我还记得20世纪90年代初，我刚到长沙工作不久，您带领我们到津市开笔会。在路上，您开玩笑说："小汤，哪个若是欺负你，你告诉我，我和他打架。"谢璞老师，这20多年里，我一直记着这句话，这是一种温暖的力量，让我在寒夜独行时也不觉孤单。我还记得前年年初，我们湖南省儿童文学学会的后辈们一起到您家里看您的情景。那天您的精神很好，脸上的笑容纯净灿烂。您跟我们回忆起您年轻时的许多事情，告诉我们生活才是写作的沃土，并且鼓励我们趁年轻的时候多写好书，多出精品。

　　谢璞老师，正如严文井先生所说，"你是一个有自己特色的作家，你有自己的主张，于是在黯淡的浓雾中你也寻找美，而且总是渲染出一些彩色，有的鲜艳，有的淡雅，但都令人信服。"您同时是一位温厚的长者，一位文学的引路人。您曾用您的文字滋养我们，用您的手扶持我们。今天，您虽驾鹤西去，但您的风范长存。就像童话故事《去年的树》的结尾那句话："火柴已经用光了。可是，火柴点燃的火，还在这盏灯里亮着。"您这盏儿童文学的灯，会永远亮着。

谢璞同志生平

2018年3月6日（农历正月十九）14时23分，谢璞同志因病医治无效，与世长辞，享年86岁。

1932年11月21日（农历十月廿四），谢璞同志出生在湖南省洞口县高沙镇。新中国成立之初，他就担任高沙镇农民协会会长、镇人民政府干部，积极投身国家建设。他热爱学习，心中一直想"多读书"，工作后又考上了高中，毕业后到洞口县洞口完小任教员。1956年，他进入中国作协文学讲习所学习，学成后分配到洞口县报社工作。1960年调任湖南省文联专业作家。"文化大革命"期间，下放到绥宁农村劳动，先后任邵阳地委宣传部政工组干部、邵阳地区文工团创作组组长，1975年9月至1977年在省网岭干校劳动。1977年3月重新回到省文联从事文学创作，1981年3月加入中国共产党。历任湖南省作家协会副主席、名誉主席，湖南省文联主席团专职成员、副主席、执行主席，是湖南省第三、第五届人大代表，政协湖南省第七届常委。

谢璞同志是一名优秀的共产党员，湖南文艺界称颂的老领导。他无论做什么工作、在什么岗位上，总是热情洋溢、活力四射，全力以赴，用自己对党、对事业、对人民的满腔热忱，感染和鼓舞大家齐心协力干事创业，赢得了大家的尊敬和爱戴。1989年12月至1990年1月，他担任团长，率中国作家代表团出访缅甸，促进了中缅两国文化交流，受到外交部和中国作协嘉奖。退休后，他十分关心支持省文联机关和我省文艺事业的发展，积极参加各种活动，身体力行，为我省文艺繁荣兴盛建言献策，贡献力量和智慧。

谢璞同志是我国当代著名作家，一生笔耕不辍，为我们留下了一笔丰厚的精神财富。年轻时，他就展现了过人的文学天赋，高中时在北京《新观察》和省级文艺报刊上发表作品，崭露头角。他坚持深入生活，扎根人民，爱憎分明，喜人民群众之喜，憎人民群众之憎，始终把对时代与人民深深的爱与关怀倾注笔端,创作了长篇小说《海哥和"狐狸精"》、散文集《珍珠赋》、中短篇小说集《姊妹情》《二月兰》《无边的眷恋》《夜郎西舅》、儿童文学集《竹娃》《芦芦……》、长篇童话《小狗狗要当大市长》和《谢璞自选集》等29部文学作品。他的《珍珠赋》曾被选入全国中学语文课本和大学文科教材。《二月兰》《竹娃》《五月之夜》《珍珠赋》等入选《中国新文艺大系》《中华人民共和国五十年文学名作文库》等选本。《竹娃》获全国儿童文学创作奖,短篇小说集《忆怪集》获1982年全国优秀儿童文学读物奖,《雀疑》获第三届散文奖,童话《丁香梦》获1990年陈伯吹儿童文学奖,散文《湖的呼唤》获湖南省第二届报纸副刊一等奖,中篇小说《信誓旦旦》获1981年湖南省文学创作奖。他的作品营造了一个个爱与美的独特艺术世界,展现出可贵的纯净和优美,吸引了千百万读者在其中流连忘返,永不停歇地探索追求真善美。他还诲人不倦,热心扶持文学新人,引导帮助指点众多文学爱好者走上了文学创作之路。他曾任《小溪流》杂志主编。1992年,创办了《小天使报》,执着于对少年儿童的文学教育培养,团结发掘了一批优秀作者,推出了一大批优秀作品。

谢璞同志逝世,我省文艺界失去了一位好领导、好老师,失去了一位德艺双馨的好作家。

谢璞同志一路走好。

湖南省文联党组书记　夏义生
（2018年3月10日）

目录

文学艺术界谈谢璞先生 ……001
总想对人说——含泪说谢璞（谭谈） ……002
作家原是一郎中（未央） ……004
您是璞玉珍珠般闪——悼谢璞（彭学明） ……007
至美素璞，深爱不谢（周伟） ……009
难忘老友的鼓励——忆谢璞（张步真） ……014
心有鲜花，世界尽美——追思谢璞兄（水运宪） ……016
湘江落泪，雪峰呜咽——悼念著名作家谢璞先生（谭士珍） ……018
且感且念——悼挚友、著名作家谢璞先生（袁千正） ……021
永远的标杆——怀念著名作家谢璞先生（欧阳亮） ……025
谢璞，我的精神导师（欧阳常贵） ……028
春雨为泪悼尊师（罗先明） ……042
我与谢璞老师的点滴（蒋子棠） ……055
名人其实很平常——谢璞的故事（蒋子棠） ……064
心中有情笔底香——怀念我最尊敬的谢璞老师（韩棕树） ……068
指路明灯——纪念谢璞老师（刘定中） ……071
信之念（邓跃东） ……074
悼念谢璞老师（高巧林） ……077
忆谢璞老师（罗长江） ……080
追忆谢璞老师（骆晓戈） ……083
珍贵而美丽的人间情分（高求忠） ……085
杜鹃啼血化牡丹——深切缅怀著名作家谢璞老师（伍经建） ……087
谢璞老师，我文学的引路人（卓列兵） ……089
他在风里雨里过着普通人的生活（张效雄） ……093

怀念恩师谢璞先生（王道森）……………………………………096

今夜重温《珍珠赋》（王道森）…………………………………099

一辈子播种阳光的人——纪念恩师谢璞老师（唐樱）…………101

怀念谢璞先生（张录早）…………………………………………104

半生相随，一生追思——沉痛悼念恩师谢璞老先生（谢长华）…107

怀念谢璞老师（皮朝晖）…………………………………………111

缅怀永远的恩师——谢璞（常瑞芳）……………………………112

清水在豌豆苗的嫩茎里流动（邓湘子）…………………………115

永远天真灿烂的笑容（艾叶青）…………………………………117

与谢璞先生的两次匆见（龚军辉）………………………………119

播种阳光文学的恩师——深切怀念谢璞老师（罗范懿）………122

清明时节泪潇潇——缅怀谢璞先生（谭笑）……………………125

我向谢璞先生交作业（黄正民）…………………………………128

心田漫涌春阳——追忆著名作家谢璞（刘第红）………………131

您一直在我们心中（刘芳）………………………………………133

雪峰之巅最闪亮的珍珠——怀念谢璞先生（林涛）……………135

大师，走好！——沉痛悼念谢璞老师（林目清）………………140

璞玉永恒——沉痛悼念谢璞先生（林丽英）……………………143

雨一直下（宁光标）………………………………………………145

怀念您，在每一个春天——怀念谢璞先生（宁小华）…………147

永恒的微笑——忆谢璞老师（欧阳宗岩）………………………149

此生谢幕，大璞归真——怀念当代著名作家谢璞先生（沙金）…152

谢璞：我也是高啊市人（唐可省）………………………………154

追梦路上谢恩师（吴国斌）………………………………………158

春分时节最忆君（向民胜）………………………………………160

生命有限，精神不朽——沉痛悼念谢璞先生（谢林涛）………163

悼念谢璞兄（萧尊凡）……………………………………………164

播种万万里，风流后来人（仙山老翁）…………………………167

七绝悼谢璞先生（向荣柱）………………………………………170

"小兄弟"的大文友（杨福久）……………………………………171

三月祭（袁姣素）……174
谢璞老师，您一路走好！（杨嫩葳）……176
谁在诵读《珍珠赋》（张继忠）……177
"珍"文"珠"语，赋我前行——追忆开启我文学写作之门的谢璞老师（朱能毅）……179
您走好！谢璞老师——忆与谢老的一次短暂交往（曾新国）……182
春雨霏霏忆谢老（三题）（张声仁）……183
杨柳春风惠泽长——忆伯父谢璞先生（向辉）……189
感同身受，深表哀思——纪念谢璞老师（刘小文）……193
每次走过八一路（章仙踪）……195
心香一瓣祭恩师——沉痛悼念谢璞老师（欧阳恩涛）……198
人民作家谢璞（曾杰）……200

文学艺术界之挽联（辞）选萃……201

亲属追思……211
老男孩（谢岱曦）……212
怀念叔父谢璞（谢乐军）……214
二叔永远活在我们心中——怀念敬爱的二叔谢璞（谢晓梅）……217
化作春泥更护花——怀念二叔谢璞先生（尹慧文）……219
五古·悼谢璞先生（魏斌）……222
长大以后，我才读懂您——悼念三外公谢璞（尹兰英）……223
如父、如师、如友——怀念表叔谢璞先生（王铭祥）……226
三湘四水失英才 芙蓉文坛陨巨星——追思岳父谢璞（郝泽军）……231
想念岳父大人（谭登高）……234
那一枚老茧（谢然子）……236
昨晚，我梦见您了（谢然子）……238
江南无所有，聊赠一枝春——送父亲谢璞（谢明子）……240
纪念我的父亲谢璞先生（谢明子）……243

文学评论摘选 ······ 255
- 致谢璞（严文井）······ 256
- 《珍珠赋·谢璞散文选》序（郭风）······ 259
- 漫谈谢璞的创作道路（冯放）······ 261
- 漫谈谢璞的作品（欧阳文彬）······ 266
- 美的追求（朱日复）······ 271
- 谢璞，湘西南当代文学的旗手（张建安）······ 273
- 谢璞的儿童文学作品，深深扎根于楚湘大地（谭群）······ 282
- 对交替变革时代的艺术观照——评谢璞长篇小说《海哥和"狐狸精"》（艾斐）······ 286
- 呼唤社会良知的警世之作——读谢璞中篇小说《夜郎西舅》（胡光凡）······ 291
- 痛彻肺腑，喜凌云霄——评谢璞的《信誓旦旦》（朱日复）······ 293
- 谢璞的新奉献：审美意识的自我超越——读《海哥和"狐狸精"》（袁千正）······ 299
- 论《忆怪集》对中国传统叙事的继承发展（吴振尘）······ 305

附录 ······ 315
- 谢璞创作年表 ······ 316
- 珍珠赋（谢璞）······ 319
- 丁香梦（谢璞）······ 322
- 汨罗江的鱼（外二章）（谢璞）······ 326

后 记 ······ 328

文学艺术界谈谢璞先生

总想对人说

——含泪说谢璞

谭 谈

　　昨天晚餐后，我习惯性地拿起手机，看看当天朋友圈里的信息。猛地，微信名"岳麓山下"（石光明）一条悼谢璞的挽联跳进了我的眼帘。我心一沉，难道我这位好师好友走了？我马上拨通省文联组联处处长谢群的电话。得到证实后，我默默地陷入了深深的沉思。这一刻，许多许多的话在心间涌动，总想对人说……

　　早在20世纪60年代初，我十七八岁的时候，在南海前线的军营里，发疯似的迷上了文学。连队里那个小小的阅览室里的书，很快就被我啃光了。这时，我给在家乡当小学教师的表姐写去一封信，请她寄几本书给我"解渴"。不久，我收到了表姐寄来的两本书。一本是马烽的《我的第一个上级》，一本是谢璞的《姊妹情》。当时，我读过《青春之歌》《林海雪原》等一批长篇小说，而短篇小说只在《解放军文艺》等一些刊物上零星地读过一些。集中地读某一个作家的短篇小说集，尚是第一次。这两本书，我都特别喜欢。然而，谢璞作品中家乡话的韵味，尤其是他每篇作品后面写下的某年某月某日于洞口等文字，使我这个身在海防前线、远离家乡的游子感到特别温暖和亲切。一下子，我就觉得我们的心靠得很近。这本不太厚的书，我看了又看，它引领、鼓舞着我在文学创作这条路上艰难地跋涉。

　　万万没有想到，十多年后，大概是1972年或1973年的某月，我和谢璞竟在湖南省第一招待所某一间房子里同住了多日。那时，省文联、省作家协会等文艺团体尚未恢复，省里有一个文艺工作室，正在编辑一本名为《工农兵文艺》的刊物，并在筹备创办《湘江文艺》，于是召集了一些作者来修改一批作品。我被召来修改短篇小说《胸怀》，谢璞则是来修改《报春花》。我们被安排住在同一间房子里。过去，他只是住在我心里的一位老师，一位我的文学引路人，而今，他一下子就活生生地站到了我的面前，我欣喜万分。不几日，我的作品先交稿了，而他还在改《报春花》。征得他的同意后，我就拿起他改出的稿子看了起来。我成了这篇作品的第一个读者。后来，为了赶时间交稿，他用恳求的口吻对我说："你能帮我抄抄吗？"我很乐意地接受了。于是，他在前面改，我在后面抄……

又是十多年过去。1985年，在第四次省作代会上，我意外地当选了省作家协会副主席。当年，我41岁，是副主席中最年轻的一位。第一次召开主席团会议，我就被未央、谢璞、周健明这些老大哥推举为常务副主席，为大家跑腿。于是，我们又在一个班子里工作了。

他是一个对工作十分认真负责的人，对同志尤其是对青年业余作者十分热心。基层的业余作者把稿件送给他，向他讨教，他总是热情接待。看过稿子后，开头总是这样说："不错，不错。"热情肯定之后，则推心置腹地分析它的不足，提出建设性的修改意见，总是给人以希望，鼓励人前行，并千方百计帮助一些基层业余作者改善生活和创作环境。

外面，春雨正沥沥地下着。春雨中，一树雪白的李花绽放了。我真想借这一树李花，送送你，送送我的这位文学路上的引路人！

作家原是一郎中

未央

大家都知道谢璞是著名作家,却很少有人知道他也是著名医生。

1964年,我们去偏远山区当"三忠于"农民。我和他分在一个大队,他是班长。我住的村子和他住的村子隔一座山,除了开会,很少见面。一两个月后,山里人便争相说:"谢医生有本事,××十几年的结石,让他两服药就打下来了!""谢医生医术高,××孩子,吃了他的药,走得路了!""谢医生真神,××吃了秘方,竟然怀上了!"

"哪个谢医生?"我问。

"就是谢干部,你们一起来的,你不知道?"社员说。

"谢干部?"我还不明白。

"就是那个大作家!"社员说。

我和谢璞同事10年,不知道他是医生。不仅我不知道,单位里的人恐怕也没几个知道。我这个以了解人为职业的"作家",对一个老朋友竟如此无知,惭愧。

开始,大家不知道谢璞懂医术。有个孩子吃野果子中了毒,不省人事。父母急得哭了,不知如何是好。谢璞用鸡毛弄了弄孩子的喉咙,让孩子吐个干净,然后给他喝些草药汤,孩子便转危为安了。大家惊奇地望着谢干部,没想到他还有这一手。从此,谁有了小病小痛便来求他。山村离医院远,人们又缺钱,得了病只能听天由命。现在有个现成的医生,又不要钱,真是求之不得。头痛脑热的人来了,长疗生疮的人来了,刀伤火烧的人来了,蜂刺蛇咬的人来了。谢干部变成了谢医生。

谢医生的名声大振,是在他露了几手绝技之后,他的绝技是治疗几种疑难症:不孕不育、结石和瘫痪。

结石对今天的城里人来说，已不算难症，但对二十几年前的公社社员来说，则是无可奈何。患者只能任其肆虐，不发作时惴惴不安，发作时痛不欲生。谢璞给开几服草药，药到石除。瘫痪可说是不治之症，农村里谁要是得了，一辈子就完了，躺着等死。谢璞用草药加特殊治疗，或者使瘫子站起来，或者大大改善其生活能力。婚后不生孩子，在农村是件大事。无论从封建孝道还是从实际利益来看，没有后代特别是没有男儿，使人抬不起头来。那些婚后不孕不育的妇女和男人，四处求医，敬神拜佛，心急如焚。谢璞授以秘方，并在精神上加以开导，果然使他们如愿以偿。据说他还可掌握生男生女的奥妙，更是令人佩服得五体投地。

社员们说，谢医生真神。于是，大家尊敬地称呼他：谢半仙。

一传十，十传百，求医者成群结队，连邻县的病人都爬山越岭来了。多的时候一天要看百来人，便像医院一样，让病人排队拿号子。那时候，不兴红包，求医者为了一表感激之情，大都会带些鸡蛋、干笋之类的农副产品，但都被谢璞回绝。有些远道而来的病客，谢璞还得为其安排食宿。谢璞废寝忘食，救死扶伤，没有一点作家派头。

有一次，下放干部去县里开会。谢璞在半路上被病人拦住，请到家里为其诊治。这一拦截招来了不少病人，从晚上到天亮，一夜不停，看完后急忙赶路，没走多远，又被拉住了。这样走走看看，3天过去了，县里的会散了，谢璞还在路上。"怕你失踪了呢！"领导生了气。

那一年末尾，传来消息说："三忠于"是终身制，将逐步减少原有工资和城市粮票，明年某个时候，将会完全取消工资和粮票。"三忠于"农民跟社员一样，靠工分养活自己。生产队给我评的底分是5分，这是照顾我，其实只够3分。我每天割鱼草两筐，生产队客气地给我记上5分，也就是一角二分钱。前景是可怕的，我决定拜谢璞为师，学一点手艺活命。谢璞对老友情深义重，二话没说，收了我这个徒弟。

他首先教我认药，带我到山里去寻花问草。青蒿、一枝黄花、四方马兰、黄精、玉竹，这些常用草药容易找，路边坡下随处可见。七叶一枝花、八叶莲、马蹄细辛、鸡血藤等可不是随手可得的了。有的藏在深山老林，有的躲在400米以上的高峰，跑一天半日空手而回是常事；踏破铁鞋无觅处，得来全不费功夫，也是常事。寻花问草，是一乐趣。"众里寻他千百度，蓦然回首，那人却在灯火阑珊处。"谢璞可算是一个野生植物学家了，一种植物是什么目，什么科，外形特征，生长习性，医药用途，等等，他都能说得一清二楚，连内行都钦佩。

什么药治什么病，他教给我一些歌诀："有人识得半边莲，半夜敢同蛇来眠"，"打得地下爬，只要八棱麻"，"肚子痛，牛皮冻"，等等。"这些看似简单的法子，用起来就复杂了。"谢璞说。我写过诗，便把师傅传授的内容编成了一首民歌体的长诗，不断背诵。我感到很有韵味，不比那些千古名诗差，也许真要靠这首诗养活我了，我想。

师傅给病人诊治的时候，我常在旁边见习。他先给病人拿脉，然后和病人扯家常。家里几口人？口粮够吃吗？媳妇还听话吗？一边扯家常一边观察病人，看看舌头，翻翻眼皮。"西医注重局部，某个器官，某个部位；中医注重整体，精气神，阴阳五行。"师傅说，"西医讲病从口入，中医讲病从心起。"

危重病人不能来，谢璞就上门诊治。无论爬山越岭，还是深更半夜，只要有要求，他毫不犹豫。有一次，他带我去看一个瘫痪病人。老头子卧床不起十多年，骨瘦如柴，大小便不能自理，儿孙又没有时间和耐心，床上床下气味难闻。谢璞不嫌脏，轻轻揭开被子，抚摸病腿。"痛不痛？"一边捏一边问。他开了几味草药，交代了一种土疗法，对病人的儿子说："久病体虚，要补气补血。到山上搞点土党参，买二两当归、半斤红枣，炖个母鸡给他吃。有钱吗？"师傅又对我说："营养太差了，别说病人，没病的人都会拖病。"

谢璞怎么成为医生的，是个谜。我问他，他不愿多说。"听说是祖传秘方！"我问，"什么祖传秘方？"谢璞叹了口气："我父亲是弹棉花的，家里有人病了请不起医生，就自己用草药对付，我也就学了一点。草药郎中被人看不起，没有地位。穿西装的医生坐着车子来，穿长衫的大夫坐着轿子来，穿草鞋的郎中背着草药来。穿西装的医生来了杀鸡，穿长衫的大夫来了煮蛋，穿草鞋的郎中来了只有一碗茶。"

"人家称你为半仙，你怎么那么灵？"我问。

"我也只有那么三板斧，靠精神作用吧。不管什么方子，有一味药是少不了的。"他笑笑。

"哪一味药？"我问。

"感情，"谢璞说，"方子里有了感情，药效才会不一样。这是最强的增效剂，有时甚至可以起死回生。"

拜师的时候，我希望师傅不要留一手，把真功夫传给我。"感情"这一味任何方子都不能少的"药"，可能就是他的真功夫吧。

您是璞玉珍珠般闪

——悼谢璞

彭学明

自上帝把您作为一块璞玉
遗落洞口
您就是洞口的儿子
被谢家收留
上帝说您是谢家的骨血
归谢家佩戴
玉的质地
归谢家养育

用洞口的山养
养出了您山一样的骨头
用洞口的水养
养出了您水一样的温柔
洞口的浪漫民风
养出您丰盈温润的情意
洞口质朴的民情
养出您深沉饱满的宽厚

您的本色是玉
您的本真是文
您用86年的时光

磨砺自己的灵魂
风雨磨成彩虹
阳光磨成云锦
鲜花磨成蜜糖
烟火磨成图腾
一块人生的璞玉
您总精雕深吻
雕出人格的渊清玉洁
吻出文品的朱弦玉磬

一朵二月兰
就这样永远开着
开得那样鲜美艳丽
一曲珍珠赋
就这样永远唱着
唱得那样美妙深沉
在每一个醒来的丁香梦里
人们都会怀想海哥
怀想竹娃
怀想五月之夜
怀想小溪流的早晨

至美素璞，深爱不谢

周伟

惊悉著名作家谢璞先生逝世，网上悼念诗文似飞雪，如花海，若星河。我本应执弟子礼前去殡仪馆祭奠，却终未成行，一个人在书房默默哀之。再读先生的华章，以示哀念，记初心，明壮志，知前行。

二月兰

"二月兰是开在黑墨油浸的泥土上的。"

写出成名作《二月兰》前，谢璞已是一个崭露头角的青年作家。但他仍坚持每年至少有半年在家乡体验生活。他说他忘不了他的恩师周立波，忘不了恩师的严格要求，忘不了恩师的良苦用心。那时，湖南省文联的所有作家都被周立波主席一挥手，"赶到"农村去了。举家搬迁，同吃同住同劳动，真正地与农民打成一片，手拉手，同呼吸，共命运，心连心。许多年后，谢璞说起那时的生活，仍然是无限地留恋和向往。

在那火热的年代，谢璞在生活的沃土里扎根，满怀敬意地礼赞新生活。他以多情的眼光注视着阳光照得最多的地方，以多情的笔墨关爱着那些可亲可敬洒满阳光的人物。在家乡农村，他再次掀起"情感的风暴"，满腔爱意地表现新农村的诗情画意，反映一代新人的赤诚和纯真。

他成功了。《人民文学》的编辑读到他的作品，好似"喝了新割的桂花蜜"，好似"吃过香喷喷的花生米"，真个是甜蜜了，"香痛了"！"嗬！就一阵风"似的刮过了沉闷的文坛，谢璞的作品给文坛带来令人惊喜的生气和活力。成千上万的读者喝彩，纷纷和作者一起醉了——"湿湿的两眼看着这朵二月兰，心里却感到了我们乡下的土地是这么迷人"！

二月兰，是乡间生长的一种野花，不起眼，低调质朴，无私奉献，生命力顽强。它随春天而来，沉默不语，无声无息，平淡坦然，泰然处之，静静地悄然开放。它笑对春风，兀自万朵怒放，一任淡淡的花香芬芳乡野。季羡林也曾这样赞许二月兰："应该开时，它们就开；该消失时，它们就消失。它们是'纵浪大化中'，一切顺其自然，自己无所谓什么悲与喜。"

在创作上，谢璞也总是以二月兰自况，永不满足，永不停歇。我想，他心中许许多多的"二月兰"，长久盛开在黑墨油浸的泥土上，永久，永久地芬芳着。

五月之夜

五月的鲜花开满了田野，盛开的石榴花艳红似火，家乡的槐花开满一树树淡淡的清香。五月，是浪漫似水的季节，也是踏青的季节，满眼都是绿的海洋……

五月，于我来说最令人难忘的还是在谢璞先生的华章里。《五月之夜》，那么美，那么纯，那般明澈，那般深远……它是散文？是诗？是小说？也许更确切地说，是一首人情味浓郁的散文诗。

一到五月，大自然就换上了新装。吹着口哨，赤脚奔跑于山野，新鲜甘美扑鼻而来，蹿入心扉。

"美妙的五月之夜，迷人的月亮，睨着熟透的枇杷和酸甜的杨梅微笑。才喷开的榴花枝头，有痴心的杜鹃一声声啼叫，也许让饱含菜油麦粒的香味和青草气息的清风灌醉了！"

真是太美了！天下至美，美不胜收。难怪庄子有言："朴素而天下莫能与之争美。"

这不单单是一处妙不可言的风景，更是一个作家矢志不渝的艺术追求，追求那一方至善至美绚丽多彩的艺术园圃。

一个作家的美学追求，就是一个作家的艺术生命。

我想，能否成为一个真正的艺术家，要看这个艺术家有没有自己的艺术特色和艺术品。作家难道不是如此吗？作家头上的级别之差，也就是艺术品位的高下之分。我曾狂言，当今某些大红大紫气吞山河的"大作家"未必是真正的作家。朋友听到，怪怪地看我，说你的眼睛莫不是长在额头上？！我自信，我没有胡说，因为我至今没有看到那些"大作家"有一个作品可称得上艺术品。据此路数下去，我敢断言事实上某些"大作家"一生也拿不出一件艺术品来传世。

而谢璞,从不许人在他的名字前加上任何桂冠。他对待许多平民百姓,以及我这个小字辈,也时常以朋友和文友相称。他始终保持着朴素的平常心态。

白居易有诗句"田家少闲月,五月人倍忙。"谢璞先生说,五月有一点炙热,欢庆的劳动者流下的汗水,那是幸福的汗水。

他的《五月之夜》,就像一个老农流下汗水后收获的果实,是一个真正的艺术品。

他,是一个真正的作家,一个幸福的老农!

他更是一个多情的歌手,讴歌新中国,讴歌阳光,讴歌真善美。

他如山村田野草地上一只会唱歌的杜鹃,美妙的音符回荡在乡村田野上。

他更是一个出色的"美声"歌唱家,音律是美的,心灵是美的。

珍珠赋

有人说,《珍珠赋》是一个伟大时代的颂歌和缩影。我却认为,这篇作品更是从生活中打捞的珍珠!

在谢璞先生眼里,浩瀚的洞庭湖,美丽富饶的鱼米之乡,是中国版图上耀眼的珍珠。在先生描绘的生活图景中,水渠、稻田、棉花、垂柳、莲荷、姑娘、采莲船……一切都是那么美,一切都洋溢着他的欣喜之情。

有人说,珍珠尽月之光华,蕴珠之精魄,泽日之恩德,作天之灵惠。在谢璞先生的作品里放眼都是珍珠——"那沉甸甸的稻谷,像一垄垄金黄的珍珠;炸蕾吐絮的棉花,像一厢厢雪白的珍珠;婆娑起舞的莲蓬,却又像一盘盘碧绿的珍珠。"

"一个白发老渔民从舱里捧出一握珍珠来,只见那颗颗珍珠,有大如羊奶子头的,有小如红豆的,光华四射,莹光熠熠,鲜艳夺目。"

谢璞,这个文坛中的"老渔民",一直默默地打捞着生活中的粒粒珍珠。他又是一位出色的能工巧匠,打磨后又把一粒一粒珍珠串起来,"这排排串串的珍珠使天上银河失色,叫满湖碧水生辉"。

从此,《珍珠赋》与八百里洞庭湖和它的读者结下了不解之缘。从20世纪70年代起,《珍珠赋》进入全国中学语文课本和大学文科教材,何止上亿的青少年在课本上朗读过《珍珠赋》！为它动情，为它欣喜，为它叫好，为它痴迷，为它沉醉，为它倾倒，为它心旌摇曳。

我们赞美珍珠，我们更要赞美打捞珍珠的"老渔民"和串起珍珠的能工巧匠。

晚年的谢璞先生，时常和我说起《珍珠赋》，也说起《珍珠赋》的微瑕。他说作品中有一些语句带着当时政治的因素，留下一些遗憾！我说，那个时代的作品，自然会打下那个时代的烙印。

那天中午，谢璞先生执意留我午餐，因身体原因久不喝酒的他，拿出一瓶陈年老窖，我俩喝得尽兴。最后，先生谆谆告诫我为人为文之道：做人要素朴，为文要深情。我们要从生活中打捞珍珠，要经得起时间和人民的检验，必须向经典作品看齐。

我边喝边说，《珍珠赋》就如这陈年老窖，经典品质，越久越香。我还说，大家都还记得《珍珠赋》，仍旧喜欢《珍珠赋》，正如先生在作品的结尾中写道："因为每一颗珍珠，都沐浴着生养万物的雨露阳光，每一颗珍珠，都是洞庭碧波上开放的瑰丽花朵！"

我不禁生出无限感慨：春风和暖人间，珍珠永放光彩。

草香

谢璞先生的长篇小说中，有一部作品有着一个乡土气息浓郁的名字——《海哥和"狐狸精"》。其主角的名字叫"草香"。这是他情有独钟的艺术追求和审美观决定的。谢璞先生在和我的多次聊天中，也一直对这个作品念念不忘。

大家都说《海哥和"狐狸精"》是很接地气的作品，阳春白雪和下里巴人都喜欢。是的，他一直喜广大人民群众之所喜，憎广大人民群众之所憎。他光明磊落，凡是群众喜闻乐见的，他总是热情地歌颂，捧出"新的绿叶和鲜花"。大树和小草都是他心灵中的"上帝"。他歌颂生活中本来存在的美，却从不宽容危害人类本身的毒疮脓包。他常以笔为剑，深深刺痛了社会上的那些卑鄙无耻之徒。他乐于以森林啄木鸟为师。

有人说，谢璞总是声若洪钟，话语中满是蕴含着人生哲理的激情，富于诗意，谢璞的脸上始终春风满面。我说，他有颗水晶石般透明的心。品读《海哥和"狐狸精"》，我再一次看到了这颗透明的心。

那个戴口罩的春天，我去拜访了谢璞先生，也和他谈到这部作品。谈着谈着，我心直口快地说："谢老，这部作品如若再版，我建议就干脆改名为《草香》。"谢璞先生沉吟了一下，抬头看着我，微笑着点了一下头，又点了一下头。

我的粗浅意见能得到先生的认同，我想是先生的草根情怀使然。先生最后一部作品《情多草莺》给了我主编的家乡的文学内刊，我捧读着，沉甸甸的，是大情怀，是大爱。

对于家乡的作者，先生总是给予无微不至的关怀和如许之多的鼓励和爱。谢璞先生常说，每一颗种子，每一棵草苗，我们都要用心地培植，浇水，施肥，让它不断冒出嫩绿。

后来，我也在自己的一篇小文中写道："小草是卑微的，也是坚韧的。小草常被人践踏，它却总是向上地生长。小草不计得失，平实无华，真实简单，快乐幸福。风起绿洲，草随风动，梦随心动。万物生，万物生光辉，万物由人生。"

由"草香"的感人形象我又想到草。草很平凡，也很伟大。

而草的芳香，却是世上无与伦比的。唯有她的芳香，透彻心脾，香得更纯净，更淡雅，更久远。

谢璞先生走了，留下了真、善、美，留下了鲜花、阳光和童话，留下了大爱和真情。

他和他的世界里，哪怕是一袭草香，一朵水花，一抹霞光，一缕炊烟，一流清涧，一星灯火……都是至美素璞，深爱不谢！

难忘老友的鼓励

——忆谢璞

张步真

2018年3月27日上午,我与诗人贺振扬同志通电话,惊悉著名作家谢璞于3月6日去世,我很是惋惜。我住在城市的郊区,信息闭塞,过了这么些天才知道,心里头怅怅的。

回想起1963年夏天,我与谢璞同住在省委接待处。他与上海电影制片厂的同志一起在写《牛多喜坐轿》的电影剧本,我则是为一部革命历史题材作品,在那等候一个结果。那阵子,谢璞进入了一个创作的井喷时期,《人民文学》《上海文学》经常发表他的作品,影响很大;我创作虽然也有四五年了,但尚在摸索阶段。谢璞待人很谦和,早晚我们同在庭院里散步,交流各自的生活和创作。

转眼到了"文化大革命"。我参与的那个革命历史题材作品这时遇到了极大的麻烦。不时有外调人员来找我,虽是调查,有时却搞成了审讯,给我造成了很大的压力。一次,我请假回韶山探亲,路过长沙,晚上,我寻到谢璞那里,说起我的苦恼。他立即教我一招应付的办法:将调查材料写成散文。于是,我如法炮制,再有外调人员来,我也是写现场的情况,这样的证明材料,自然不合那些人的口味,虽然为此挨过外调人员的责难和训斥,但落了个心安。

不久,我离开了县城,在一个僻远的山区公社担任财粮干事。我把家也搬下去了,对写作也没有什么兴趣了。大约是1972年春天吧,谢璞与孙健忠两位来岳阳采风。谢璞写了后来收入中学语文教材的散文名篇《珍珠赋》。他们打听到我工作的地方,就要去看我。那时交通很不方便,从岳阳到平江再到我们那里,要转几次车,还要在平江县城住一个晚上,他们还是寻到那个山高水远的地方来了，带来了浓浓的友情，说的都是热情鼓励的话。尽管他们只待了几个小时，那份真情，我一直珍藏在心底。

　　进入新时期后，我接连发表过一些作品，凡有一点小成绩，谢璞总是热情鼓励。有好几次，岳阳去省里参加会议的同志回来告诉我，谢璞又在会上介绍了你的作品。这就是说，不管你在不在场，他都不会遗漏朋友的每一个微小的进步，总是不忘给朋友点赞加油。

　　1996年冬，我在北京参加全国文代会，住京西宾馆，我们两人恰巧又同住一室。我们借此机会谈文学，交流互相的生活和见解，朝夕相处，度过了愉快的十来天。

　　后来，我们相继都退休了，见面的机会少了，但彼此牵挂，常常互致问候。谢璞对事业勤奋执着，对朋友热情诚恳。这么好的朋友远行离去，让我十分痛惜。谨以心香一瓣，以表我无尽的怀念！

心有鲜花，世界尽美

——追思谢璞兄

水运宪

我的文学师长中，最愿意表达真性情的作家就是谢璞。也不是愿意不愿意，他那是与生俱来，从来不懂得如何掩饰自己。

在我最初忝列文坛的那个年代，文学大师们身体都还健康。举目四望，星光灿烂、烁烁炫目、不胜景仰。作为文学青年，时刻体会到一种被沐浴的幸福感，自然也就心生敬畏，高山仰止。

唯有谢璞兄从来不看重自己头上的光环。他不知道著名作家应该端着什么身段，不知道在崇拜者面前如何好为人师、口吐莲花，甚至不知道作为文艺界的领导者，应该如何拿捏举止、装腔作势。在这些方面他真的近乎无知，所以无知者无畏，无畏者方为真君子，真君子才敢于真性情。

在文学圈子内，但凡小有成就尤其是占有了地位的作家，眼睛很容易失去光亮，一般都不屑于肯定和抬举同行。读别人的作品，第一表现便故作矜持。批评的意见不说，表扬的意见更不说，一副见人高一等的神态，让对方惴惴不知所然。

谢璞兄却从来不那样，看完每个作者的稿子，他总能发现兴奋点，然后一点一滴地拎出来，美味佳肴一般地品尝，并且赞不绝口。当然也有一二指点，令狂喜之下的作者心悦诚服。每每参加作品讨论会，谢璞兄对于自己真心喜欢的篇章从来不吝溢美之词，甚至不惜夸赞到极致，常引得与会者哄堂大笑，无不被他那一腔赤诚所感染。

还有一次参加文艺界团拜会，谢璞兄目不转睛地望着一名女子，禁不住连连感叹："哦！太漂亮了！她不就是蒙娜丽莎吗？真美啊！"那女子确实很漂亮，却跟蒙娜丽莎长得不是一个类型，他全然不管，固执地用心中最美丽的模板予以形容，可见他是真心喜欢。我相信当时还有其他人也真心喜欢那女子，却没有一个人能像谢璞兄那样，敢于把真心话坦荡说出来。

　　真实的性情人人都有，表达真实性情的人却并不常有。那是因为愿意真实表达虽然是优点，却并非是必备的优点。不表达真性情至少算不上太大的缺点，于是世俗便将这美德屏蔽了。生存的环境在许多人的心里多为险恶，于是乎见人且说三分话。而在谢璞兄心中却遍地鲜花，所以他不惜全抛一片真心。

　　心中有鲜花的人，视野中必然充满了美好。谢璞兄就是这样的人，他却悄悄地走了，走得令人扼腕痛惜。

　　好在他心中的鲜花从未枯萎，所以我相信，谢璞兄去到另外一个世界，仍然还会邂逅无穷无尽的美好。

湘江落泪，雪峰呜咽

——悼念著名作家谢璞先生

谭士珍

青年乐新交，垂暮思故友。我是个年迈的老人，每到长沙，一定会去看望未央、谢璞、孙健忠、刘勇等老朋友。2018年3月8日，我到省文联拜访谢璞兄，先见到了老作家胡英，他正在图书室写字，写的是一副挽联：

> 小说散文等身，乡土乡情香四海
>
> 寓言童话叠翠，美文美德惠千秋

这挽联是以省文联老同志的名义悼念谢璞的。见到这挽联，我充满了痛惜和伤悲，如炸雷轰顶，惊恐万分。尽管我早就知道他身体欠佳，罹患尿毒症，每周要做三次透析，真是苦不堪言，但得知噩耗，我的心情仍久久不能平静。我常去看望谢璞兄，这次特意买了四盒滋补中药想送给他，可他却悄悄地走了，永远地走了！

我与谢璞兄相交半个多世纪，他年长于我，我称他兄；他成就大，我称他师。还有，我们同为"宝古佬"，是乡友；我们均患糖尿病，是"糖友"；两人的作品都进入中学语文课本，是文友。可见，我们的友情不同寻常了。

谢璞兄1932年11月21日生于湖南省洞口县高沙镇，2018年3月6日在长沙与世长辞，享年86岁。他一生最大的爱好是读书和写作。他为文学而生，为文学奋斗了一辈子，早在读高中期间便开始文学创作，1956年入北京中国作家协会文学讲习所（即现在的鲁迅文学院）学习，1959年加入中国作家协会，1960年调入省文联当专业作家。

谢璞兄才思敏捷，是个多面手，小说、散文、评论、儿童文学均有建树，出版了20多部文学作品。长篇小说《海哥和"狐狸精"》《从摆子寨逃出的孩子》；长篇童话《小狗狗要当大市长》；中篇小说集《二月兰》《无边的眷恋》

《信誓旦旦》《血牡丹》《忆怪集》《姊妹情》《剪春罗》；散文集《珍珠赋》等。其中《竹娃》获全国儿童文学创作奖，《忆怪集》获全国优秀儿童文学读物奖，《丁香梦》获陈伯吹儿童文学奖，散文《珍珠赋》入选中学语文课本和大学文科教材；《二月兰》《竹娃》《珍珠赋》等入选《中国新文艺大系》《中国新文学大系》和《中华人民共和国五十年文学名作文库》。他被评为国家一级作家，国务院特殊津贴专家，历任湖南省人大代表、省政协常委、省文联执行主席、省作协名誉主席、省儿童文学委员会主任。1989年12月，中国作协代表团访问缅甸，由他担任团长，出访非常成功，因而他个人受到了外交部嘉奖。

　　在创作上，他坚持"三为"：为广大读者写作，为真善美写作，为作品经得起时间检验写作。文学是他的初心，也是他的使命。他的作品带着泥土的芳香，蕴含着美妙的情思和丰富的想象。"湿湿的两眼看着这朵二月兰，心里却感到了我们乡下的土地是这么迷人"，其文笔何等的美妙和深情。我结识谢璞兄是从他的著名散文《珍珠赋》开始的。赋是我国古代的一种文体，讴歌美好的意思。珍珠是珍贵的药材和装饰品。作者开笔写道："芙蓉花盛开的日子，我和几位同志访问了浩瀚的洞庭湖，它是美丽富饶的鱼米之乡，又盛产珍珠。"作者聪明之处在于，他没用更多的笔墨写珍珠，而是以珍珠为切入点，状写社会主义农村的新面貌："那沉甸甸的稻谷，像一垄垄金黄的珍珠；炸蕾吐絮的棉花，像一厢厢雪白的珍珠；婆婆起舞的莲蓬，却又像一盘盘碧绿的珍珠。""今日洞庭，诗意盎然，彩笔难绘，简直是一个用珍珠缀成的崭新世界！"作者把洞庭湖写得如诗如画，美不胜收。中国作协原副主席谭谈当年在军营开始写作时深受《珍珠赋》的影响，对谢璞兄敬爱有加。

　　文如其人，谢璞兄热情、朴实、谦逊、耿直。某些作家有点成就便故作高深，神秘莫测，可谢璞兄始终保持着平常心，从不以著名作家自称。他是一个热情似火的耕耘者，又是一位热情似火的引路人，一旦发现有培养前途的作者，他便喜出望外，精心扶植，四处宣扬。他是湖南文学界受人尊敬的长者，不少现已成名的作家都得益于他的扶植和帮助。省作协名誉主席水运宪在一篇文章中写道："我的文学师长中，最愿意表达真性情的作家就是谢璞。"长沙市作协主席唐樱感慨地说："我这一路走来，一路的收获，不正是在最初遇到了谢璞老师这样的'伯乐'吗？"

　　谢璞不但搞创作，还担任过《小溪流》的主编，还创办了《小天使报》，对全省乃至全国儿童文学的发展做出过重大贡献。他以报刊做阵地，培育了很多儿童文学作家，在他的影响下，他的女儿谢然子、侄子谢乐军等在儿童文学创作上都取得了很大成就。

谢璞兄有文才，亦有口才。在创作会上，他的讲话充满智慧和幽默。他带着洞口乡音高喉大嗓，话语滔滔，激情四射，说的全是心窝子里的话。他不喜欢照本宣科，对着稿子念，而是喜欢即兴演讲。这样，虽有时会失之偏颇，但大家也都理解他，这比起那些假话空话大话要珍贵。

我与谢璞兄是同时代人，都在20世纪50年代开始创作，我俩之间是亦师亦友，我得到过他不少的鼓励和帮助，在多次的创作会上，他都宣扬了我对革命战争题材的贡献。2005年5月，作家出版社要出版我的散文集《烟雨朦胧》，我很看重这部散文集，想请谢璞兄写个序言。谢璞兄满口答应，很快写了序言《天秋山水》，对作品做了中肯的评价，序中写道："士珍嘱我作序，叫我这个与他以文交往了几十年的老文友倍感亲切。"

行文至此，我还想提及1989年岁末长篇小说《朝阳花》版权案一事。《三湘都市报》记者古竹为此采访了谢璞兄，谢璞兄不畏权势，为执笔者的我仗义执言："当年谭士珍很年轻，意气风发，每次文学聚会，穿着绿色军装的谭士珍特别引人注目，他当时正在为一位老红军创作《朝阳花》。"

这就是重情重义的谢璞！

这就是坚持真理的谢璞！

而今，我的恩师我的兄长离我而去，我岂不悲伤？他生于雪峰山下的洞口高沙，卒于湘江河畔的古城长沙，故此我以《湘江落泪，雪峰呜咽》为题写下以上文字，略以寄托我的无限哀思！

谢璞兄，您一路走好！

且 感 且 念

——悼挚友、著名作家谢璞先生

袁千正

2018年3月初，我一个在北京的朋友去世了，当我的悲伤还没消除的时候，我又得到了我的挚友谢璞先生仙逝的噩耗。这叠加的悲恸无异于是对我精神的摧毁。尽管我在武汉，老伴又瘫痪，生活不能自理，但念及我与谢兄60多年的交往和深厚情谊，我必须立即去往长沙，参加他的追悼会，和他做最后的告别。

追悼会上，我作为他的挚友，对他的去世有几句唁电式的表示，主要是对他作为著名作家的评价，而未谈及我们之间的友谊。回武汉后，我仍然不能平静，一直沉浸在悲恸和对他的感念之中。

谢兄长我三岁。我也出生于高沙小镇，我家住新街里，他家在兴隆街，不过二三百米之遥。他曾在高沙观澜小学读书，后来告诉我，家父曾是他的国文老师。我也在这个小学读书，比他低三个年级，当时并不认识他。我与他交往，是在蓼湄中学读书的时候。那时，他初三，我初一，他比我高两个年级，给我留下了深刻的印象。当他读高中时，他已经成了学校尽人皆知的学生，一是因为他成功扮演了学校排演的歌剧《穷人恨》（马健翎编）中的一个反面人物，一是因为他已经在报刊上发表了一些相当出色的作品。

他作为学长，主要是在写作上给我以影响。从高一开始，我主动去接触他，希望得到他的指点，他对我十分热情和真诚，于是我们就成了爱好趋同的同学和朋友了。受其影响和鼓励，我喜欢写作，也向地方报纸《资江日报》投稿。一旦稿件被采用，便喜出望外。我还和他有过一次合作，按照他的主意写出了一篇新人新事的小通讯，发表在了《资江日报》上。我感到，写作上他比我高明多了。当我看到他发表在《新观察》上的《我是苗家人》，以及发表在《新苗》上的《一篮子酸菜》以后，我已经把他当成我的老师来看待了。

之后我和他有了更多的接触。我们常在蓼河边、中学操场散步，谈论写作问题。他给我的感觉是，他时时刻刻都在构思作品。当胸有成竹时，他总是给我讲述他正要开笔的作品的主旨、人物、情节，甚至连语言、细节也和盘托出，希望我表示意见。我除了称赞，还能说什么？记得一次，他说，写作中的比喻，一定要生动、贴切，并且举例说明："就好比大热天口渴吃西瓜"，用来形容渴求被得到满足的感觉，就是蛮好的。他深懂文艺源于生活，他作品中的人物、情节乃至细节描写，都是生活中提炼出来的。一次，我对他提及，我曾见过一个心理紧张的人去拜访长者，长者礼节性地给他沏茶，他连连说："我不会，不会……"因为他以为长者是向他敬烟了。这个细节，被谢兄记下并用上了，具体在哪篇小说出现，我已经不记得了。我感到惊讶！他在创作上，竟如此细心，如此投入！

为了提升自己的创作，谢兄十分重视古今中外的文学名著。当时，每个学生每学期要向学校交纳五毛钱的图书费，他开玩笑地对我说："我可没有白交，我还赚了呢。"他是校图书室的常客，不断地借了还，还了借。他几乎从不午睡，他的午睡时间，都是用来看书的，就连多卷本的朱生豪翻译的莎士比亚戏剧集，他都读完了。鲁迅、茅盾、老舍、曹禺、丁玲、周立波、赵树理等名作家的作品，更是他经常借读的书籍。

谢兄待人十分真诚、大度。1952年我读高一时，学校举行命题作文大赛。没想到，我侥幸取得了全校第一名的成绩。颁奖后，他见到我，满腹热情，主动紧紧握着我的手，连连地说："好！好！好！恭喜！恭喜！恭喜！"在我看来，这个第一名，非他莫属，在他面前我甚至有点无地自容的感觉，我只好喃喃地道："侥幸，侥幸！怕是评委老师看走眼了吧。"在写作上，全校公认的最有实力的只能是他。

1955年至1962年，我在武汉大学中文系读本科生和研究生。与我不同，他1953年就参加工作，之后，由小学教师到报刊编辑，于1962年成为蜚声文艺界的专业作家。我在读大学，和他是在两股道上跑车。虽然如此，但我们仍然心心相印，交往密切。记得1956年他到我家，知道家父以37元一月的工资负担五口之家的不易，也目睹了我母亲疾病缠身、我读大学的艰难。所以，在他出版《姊妹情》一书，得到400元稿酬时，慷慨解囊，从上海给我寄来

40元，附言说："可到汉口吃几碗面。"须知，那时的40元，超过一般人一月的工资，至少相当于现在的四五千元吧。这笔钱，解决了我许多困难，使我感激万分。

我仍然关注他的创作。他发表的作品，几乎每篇必读，每篇都给我以启发和激励。有时，我也想就他的小说说点什么。1958年，《湖南文学》讨论他的一篇有争议的小说，他问我有什么看法。我写了一篇题为《瑕瑜互见》的文章，编辑部认为，文章意见比较中肯。之后，结束了讨论，他特意写信来，感谢我参加其作品的讨论。1988年，《理论与创作》创刊，应编辑部之约，我在创刊号发表了长篇评论《谢璞小说创作的价值取向和艺术追求》。我不知道，我的评论是否有深度、有分量，不过，据他告诉我，反响不错。在他看来，我的研究方向是中国古代文学，当时又正忙于整理闻一多的遗稿，主编新版《闻一多全集》，却能花气力读他的作品，认真写出评论，实在难能可贵。在我直接把稿子送去时，他一再对我表示谢意。

1955年至今，60多年来，我一直远离故土，在武汉、北京、西安、杭州等地学习、工作和生活，与谢兄晤面的机会不是很多。"文化大革命"十年，则完全没有见面。1982年，我调回武汉大学。过了两三年，谢兄因事来武汉，住在领袖曾多次下榻的东湖宾馆，我去看望他。他回访我时，我领他游览了珞珈山。在此间的景物面前，他显示出诗人的气质，称赞不绝。此情此景，至今历历在目。还有一次，我路经长沙，去湖南省文联内他的住所看望他。当时，他率中国作家代表团访问缅甸归来不久，心情特好，热情地告诉我了许多访缅的情况和细节。我分享了他的成功，同时感到钦佩。我离开他的住所时，他深情地送我，边走边谈，几乎步行了一公里，差点让我误了回武汉的火车。我最后与他见面是在七八年前。因为老同学在长沙聚会，我和中学同学——已经退休的宁夏文联原党组书记谭积洪同志一起去看望他。不用说，他表现出火样的热情，滔滔不绝，既谈往事，又谈当今。之后，他执意请我俩在长沙步行街一家雅致的饭店午餐。遗憾的是，当时没带相机，也没有智能手机，以致没有留下他的身影。

最近几年，每逢清明，我还是争取回高沙的。以我的年龄和尚能走路的身躯，是应当多回去看看的，一则为生我养我的父母和列祖列宗扫墓，一则希望回望我那青少年时期的足迹和梦想。可是，最近几年回乡，都是儿女开车，直奔高沙，不再在长沙停留，没能去看望那里的亲朋。我总以为，日后还有与谢兄见面的机会。后来，我也知道谢兄病了，却没有料想到他病情急剧恶化，最终撒手人寰。我没能去看望病中的谢兄，现在更是感到内疚。但愿谢兄有灵，能原谅我这个60多年来一直念他、敬他的学弟和挚友。

谢兄，安息吧。

永远的标杆

——怀念著名作家谢璞先生

欧阳亮

惊闻谢璞先生不幸辞世的消息，是在2018年3月7日的凌晨。我独自坐在上海松江的寓舍里，愣愣地出了会儿神。

感到有些胸闷，我打开窗户，对着远处的佘山长长舒了口气，任乍暖还寒的夜风"哗啦啦"翻乱桌上的书页。我心中默默叨念："此生谢幕，返璞归真。"这是家乡文友在微信圈中，以先生的名讳即时敬拟的两句挽联。

次日，家乡作协的朋友主办了追思会。微刊《雪峰文艺》及时编发了各种悼唁的文字，先是诗歌、挽联，再是各种消息和散文。我远在千里之外，细细地品读这些文字，默默地关注着这一切，始终缄默不言。

我能说些什么呢？

谢老的大名如雷贯耳，谢老的为人有口皆碑。作为一名"资深文青"，我与谢老素昧平生，从未有过任何的交往，这是莫大的遗憾。他的离去，对于许多像我一样认识或不认识、熟悉或不熟悉他的人来说，心中涌动着一种共同的情愫。我分明感到有许多话要说，却不知从何说起。因为谢老对我们的影响是无形的，也是无穷的，他是我们心中永远的标杆！

谢老1932年11月出生于洞口高沙，他是家乡人民的骄傲。洞口县成立时间不长，1952年才从武冈析出，可谓白手起家，一无所有，既没有武冈高大的城墙，也没有厚重的底蕴与积淀。谢老是洞口立县之后，本土培养成长的第一位文化名人，他是家乡的形象和名片，就像平溪江畔高高耸立的文昌塔，在家乡人民心中有着十分重要的地位。

20世纪五六十年代，在湘中雪峰山腹地，一个普通农家子弟要改写自己的命运，谈何容易！似乎除了考学和当兵外别无选择了。但谢老却另辟蹊径，凭借手中的生花妙笔，描绘了一幅绚丽多彩的人生画卷。他的成才与成功，激励了无数有志青年，即便是一无所有，只要有一支笔、一张纸，就能改写人生的轨迹。

谢老起点高、成名早，他的散文名篇《珍珠赋》曾收入中学语文课本，小说《二月兰》曾入选高中教材，年长的一辈大概都有些印象。但到80年代我们上初中、高中时，课纲早已调整，从而使我们与他擦肩而过，这是最大的遗憾。多年以后，当我读到他的《剪春罗》《二月兰》《姊妹情》和《母亲》等作品时，读到"姆妈""坐架""兔凳""麻蝈"等耳熟能详的洞口土语乡音时，我感到无比的亲切和新奇，我发觉文学神圣殿堂的大门，从未离我如此之近。

我的父亲与谢老差不多同龄，年轻时还在谢老任编辑的《洞口报》上发过几篇消息。因此我从小就从父辈的口中，听闻过许多关于谢老的勤奋与传奇。比如，万人空巷追看电影，他却心无旁骛躲在房间潜心创作；夏夜为防蚊叮虫咬，他扎紧裤腿把双脚浸泡水中笔耕不辍；冬天专心致志写作，以致烧掉半只布鞋、吃完沾满墨水的糍粑，自己却浑然不觉。我不知道这些传闻，有没有演绎的成分，但这些事迹却深深根植于我的脑海，令人心生仰敬。我高中毕业之后，回到雪峰山下开始繁重的体力劳作，在炎炎的乡村夏夜，也曾仿效他的做法，把双脚泡在锑桶里，汗流浃背地伏案疾书……可以说，在我人生最为迷茫的时候，他就像心中的那盏明灯，照亮着我的梦境。

我是在高中毕业的那年秋天，怀揣着文学梦想应征入伍的，在繁忙的执勤训练之余，始终不忘对文学的爱好和追求。这为我后来的发展打下了重要基础，为我的军旅生涯平添了不少助力，使我能够一路蹒跚走到今天。尽管在后来的文山会海中，渐次消磨了那份热情，我的文学心田早已荒芜，但我不会忘记，当初是什么样的目标牵引、激励着我不断负重前行。

谢老而立之年即在文坛崭露头角，但在创作的盛年转向儿童文学，先后主编《小溪流》杂志，创办《小天使报》，热心关爱小读者，悉心培育下一代。在众多怀念他的文章中，随处可见他对年轻后辈的悉心栽培与呵护。有的跟随他一路前行，得到他的言传身教和悉心指点；有的虽只一面之缘、一信之念，但都给人留下难忘的印象，产生深刻的影响。他的《一滴茅台》，改善了母校教师的住宿条件；他的提携帮助，改变了无数青年的命运。他不仅留下许多脍炙人口的作品，而且留下许多感人至深的故事；他既是一名享誉全国的著名作家，更是一位和蔼可亲的慈祥长者。

谢老的作品紧紧把握时代的脉搏，踩准时代的节点，散发着浓郁的乡土气息，充满了鲜明的时代特征。在中国当代文学史上，他始终占据一席之地；在洞口籍作家当中，他所立起的标杆，至今仍无人超越。

我知道，在老家农村，人们的世俗目光和价值取向，依然习惯把当多大的官、发多少的财、"带"出多少人，作为衡量一个人"本事"和"能耐"的标准。谢老呢？作为一名作家、一介书生，以他近30部的厚重作品、一以贯之的厚道为人，影响了整整几代人，散发着满满的"正能量"。

此刻，窗外飘着沙沙的细雨，一如我潮湿杂芜的思绪。我写下这些文字，遥寄我的哀思。但我想，最好的怀念，应该是传承；最好的告慰，也许是超越。

斯人已逝，风范长存。谢老，您安息吧！

谢璞，我的精神导师

欧阳常贵

初遇

1958年仲夏的一个星期天，读小学六年级的我，无意中来到家对面的鲢鱼山玩耍。涉水过了柘溪，登上老田塍，看到三个人在宽宽的田塍上为高粱锄草。当中一个人引起了我的注意。他个子中等偏瘦，留着城里人的西式头，头发比较长，穿着城里人才穿的中山装，面皮白皙，一副青年知识分子的模样。他们一边锄草一边谈笑风生。我盯住这位从来没见过的生人，发现他很喜欢笑，说话跟一般人很不一样，锄草锄得又像个熟练的青年农民。我傻傻地看着，脚像生了根。正看得入迷，站在山脚下比我大七岁的小伴一个土块丢过来，喊："贵阿几，快来嘛，你站在那里做么咯？"我来到他面前，问："那个留西式头锄草的是哪个？从来没见过，是上面来的干部？""不是干部，听说是一个作家，叫谢璞，专门下到我们村里写文章的。"我一震，问："作家，谢璞，你怎么晓得的？"小伴说是他当生产队长的爹爹告诉他的，谢璞是青龙乡人，洞口三中的高中毕业生，是个专门写文章的作家，住到我们小学校的楼上，听说要住好几个月。我又回头望去，可是离得远了一些，看得不太清楚。我心里打好算盘，一定要把作家谢璞看个真切。作家，多么神圣的称号，多么有本事，多么受大家称赞爱戴。

一连几天，我都往村小学校跑，但都没有看到谢璞，真的十分失望。我娘安慰说："莫要着急，谢璞作家要在这住蛮久的，你总会见到他的。"

一天晚上，大队业余文艺宣传队排练节目。我摸了去。二楼琴声悠扬，歌声阵阵，热闹非凡。我顺着楼梯摸了上去，经过第二个房间时，煤油灯光闪出窗外。定睛一看，顿时，我的心跳得突突的，我的天，谢璞作家坐在桌前低头在写东西，全神贯注，物我两忘。我定定地看着，眼睛都不敢眨一眨。

看清了，看真了，看到心里去了。脚又生了根了，隔壁大会议室的琴声歌声似乎都安静了。好久好久，一只手轻轻拍在我肩头上。我猛地回头发现是在我们村劳动的许老师。他附耳对我说："谢璞作家在为我们改剧本，你莫打扰他。"我跟着许老师来到走廊的端头，许老师告诉我："谢璞真的是个大作家，今年我们的剧本唱词都经过他的手改过，一下全变了个样，他不是在改，而是在重写。"我听得呆呆的。从这夜起，我每个晚上都往小学校跑，总是第一个到场，为的就是看谢璞作家。有时看到他在排练现场和大家说话，有时看到他和许老师指着剧本在讨论。机会难得，我总是围着谢璞作家的身影不放松，珍惜这寸金寸光阴。

一天下午，我娘告诉说："谢璞到我们高头五队来了，正在跟大家款白话。""当真？"我丢下这句话，飞一样冲到我们五队平时开会的院坝里。真的，男的女的，老的少的，一个个都在跟谢璞款白话，笑的笑，说的说，融洽亲切，大家都争着说话打岔，唯恐在作家面前失了面子。谢璞脸上堆着笑，说话不紧不慢，声音柔柔的甜甜的，跟老熟人一样随和。我选择了一个最佳角度要把他看个够。

快活的时光总是过得太快，日头落下狮子坳，五队队长的堂客快人快语地说："谢作家，今天的夜饭你就不要回王书记家呷，就在我们五队呷，你总不能不在我们五队呷餐光饭吧？"谢璞笑着点头答应："要得，要得。"

这餐饭在五队队长家用的，却成了全队人的喜庆事，这家送碗小干鱼，那家送碗老南瓜，出出进进，人人脸上洋溢着欢喜。放下筷子，谢璞掏出三张二两的粮票和二角钱。五队长堂客笑着说："还要你交钱交粮票？你个大作家，我们用八抬大轿抬你都抬不到哩。"谢璞笑着说："这是规矩。我们工作人员下乡在乡亲们家里呷饭，是一定要交钱交粮票的。不交就是让我犯错误。""犯错误就犯一回，我们都跟你大作家一起犯。"说来说去，他还是坚持放下钱和粮票。五队长堂客说："你也放多了。国家规定干部下乡每个人一餐交半斤粮票一角二分钱，你为么子要多交一两粮票八分钱？""你办一桌子好菜，我放一元钱都不算多。"谢璞也有他的理由。五队长笑哈哈地说："不管到哪家呷饭，谢璞他都是这样放钱和粮票的。他的道理是农民兄弟不容易，到竹篙塘街上呷碗水饺呷碗面，冇得二两粮票就是有壹角二分钱也呷不到，他说他交六两粮票，我们就能呷到三碗水饺。他就是这样为我们农民兄弟打算的。他就是这么一个好人。"大家笑起来，谢璞也红着脸笑着。

一天傍晚，我风急火燎地跑到小学校，迎面碰到许老师，他带着感伤告诉我，谢璞走了，今天上午走的，王书记他们把他送到竹篙塘汽车站，他只能送到鳌鱼咀渡口。一下，我心里好难受，空落落的，像被抽了魂似的。二楼上，琴声低哑，唱腔呜咽，谢璞住过的那间房的煤油灯微弱地跳动着。人去楼空。他带走了一颗少年崇敬他的心，他同时在一个乡村少年心中种下了一颗文学的种子。少年低着头走回家，娘知道了，安慰道："莫难过，说不定哪天贵阿儿又会见到谢璞作家哩。"这句话给少年燃起了希望。

1959年冬，我们村又传来一个喜讯，大队王书记在长沙见到作家谢璞了。那晚，大队开社员大会，除了传达上级会议的精神，王书记可能要款一款他见到谢璞的事情。我听了非常激动，我已是初中一年级的学生，有资格代表我娘参加社员大会。

我早早地来到小学校一间教室里，坐在靠近三尺讲台的第一排正中位置。

王书记站在讲台上，开口说："我先把谢璞作家对大家的问候带到，要大家知道谢璞走了一年多还记挂着我们柘溪王家的全部乡亲哩。"

下面的人一阵骚动，大家像听到喜讯一样。有人高声催促："快讲，快讲，你当真见到谢璞了？你把见到谢璞的经过讲细一点，莫把要紧的地方讲忘记了。"

"我会讲得细细的，一个字都不会漏掉。"王书记习惯地睁大眼睛点着头说，"才两三天的工夫，我哪会忘记掉，我的记性又冇被狗呷掉。"

大家都相信王书记的记性好过一般人，他十八岁就当了村主任，然后合作社社长、大队队长、大队支部书记，把五个生产队、一千多人的永兴大队领导得规规整整。大家静下来，望着他，竖起耳朵听：

"我到长沙的当天夜里八点多钟，谢璞他就到宾馆来了。见到我握到我的手，那种高兴那种亲热，你想都想不到。他说，王书记，你是头回来长沙嘛，你来之前该给我写个信，我好到车站去接你。长沙还是比洞口、邵阳大得多，头回来难寻到路。我说，来回长沙，哪里还要惊动你谢璞作家，你的时间好金贵。他说，我们是兄弟，莫要讲谢璞是么个作家。他和我一屁股坐在床端端上说了两个多钟点，把我们柘溪垅里问尽了，他好像就是我们柘溪垅里的崽。走的时候，他讲，王书记你在长沙要办么咯事，你只管讲，都由我来办。你莫要客气，我比你大几岁，我可以充你的老兄哩。并且说，你在这里住三晚，我每天夜里都来跟你讲话。我说那怎么要得，不是又耽误你的时间又让你老远巴远跑路。他说我就是喜欢跟你讲话，让我晓得农村农民兄弟好多事，你不是讲我是作家，我们写东西最需要的就是时时刻刻晓得工人农民发生的新鲜事，要不我们就写不出东西来了。当真，谢璞夜夜都跑来跟我讲话。有一夜，我们看戏去了，谢璞他一直坐在我床上等我，等到夜里快十一点钟，哪里见过这样重情重义的人。会开完了，谢璞非留我玩了两天，另外给我开的旅馆，还是单人间。你看多浪费。这两天，他陪着我上街进商店，到五一路，到火宫殿……"

下面有人大声问，长沙还有皇帝的宫殿？

不是皇帝的宫殿。王书记解释："是一座庙，后来成了饭店，里面好呷的东西多得很，毛主席都喜欢到里面呷东西，特别是臭豆腐。"

下面又有人打岔："王书记，那你可划得来了。"大家一阵哄笑。

王书记说："莫乱讲，我王有族连屁都不是。谢璞点了好多个菜，这些菜，我从来冇呷过。他一样一样讲给我听，教我怎么呷，我都成了细伢子了。他又专门陪我上岳麓山，玩了一整天，到一个地方就跟我讲一个地方的出处。我的眼睛都看花了，脑壳都是蒙的，从早看到晚，冇记得么咯名堂，只记得一个爱晚亭，开初我以为是爱玩亭，后来才搞清楚是晚上的晚，不是玩耍的玩。你说我怂不怂？玩了两天，我玩不得了。谢璞就送我到车站，他把车票都给我买好了。我说这怎么要得嘛，会议上是发了路票钱的，你怎么还要花钱给我买，我这不是呷双份么。谢璞说，我是哥，老弟来了，来回的路费是该我打发的。我说长沙到洞口一个单边十元钱，是我们农民卖一担谷子的钱，是大钱呢。谢璞推着我说，莫说了，人家以为我们两兄弟在做乍子。他把腔调放低，对着我的耳朵说，我每个月拿三担多谷钱的工资，写稿还得稿费，打发你老弟十块钱的车票是天经地义的，两张车票我都该打发。我说真不好意思，又呷，又拿，又送，这怎么要得呢？谢璞又塞过来一个包包，说里面是两三斤玻璃纸糖，你拿回去见到乡亲们一人发一粒，让大家甜甜舌头，晓得谢璞冇忘记他们。今夜我带来了，每人尝一粒，这是谢璞的一片心哩。"

下面的社员一起鼓掌，每人很规矩地拿了一粒，可是都舍不得呷，装到包包里带回屋里。王书记又拿出两本《湖南文学》，说："这是谢璞送的，里面有他写的一篇文章叫作《吉平得宝》，好长好长，说是他在我们柘溪王家两三个月体会生活写出来的。他还说，谢璞打着作家的牌牌，呷了你们两三个月的白米饭，连一个字都冇写出来。你看谢璞多谦虚，一点大作家的架子都冇得，还是像个农民一样本实。我是看不太懂，只觉得把我们农村和农民写得活灵活现，蛮有味的。"他递给我一本，说："常贵，你是中学生，又崇拜谢璞得很，你拿一本回去读一读，然后说给大家听一听。"我红着脸迫不及待像宝贝一样捧在心口处。

我一连读了好几遍，放下书后冥思苦想，小说原来是这样写的：是柘溪王家发生的事，写的是柘溪村里村外的环境风貌，又不点明柘溪王家；写的是我们村夜校扫盲班里十三岁的小老师和一群大哥哥姐姐叔伯在学习中发生的故事。最有趣的是，一个大哥总是迟到，上课爱讲小话，小老师总和他发生矛盾。一个夜晚，大哥吃着煨熟的红苕又迟到了，坐下来仍然吧唧吧唧吃红苕，小老师火了，二人争吵开来，动起手来。大哥扬起手，一个黑乎乎的东西砸过去，小老师机灵地接在手里，热乎乎的，低头一看是香喷喷的煨熟的一根红苕，乐开了，转嗔为喜，往嘴里一塞吃得吧唧吧唧的甜，大家哄堂大笑。看到这里，我会心地笑了，省悟到这就是从生活中得到的素材升华成典型细节。作家就是作家，谢璞就是谢璞。尽管我一个细伢子没和作家谢璞说上半句话，却十分有幸读到他五千字的小说，足矣。

受教

1963年4月，洞口小城沸腾了，一个节日降临到这座靠山临水的美丽城市。一个喜讯像风一样传遍洞口城乡，人们奔走相告：我们洞口作家谢璞带着上海海燕电影制片厂来拍他自己创作的电影《牛府贵婿》。

喜讯，真的是喜讯。洞口，1952年从武冈县①析出成立洞口县，到1963年，已经11年。此前此后，洞口县是没有拍摄过电影的。谢璞创造了若干个洞口第一：第一个走上全省全国的作家，第一个发表具有全国意义的短篇、中篇、长篇小说，第一个发表脍炙人口的散文名篇并入选中学语文教材，第一个发表系列儿童文学作品，第一个创办、主编两个儿童文学刊物，第一个进中国作家协会文学讲习所（即今天的鲁迅文学院高级研讨班），第一个成为湖南省专业作家，第一个荣任湖南省文联执行主席、省作家协会副主席，第一个将自己的中篇小说改编成电影文学剧本，并进入实地筹拍，等等。

---

① 现为武冈市。

家乡的人们怎能不为自己的作家谢璞的成功欢呼！

我作为洞口一中高一年级学生，自然是全身都沉浸在激动和幸福之中。因为，我与谢璞作家有数面之缘，我暗中以谢璞作家为榜样，立志也要走文学的路，已经处于不顾一切的状态。谢璞作家五年的成功和飞跃给了我信心和力量，尽管受到学校数理化老师的鄙视打击，但我不为所动，高昂着自己稚嫩的头颅，发誓一条道走到黑，九死而不悔。

我独自一人在县委、县政府、地干校、人民会场徘徊，希望能够远远地见到我尊崇的谢璞和导演高型。尽管希望悉数落空，但我丝毫不后悔不沮丧，坚定不移地相信我总有见到谢璞的一天！

没有想到的是，这一天突然就降临了。

谢璞来学校为文学小组的同学讲课。

我的一颗心落到肚子里。

上午九时，谢璞由学校领导陪着站在我们一百多个爱好文学的中学生面前。三十一岁的青年作家谢璞风华正茂、青春焕发、精力体力充沛、创作活力迸发、创作思想日趋成熟、创作力日益攀升、创作成果井喷。他在我心目中是湘西南继沈从文第一座高峰后的第二座高峰，我自己正在迈向文学的第一步，自然渴望能够听到他的真言妙义，得到一位真作家关于文学的真传。

果然，我的期望得到了超乎想象的满足。

谢璞乡音未改娓娓道来。他首先简单介绍了自己此次陪同上海海燕电影制片厂高型一行回桑梓踩点拍摄由中篇小说《这边风雨》改编的电影《牛府贵婿》的事，然后，向我们传授文学创作的诀窍：深入生活实际，观察生活细节，捕捉生活的真谛，反映生活的本质，表现生活主体人的音容笑貌、思想灵魂。

他笑容可掬地谈起两个生活中观察到的小故事，让我们领悟小说的创作方法。

一个叫《味精厨师》。在一个村子里，有个烹饪本事很好的后生十分乐意为各家各户的红白喜事掌勺办酒席，乐此不疲，十分卖力，无论哪家要办酒席，他总是千方百计把活计揽到手，尽心尽力，办得香色味形俱佳，特别是味道总是胜人一筹。渐渐地，他声名鹊起，延请他办酒席的人络绎不绝。可他屋里堂客不干了，她怪他又贴锣又贴鼓的，不要工钱，白做白干，荒了自家的三分自留地。原来，他使用了当时农村基本不使用的奢侈调味品"味精"，而且是自己去县城百货公司掏钱买下备用的。谢璞说到这里，笑道："怎么来表现这个味精厨师？这个味精厨师代表了什么样的人的精神？如果把他写成一般的好人好事就失去了文学的价值。请同学们帮我想一想如何写好这个味精厨师。"

听到这里，我暗暗做了一个深呼吸，感到十分有趣。带着谢璞导师布置的作业，我整整思考了三十多年，寻觅解题的答案。在我所在的汽车连队，五十九台解放牌卡车，五十九位驾驶员，唯独一位驾驶员的车子保养得比刚出厂的新车还锃亮，车况好得出奇。事迹传遍全团，团车管股股长下到连队调研一个星期，才弄清缘由：这位驾驶员爱车如命，为了养护好自己的爱车，把每月十元津贴买了两样东西：鸡蛋和蜂蜡。用蛋清调蜂蜡涂抹汽车漆面，使之锃亮如新。精神可嘉，难以推广。我为此苦苦观察他研究他，终于发现他爱车如命是表象，舍己为人舍生忘死才是他的思想内核。他在一次战场执勤中为了五十多台汽车的安危，冒着生命危险，凭着坚韧意志和过硬本领，抢在天亮之前，一人独自把五十多台车开过摇摇欲坠的吊桥，避免遭受美国飞机的轰炸。事后，他荣立一等功，受到中央军委的嘉奖。他在这次战斗中左腿意外负伤，要不是爱兵如子的连长发现及时，他差点失去左腿。我想起了谢璞导师布置的作业《味精厨师》，从连长爱兵如子切入，表现这个战士舍生忘死的高贵品质，标题为《连长的耳朵》。作品被昆明军区作为佳作入选，评论认为这是写兵最像兵的短篇小说。

谢璞讲的第二个故事叫《半个夜晚打电话》。一个大队队长自从大队部安了一部电话后，十分喜欢使用电话，一是显摆，二是认为"楼上楼下，电灯电话"，跑步进入共产主义社会，很嘚瑟，三是要充分发挥现代化的通信工具，提高工作效率。一天半夜，村子一孕妇临产，报到大队部。大队长热心得很，抱起电话摇起来。那时的手摇电话机，要先接通总机，总机转分机，有点麻烦。他连摇三次，接通了区医院，就是没有人接听。他锲而不舍，一次又一次地摇。幸好总机接线员负责任，不厌其烦地接转。孕妇家的人等了一阵，等不得了，跑回去用简易担架连忙把孕妇抬到区医院。大队长还在摇电话，急得双脚跳。天快亮了，电话铃声响起，他跳起接过话筒，电话是医院打来的，告诉他孕妇生了，母子平安，听了，他既安下心又觉得很憋屈，认为现代化的电话也不管多少用，气得很。

听到这里，同学们都会心地笑了。

谢璞也开心地笑着说:"现代化的工具,今后只会越来越多,但是,人和现代化工具之间的关系永远是人的因素第一,现代化工具永远是人创造和制造出来的,人不但要驾驭一切现代化的工具,而且要永远驾驭这个世界,我们要永远发挥人的主观能动性,永远做社会生活的主人,做世界的唯一主宰者,建设属于我们的新世界。"

文学创作是神圣的。文学创作并不神秘。谢璞以兄长和老师的身份深情地说,一个作家,一个文学工作者,他首先是人民的一分子,他是人民群众的勤务员,是全心全意为人民服务的。一个作家,一个文学工作者,必须具备真善美忠的品格。真,就是真诚地对待党、国家、民族和人民,党、国家、民族和人民是至高无上的;真诚地对待生活,真诚地对待你所反映和表现的客观的人和事;真实地艺术地反映和表现我们时代的生活场景,来不得一丝一毫的歪曲和亵渎,否则你就不配做一个人民的作家、艺术家。善,就是有一颗善良的心,做一个善良的人。很难设想,一个心思歹毒的恶人恶魔能成为一个作家、艺术家。

他自己笑起来,同学们也笑得很天真,很轻松。

一个善良的作家、艺术家才能发现生活中的善,才能感知人群中的善,才能在作品中表现善人善事,赋予作品真善美的内核。揭露恶,鞭笞恶,正是张扬善。这是文学作品的基本属性和根本任务,是一个作家、艺术家毕生的追求。谢璞说到这里,脸上变得凝重和严肃。他说,美,作品写得优美、优雅、高洁,焕发出美的韵味、智慧和力量,唤起读者对美的向往、得到美的享受和熏陶,这是作家、艺术家天经地义的艺术责任。假如一个作家、艺术家把作品写得阴暗、阴毒、恶心、阴森恐怖,读了让人起鸡皮疙瘩而读不下去,这个作家、艺术家要么是心理变态者,要么是小人、坏人、恶人,他是不配享有作家、艺术家美誉的。谢璞这段话说得很沉重,很是疾恶如仇,很有战士的气概。我的心像被重锤锤打过一样。

几十年过去,21世纪初,在长沙谢璞作家简陋的客厅里,我又两次聆听到他相同的呐喊,他除了心情沉重,更多的是对中国文坛不正常现象的愤怒。我受到的震撼是不言而喻的。

平溪江缓缓地流淌着,文昌塔静静地耸立着,雪峰山麓吹送的清风拂过一中校园。一中礼堂格外庄严肃穆,这位农民出身的作家,向家乡向父老乡亲向他的小弟弟小妹妹倾心讲述他炽热的内心世界,向家乡汇报他的工作、学习、理想和追求，袒露他的赤子情怀和纯洁灵魂。

精忠报国，这四个字，大家耳熟能详，我们都知道这是忠臣岳飞用生命对忠做出的诠释。谢璞同样借这四个字宣示他对忠的理解。他说："这是忠的根本，是大忠。如果连祖国都不忠，他就称不上是人，连中国人都不够格，就像秦桧、汪精卫成为狗屎堆。忠厚，又是忠的一种表现，对人忠厚、宽容，就是有君子之风。做君子莫做小人，大家一定是赞成的。忠实，这是做人在忠的要求，忠实，就是待人处事，忠于事实，明辨是非曲直，不昧良心做事，不人云亦云，不见风使舵，更不能做落井下石的无耻之徒。公道、正派、正直、刚正不阿。不谋私利，不能见利忘义，充当人家的看门狗，而是要舍生取义，做维护国家和人民利益的忠诚卫士。"他强调说："作家、艺术家首先要做个好人，然后才能成为一个优秀的作家、艺术家。在座的同学有志于成为文学艺术方面的人才，这个理想值得肯定，但是，文学艺术的道路崎岖曲折险峻，绝非坦途，决非鲜花铺就，需要忠诚、坚定、坚韧、顽强奋斗的精神和坚持不懈的努力。我希望和相信，洞口这片文学艺术沃土一定会成长出一代又一代文学新秀。"

掌声，热烈的掌声献给真诚的谢璞！掌声，热烈的掌声带着谢璞的善良、敦厚的气息把文学艺术的种子播撒在湘西南广袤的大地。

这是我平生第一次聆听一个作家的讲授，在以后数十年，我听过多次作家、艺术家的讲座，但永远都没有像谢璞作家讲授的如此声声入耳、字字入心、刻骨铭心。他的讲授教育、影响、鞭策、激励了我一辈子。随着时光的推移，随着生活雕刀的雕刻，我自觉地把谢璞作家当成了自己人生的一面镜子，把他当成我生命、生活、事业的精神导师。

旗帜

1965年，我远走他乡，穿上军装，闯进战火纷飞的援越抗美战场。老老实实当兵两年，繁忙军务中只胡乱写过几则战场速记，在团的油印小报上登一登。

一天，团政委来到连队，交代"让欧阳常贵把你们连二等功功臣阮志兴的材料写出来，然后就到团宣传股报到"。连长只向我传达了前半句。和这个功臣整天泡在一起，他的那点事迹问都不用问，一个晚上就写出来了。我交给连长，连长横着脸说，你交给我干吗，交给李政委去。我反问，怎么要我交？交李政委是你连长的事。连长冷冷地说，你这个谢璞大作家的学生，带着材料回国去团部报到吧，工作移交给老杨，明天炊事班炒两盘菜欢送你去团里摇笔杆。我一肚子委屈，顶着"谢璞大作家的学生做梦都想当作家"的帽子，背着背包搭上卡车千里迢迢回到国内。三个月后，团机关的床铺刚睡热，师里命令下来让我去师写作组报到。团政委指示，临时去，任务完了回团里。

在师写作组，一位贵州大学中文预科班出身的同事有点怀疑地问我："常贵，你真是湖南著名作家谢璞的学生？你莫瞎吹牛，影响不好咧。"

我不辩解，如实谈了我和谢璞的关系，强调谢璞是我的精神导师，这是我的权利和自由。我以谢璞导师为榜样，不会辱没他的清誉。当然，我也有点苦恼，我从来没有向任何人说过自己和谢璞的关系，却因此受到写作组同事的嘲讽和嫉妒。苦恼之余，我只有用加倍读书写作来安慰自己，独来独往，忍受孤独和寂寞。一年刚过，军区宣传部借调我去工作半年。大机关人才济济，集中了从全区几十万部队抽调来的高手，人人都有骄人成绩。我倍感自己的卑微和渺小，白天，任劳任怨听领导和老干事的差遣，全力做好交给我的杂事，晚上，一个人住在空荡荡的办公楼的一间勤务兵值班室里，写自己的东西。

一个晚上，一位十八级的老记者来看我。他既像老大哥又像父亲一样对我说："听说你是湖南著名作家谢璞的学生，这很好嘛，你得过谢璞的真传，底子厚，基础好，起点高，难得的苗子。你想当作家也是好的，我们昆明军区的作家有一串，冯牧部长、苏策部长、徐怀中、白桦、彭荆风、周良沛、张昆华，他们都在全国有点名气。你在连队待过两年，有生活底子，以后写东西就有米下锅了。"我插嘴说，谢璞老师也做过记者。他笑了，说当过记者的再当作家占很多便宜，生活素材多。把他送走，我有点茫然。自此以后，我只把谢璞记在心里，从不主动向任何人谈谢璞的事，因为我觉得自己还没有本钱和资格称谢璞为导师，生怕自己的轻薄影响到谢璞的声誉和形象。

到军区后，一次，在农场劳动，晚上，一位重量级的作家约我到鱼塘边谈话。他单刀直入地问："谢璞是你的老师，谢璞的老师是不是沈从文？"我不假思索地摇摇头回答："谢璞的老师我估计是周立波，周立波从北京回到长沙，不遗余力地培养提携了包括谢璞在内的一批青年作家，把培养青年作家作为振兴湖南文学的基础工程。"他点点头说："周立波和冯牧都是这种有人梯精神的领导和长者。他们除了自己拥有众多经典著作外，还培养出来了一批优秀青年作家，这是了不起的丰碑。湖南作家的优势很多，其中语言文字独具地方特色，魅力四射，光彩照人。我之所以认为谢璞是沈从文的学生，就是强烈感到谢璞的作品有很明显的沈从文的风格，至少是有沈从文的影子。"

我一震，似乎陡然发现了两个文学现象，一是谢璞作为湘西南的本土作家和湘西出身的大作家沈从文竟然存在某种区域血缘关系，这是值得重视和研究的。而且，谢有沈风，沈风谢随。二是一个作家文学地位的独特性、作品存在的独立性和其语言文字的个性特色有着十分密切的联系。儿时，我读的谢璞的第一篇短篇小说是《吉平得宝》，高中时代如饥似渴地阅读了他的中篇小说《这边风雨》和周立波的长篇小说《暴风骤雨》《山乡巨变》，沈从文的《边城》，梁斌的《播火记》，柳青的《创业史》，后来，深读了浩然的《艳阳天》《金光大道》，曲波的《林海雪原》等。我总是朦胧地认为，谢璞、周立波（单指《山乡巨变》）、沈从文，从题材到内容、典型环境营造、人物形象塑造、乡土语言的出神入化的运用，都是一脉相承的，是湖湘文学最浓的一抹底色。谢璞和沈、周两位湖南前辈一样，深情地眷恋着自己的衣胞之地，紧紧地贴近生活在湖湘大地的各族劳动人民，忠实状写了不同时代的地方现实生活，热情讴歌了他们身边的人和事。浓烈的乡土语言文字，看似质朴却耐人咀嚼，清新典雅，香气袭人，毫无半点粗卑的劣痕，充满着中国元素和中国风格。这次鱼塘边的文学交流，使我在注重文体的基础上，开始格外注意自己语言文字的锤炼，在选稿用稿时注意作者语言文字的特色，发现作者语言文字特色的潜质，有意识地加以引导。后来，我转业到云南师范大学工作，我的挚友、著名语言学家、校长骆小所先生从修辞学角度展开对谢璞两篇优秀散文《珍珠赋》《一滴茅台》的研究，从修辞格切入阐释了谢璞语言的乡土性和凝重拙朴。谢璞导师的文学影响力远达和深入云南边疆，影响了云南整整一代读者，这是让我引以为傲的，更是谢璞作为全国性的著名作家的明证。

我和谢璞导师从20世纪80年代至21世纪有过许多直接或间接的接触，这是我的幸运，也是我的遗憾。幸运的是得到导师亲切而深刻的教诲，遗憾的是直接聆听他教诲的机会太少太少！

1985年10月，洞口召开家乡文友联谊会，我幸运地收到邀请，遗憾的是因重病不能与会。在病榻上，我口述了一封电报表示歉意，祝家乡文友联谊会圆满成功，希望家乡文友团结在谢璞这面光辉的旗帜下，为洞口文学艺术的发展作出新的贡献。谢璞导师后来托人向我转告他的谢意和问候。另外一个意想不到的收获是，通过谢璞导师，我和罗先明、汤延娟夫妇成为知己，三十多年，得先明伉俪教益良多。

2004年4月，我来长沙开会。终于，在时隔41年后，在谢璞导师家中，我们师生真正地相见了。我们之间没有半点陌生感，没有丝毫客套，像时时走动的师生、兄弟一样自然随和地叙谈起来。我简单报告了自己来长沙的任务是参加一个图书洽谈会。他询问了当时图书出版的情况，我选择性地做了介绍。他听了有点严肃地说："别的种类图书，我说不准，但是，我对文学类的图书还是关注的，了解一点情况，看来是值得重视，值得高度重视的。"他询问了我主编的《大家》刊物情况，对刊发的一些作品，提出了严肃尖锐的批评，强调道："大刊名刊的政治倾向是最重要的，第一位的，方向一定要正确坚定，这是不能有半点偏移的。你作为社领导，刊物稿件的最后决断者，一定要保持政治的坚定性，来不得丝毫犹豫，更不能无原则地妥协。"面对导师的教诲，我挺直腰杆聆听，脊背冒起冷汗，惭愧难当。导师顺着自己的思路继续说道："中国的文学创作，有一点是不能含糊的。那就是作家的党性和人民性。中国是社会主义国家，共产党是领导一切的。一个作家必须站在党的立场、人民的立场观察问题，思考问题，指导自己的写作，写出真正符合时代要求、符合人民群众根本利益的作品，使自己的作品经得起时代和历史的检验。"他一针见血地指出了当时一些作品的问题，尖锐地问道，这些作品如此有害，为什么却能够顺利出版？

我无言以对。因为导师提出的问题，不是三言两语说得清的。我身临其中，多少知道一些情况。我脑子里盘旋的是"鱼目混珠，泥沙俱下"八个字。

导师继续说道："现实生活是作家、艺术家创作的源泉。这是常识。但是，现在很多人都忘了。他们写些么咯？胡编乱造，捕风捉影，写下半身，写赤裸裸的性，等等，不一而足。歪曲、丑化、攻击我们的民族、人民、党、军队、我们的领袖、英雄模范，歪曲、丑化、攻击我们党、国家、军队的历史。这是在造孽，是在毒害我们的人民特别是青少年一代，这个危害是难以估量的。"

说到这里，导师已义愤填膺，眼里冒着怒火。

缓了缓呼吸，导师继续说道："我相信，文艺界这些乱象丑态，是不会长久的，党会认识他们，人民会认识他们、抵制他们、唾弃他们。我是相信这一点的。另外，中国文学源远流长，中国是诗歌散文王国，佳作海量，作家诗人灿若繁星。中国小说从唐代到明清，作家作品层出不穷，《红楼梦》《三国演义》《水浒传》《西游记》，堪称中国小说皇冠上的明珠。民国也有鲁迅、沈从文、巴金等大家的经典作品，中华人民共和国成立后，《创业史》《暴风骤雨》《林海雪原》《三家巷》等一批精品佳作，在亿万读者中产生了广泛影响；中国小说形成了一整套成熟的、系统的创作思想理论，中国传统、中国元素、中国风格是鲜明强烈的，是世界文学的重要组成部分，有着崇高神圣的文学地位。毋庸置疑，中国文学、中国小说是要发展创新的，是要融入世界文学的，是要大胆吸收融合世界各国文学的先进理念、创作手法的，这样才能把中国文学、中国小说推进到一个新的高度，创造出一个新天地。汉文化的包容性与融合性是任何一个外来文化都不可比拟的。非常遗憾的是，这些年中国文学尤其是中国小说一股脑儿向西方学习，大有全盘西化的趋势。这怎么要得。有的人把魔幻现实主义吹到天上去了，拜倒在洋人脚下。真没有出息。这些人学人家洋人的东西又学得不像，不中不洋，不三不四，其实是贻笑大方。这样搞来搞去，我们自己画虎不成反类犬，自己把自己的大得不了了的读者弄丢了。这怪谁呢？只能怪我们自己不尊重自己的老祖宗，不敬畏自己博大精深、光辉灿烂的中国文化、中国文学。"

最后，我的导师以长长的一声叹息结束了他的授课。

2012年4月9日，我和老伴到洞口扫墓途经长沙，又一次来到八一路湖南省文联大院，拜望导师。师生见面分外亲热。但是，这次谈话却非常沉重，话题完全没有围绕文学进行。这次谈话可用"闲吃萝卜淡操心"来形容，或者说对时下某种社会现实有点"忧国忧民"。谈话时间长达三个钟头。导师把我们送到文联大院门口，走出百多米，回望春风中目送我的导师，我的目光越过他羸弱的身躯看到了高高的岳麓山，我的眼眶湿润了，模糊的视线仿佛看到了巍峨壮美的雪峰山；省文联这方净土依然有着像谢璞这样忠诚的战士守护着，这是值得欣慰和骄傲的。眺望北去的湘江，我仿佛又望见了耳熟能详的汨罗江，仿佛望见了峨冠博带的屈原老夫子。直到这个时候，我才真正懂得了"谢璞，我的精神导师"的真正含义。导师对我的教诲是我和我的子孙宝贵的精神财富。

当罗先明第一个把导师弥留的消息和导师昏睡蜷缩着身子的照片发给我时，我立刻掉进了悲痛的冰窟中。我立刻拨通长沙小乡友袁姣素的电话，请她务必代我前去病榻看望我的导师，说着说着我失声痛哭。小袁知道我正在病中无法亲自前来长沙，答应一定马上去医院。当导师西去的噩耗传来，我又立即委托飞往长沙的先明君和小袁代我祭拜我的导师。那些天，我一直在悲痛中。

无边的眷恋，无尽的哀思。

我祭奠和怀念导师的这篇拙文，是一篇未完稿。导师的人品、文品绝不是这篇拙文能谈透、谈通、谈完的。仅2012年4月9日的谈话就足够我追忆了。

春雨为泪悼尊师

罗先明

惊悉谢璞老师不幸辞世的消息,我心中的悲痛难以言表。尽管此前不多几天,我曾通过医院重症监护室的视频亲睹了尊师昏睡不醒、气息如丝、只能赖呼吸机维持生命的悲伤情形,暗叹人的力量在病魔面前显得何等无奈,却仍不愿相信如此热爱生活、如此关爱生命、如此顽强拼搏的尊师,真的就踏上了不再回头的往生之路。泪水模糊了我的双眼。尊师啊,我们曾在您温馨的客厅里不止一次地探讨过隋唐大医孙思邈的长寿之道,您且表示,孙思邈老人家为我们树立了一个高尚完美的知识分子标杆,您也要争取工作到百岁以上。较之寿高141岁的孙思邈,尊师您走得显然过于匆忙了。您的头脑里,还有多少肺腑之言未及倾吐,还有多少佳作华章未及援笔……我还知道您一直在酝酿鸿篇巨制。您于2006年发表在《大家》杂志的中篇小说《夜郎西舅》,其实是您的长篇巨著的部分内容,您说,待到精力许可,一定要好好地将它改写、扩充,做到尽可能完美。然而这一切的一切,皆于2018年3月6日下午2时23分随着您心跳的停止,成为了永远的遗憾。自那一刻起,读者再无缘欣赏《二月兰》《芦芦……》《珍珠赋》等名篇的作者新的佳作,我也再不能在湖南省文联大院见到尊师的音容笑貌了。

"有的人死了,他还活着"——这话一点没错,尊师谢璞就是这样的人。他将活在一代又一代读者的脑海里,活在广大亲友的思念中,更活在我们这众多虔诚弟子的记忆里。

一

我仰慕尊师大名,是从20世纪60年代开始的,那是我在洞口二中念初中二年级的时候。一个春风拂面的下午,课间休息时间,我正在教室里坐着,忽听同学们悄悄在说："谢璞作家来了。"我的心顿时急跳，忙问在哪儿。"在校门口站着，像是在等人。"去，立即去。尽管这时离敲响上课铃只差两分钟了，我却发疯似的冲出教室，奔向校门口。从教室到校门口约莫百米，中间隔着一个斜坡。由于心急，我不慎跌倒。这时，我距校门口已经很近，却听得一个声音朝我响起："慢点，慢点，小朋友别急。"我满脸通红地爬起来，抬头看着站在校门口拱形门廊下的两个大人，其中戴眼镜的是学校教导主任肖友生，另一个我则未见过。他穿深蓝色衣服，黑色皮鞋，两手轻松地反抄着，正与肖主任在说笑。谢作家在哪儿？难道是他？这么年轻，这么和蔼，这么平易近人，个子也不算高。在我的头脑里，"作家"的形象高大得不可企及，满脸满身都是学问。就在我站着发愣时，肖主任严肃地问我的来由。没等我想出答案，站在一旁的陌生人笑着解围："您是来看奇怪动物的吧？好，看吧，回去写一篇小文章。"我不由得腼腆一笑，想说话却想不出来。这时上课铃声响了，我赶紧向两位大人行礼，然后转身就跑。跑不出几步，回头再看，那个陌生人还笑眯眯地望着我呢。

这就是我第一次见到尊师谢璞的场景。那时我的阅读面十分有限，尊师的优秀之作我一篇也没读过。我得以仰慕尊师的大名，是因为听过尊师胞兄谢虎臣老师的课。谢虎臣老师当时是洞口二中一名优秀的语文教师，深受同学爱戴。我那时在学校写作文小有名气，得过全校作文比赛第一名，谢虎臣老师也表扬过我。从老师与同学们的议论中，我得知尊师的大名，作品却总找不到。现在猛听得尊师亲临校园的消息，才生出亲睹尊颜的鲁莽举动。后来得知，尊师才从省城回乡，来看望他的胞兄谢虎臣老师。我却因这意外的奇遇，立下了以尊师为榜样、与文学结伴的大志。

尊师出生在石江青龙的一个乡村，原名叫洞口县石江区青龙公社大田大队。那是个典型的丘陵山村，周围是起伏绵延的山丘，村前是一片长条形水田，称之为垄田，田垄里有一条水面不宽的溪流。尊师的母亲去世较早，父亲为生计所迫，率家迁往高沙镇，以做弹棉花的手艺活儿为生。所以尊师的少年时期，是在高沙镇度过的。他有三兄弟，尊师排行老二。他曾对我说，亲眼见过1945年日本侵略者火烧高沙镇的悲惨情景。1949年以前，尊师家境相当艰难，赶上新中国成立，他才能有机会上高中。也正是在高中时期，他怀着对文学的无比挚爱，开始向报刊社投稿。那时编辑部作风纯正，选用稿件只看质量。所以他这个无名小辈的稿件居然被采纳了。其中一篇小说，以农业合作化运动为背景,人物形象生动,语言朴实中见典雅,充满生活气息,因而被当时很有影响的《新观察》杂志刊出。这在当时反响甚大,能在国家级报刊发表文学作品者,不仅全县找不到第二人,就在整个邵阳地区也屈指可数。初步的成功给了尊师极大的鼓舞,这使他越加坚定了写作的信心。高中毕业后,他没有继续上学,而凭着文学青年的名气,被全县教学质量最好的小学——洞口完全小学招收为教师。这在当时是很大的荣耀。尊师不以此为满足,一边教学,一边业余笔耕不止,新作在报刊上不断出现。

更大的舞台向他招手。尊师被调往县委机关,参与筹办县委机关报《洞口报》,担任副刊主编。这以后,他的作品如泉水般喷涌而出,不少作品发表在国家级刊物上,其中最有影响的作品,是发表于1958年、后获得全国儿童文学大奖的短篇小说《竹娃》。在洞口县报社工作期间,他还发表了《姊妹情》等重要作品,为他后来选拔上调湖南省文联创造了条件。但他时刻不忘父老乡亲,不忘洞口县这一片生气勃勃的热土。所以即便已经在省城长沙落户,仍时常回到故土,一住就是数月。他的大多数作品都深烙着故乡的印记,散发着泥土的芳香。也因为他与家乡的深情,给了我近距离仰视他的机会。这实在是我莫大的幸运。

二

我第二次与尊师近距离接触,是在1969年元月我高中毕业回老家农村之后。一个偶然的机会,我从别人手中借得尊师的小说集《二月兰》,湖南人民出版社出版,纸张质量很差,封面也很粗糙,而我却如获至宝。那时,"文化大革命"还在进行中,对我们这些二十岁上下的中学毕业生来说,是最为迷惘的时期。1968年末,报上公布了一条毛主席"最高指示":大学还是要办的。这里主要说的是理工科大学还要办,学制要缩短,教育要革命,等等,却没说什么时候才开始招生。于是,全国高、初中毕业生都只有"到农村去"这一条路。城里学生叫"知识青年上山下乡",我们这些农家子弟叫"回乡务农"。在这种情况下,我的悲凉心情也可想而知。那时能够找到的书籍少而又少,偏僻的农村更甚。因而当我读到尊师这部小说集时,"狂喜"二字已无法形容我当时的心情。那一部不算太厚的作品集,我利用在生产队每天出工的工余时间逐字逐句地读,真是如饮甘露,沁人心脾。只因当时家里确实穷困,竟没钱买一个笔记本,否则我肯定会把书抄下来。

我虽然把这本书及时归还给了别人，书的内容却永远留在我的心中。我更从书中获得了一份意想不到的收获，即决心以尊师为榜样，走业余文艺创作之路。不过，那时从中央到地方一份文学刊物也没有，大家能够读到的只有党报党刊。我于是以"农民通讯员"的身份，在劳动之余练习写通讯稿件，其中一篇居然在省报《湖南日报》刊登出来了。以后又给县文化馆的内部刊物写快板诗，也刊登了两回。再以后试着写了一个独幕花古戏剧本，题目土得掉渣，叫《病猪不能卖》。正赶上当时层层组织农村业余文艺会演，地、县两级都搞。我荣幸地作为业余农民作者，带着这个粗糙的剧本，于1971年元月参加了邵阳地区业余文艺会演。感谢这次活动，给了我与尊师再次相逢的机会，将近半个世纪的师生情谊也就此开始。

那时，尊师正处于广大知识分子下放劳动阶段。他作为湖南省文联的专业作家，在省文联被解散之后，被下放到邵阳地区绥宁县武阳公社农村，入住在农民家里，与住户同吃同住同劳动。尊师以对劳动人民的满腔真情，赢得当地民众深深的爱戴。他还运用自学的中医知识，给村民解除病痛疾苦。当地党和政府（那时的政府叫"革命委员会"）领导更对他推崇有加。这样，在国家决定恢复文化组织领导机构和文艺团体，从基层抽调优秀骨干时，他们自然想到了尊师。他于是作为首批选调人员，于1970年调入邵阳地区文化局，主要从事剧本创作。

将尊师安排在剧本创作的岗位，这在当时却还不算"乱点鸳鸯谱"。因为那时，主管文化的中央领导人重视文艺演出，尤其看重普及样板戏。至于其他文学艺术形式，还不在考虑之列。尊师在"文化大革命"开始前已多次与戏剧、影视结缘，拥有丰富的创作经验。一是他的中篇小说《这边风雨》被当时的上海海燕电影制片厂看中，改编成电影，且已开拍，若不是发生"文化大革命"，该部电影必定上映。他的另一部小说《姊妹情》，亦被珠江电影制片厂看中，也由作者改编成电影剧本，正待投入拍摄，也因"文化大革命"的发动而废止。二是他的中篇小说《这边风雨》，还被湖南省花鼓剧团看中，改编成大型花鼓戏《牛多喜坐轿》，演出后反响甚好。在这种情况下，上级将尊师调入文化机关从事剧本创作，自然是顺理成章了。

我因为没有写作剧本的经验，写的剧本自然不理想，何况那时对剧本写作要求甚高，必须遵循"三突出"创作原则。这时我偶尔听说，尊师就住在邵阳地区革命委员会的大院子里，不由得冒出一个念头：可不可以请他给剧本提些修改意见？可心里又打鼓：谢老师是大作家，愿不愿意接见我这个所谓的"农民作者"？我那时景况确实卑微，只是一个小学民办教师，长得土里土气。思来想去，最后决定冒险一试。

那天下午天气放晴，我带着油印的剧本，走进位于城南路的邵阳地区革命委员会大院。大院很大，从外面走到尊师所住的最里头的单人宿舍，约莫两华里。尽管我在邵阳市二中上高中时进去过，但在走过那一条水泥长道时，心里始终忐忑不安。幸运的是，尊师的知名度不小，一路遇见的人们几乎没几个不知道他的住处，这使我很顺利地走到了尊师的住房。那是一栋两层的红砖房，走廊两边都是住屋，尊师住在一层。我抑制着猛烈的心跳走上前去，而在敲门时却又陷入畏缩不前的境地：这么大的作家，会接见我吗？

我当时听到，里屋有人正在唱歌，唱的是京剧《智取威虎山》中杨子荣打虎上山的那一段。或许是我的脚步声惊动了尊师，里面的歌声突然停止。我大胆鼓足勇气，轻轻叩响房门。"谁呀？""请问是谢老师住这儿吗？""我是谢璞。请问你是……"我们的对话就这样开始。他，尊师，正是我几年前在洞口二中校门口见过的模样，满脸笑容，亲人一般，眉宇间流露着超凡脱俗的绝世才华。我的紧张情绪立时消散，仿佛见到了久别的尊长。我简单介绍之后，尊师便主动问我因何而来。那时我佩戴了一个胸牌，上面写着我的姓名。尊师笑眯眯地弯腰凑近，认真看了看我的胸牌。这更使我鼓起勇气，大胆掏出了那个油印的剧本，坦陈请求指教的缘由。

我后来得知，尊师那时也在创作一个大型多幕剧本，剧名《石岭红路》，以当时全省农业学大寨的先进典型——邵东县野鸡坪大队的事迹为背景。由于受拘于"三突出"原则，剧本在审查通过时不太顺利。这就是说，尊师当时一是很忙，第二也颇苦恼。但他在悉知我的情况之后，当即让我把剧本留下，表示当晚就读，并约定第二天上午再来听取意见。我一听喜出望外，忙向他深深鞠躬。他一把将我托住，连说"别客气，别客气，别客气"。接着他与我聊起了家常，我这才有机会谈起几年前在洞口二中校门口的那次偶遇，以及我阅读《二月兰》的感受。这时我颇为敏锐地感觉到，尊师怀有满腹的伤感。因当我说我最喜欢《二月兰》时，他轻轻叹了口气："是啊，那也是我自己最喜欢的一篇。不知还能不能再写得出来。"

第二天上午，我如约再去拜访，尊师果然在房间专等。这时快到吃午饭时间，我们边走边谈。话题从剧本开始，涉及当时诸多流行的创作指导思想问题，谈了半个多小时。最后他要求我按照他的意见（他谦虚地称自己的意见只是"建议"），尽快改出一稿，再送给他看。这正是求之不得的事，只担心耽误他的时间。他微笑着看着我的眼睛，亲切地说："先明啊，如果我对你这个年轻人有一点实际的帮助，我是非常乐意花这个时间的。"

我还能说什么呢。只觉得自己太幸运了。当夜，我在"邵阳饭店"一楼四个人住的屋子里向同伴们说明缘由，请求谅解，然后开着电灯，从傍晚六点一直写到第二天早上六点，终于将剧本重新改写了一遍。再送给尊师时，他稍稍有些吃惊，接着便说："好，有这个干劲，好。我年轻时也是这样，该拼命时就得拼命。"对我的改稿，他似乎颇为满意，不仅提出新的意见，还做了不少改动，并将剧名改为《饲场春早》。后来的演出本，就是用的这个剧名。我与尊师非比寻常的师徒情谊就这样开始了，而他自己对《二月兰》的评价，在我心里几十年来都挥之不去。

三

尊师对自己珍爱的作品的评价，折射出了他的心态，即始终不渝地刻意追求，时时不忘超越自我。这一孜孜不倦、严谨认真的创作作风，贯彻了他创作生涯的始终。我自1971年春与尊师相识以来，亲睹他的创作历程，感觉他真是呕心沥血，文学是他生命中最重要的内容。

由于文学与政治的密切关系，中国当代作家谁都不可避免地深受不断变化的政治思潮的影响。尊师作为一个热爱生活的严肃的作家，受此影响愈深。就我所知，尊师对于20世纪50年代在中国作家协会文学讲习所学习的那一段经历非常珍惜。不仅是因为这段经历极大提高了他的学历层次，更主要是聆听了茅盾、丁玲、周立波、严文井等文学前辈的授课。而这些文学前辈，基本都是在延安文艺座谈会精神指导下成长的（茅盾先生是个例外，但他曾经是老中共党员）。所以在我看来，尊师在我面前多次提起的中国作家协会文学讲习所的这一段经历，以及听过的课程，说明他深受上述文学前辈的影响，自觉把自己归入他们的行列。他的作品则是这一创作思想的艺术结晶。

20世纪60年代初发表于《人民文学》头条的《二月兰》，无论艺术性还是思想性，都是当代中国短篇小说创作中当之无愧的珍品。这从当时著名文学评论家欧阳文彬女士发表在《文艺报》的评论可以看出。正是尊师本人的作品以及欧阳文彬的评论，奠定了尊师在中国当代文学中无法抹杀的地位，为他赢得了全国性的影响。我曾在后来执教的洞口一中（当时称作"洞口县中学"）图书馆，偶尔翻阅了当年发表《二月兰》的当期杂志，读者在杂志上做出的密密麻麻的圈圈点点，我仿佛看到了阅读者手捧书本、满怀景仰的恭敬神情。我们可以比较近三十年来曾经轰动一时、获得各种大奖的诸多小说，有几篇作品现在还值得一读？有几篇能与《二月兰》一比？也正是《二月兰》的成功，使尊师悟出了小说创作的真谛，因而自那以后的一段时间，尊师的优秀之作呈井喷之势，中篇小说《这边风雨》为其重要作品。根据他的小说改编的两部电影作品，一部大型舞台剧也都在这一时期相继问世，反响都很强烈。这等创作态势，不仅在湖南，就是在全国，也处于领先地位。对文学青年倍加爱护的前辈作家周立波，即在多种场合赞扬尊师的写作风格和创作成绩。周立波复出之后，曾从北京给尊师专门发来一封信，信中对尊师的关爱溢于言表。这信的原件后来被尊师捐赠给了"周立波故居纪念馆"，我曾于2012年在益阳周立波故居见到过。

就在尊师文学创作势头如日中天时，爆发了"文化大革命"。尊师不得不停止创作，下乡劳动改造。下放绥宁县对于农村出身的尊师来说，如同鸟儿重归山林，体力上没有任何不适应的感觉，但在精神上则备受折磨，陷入痛苦的深渊。因为他不得不把文学创作之心强行收敛，而写一些工作总结之类的枯燥文字。这种公文式的写作对尊师来说，实在不胜其烦。他曾对我说，有一回奉命给一位县级领导起草报告，他洋洋洒洒一口气写了一万多字，却还未完全进入主题。那位领导吓了一跳，以后再也不敢请尊师代写报告稿了。我想，这或许是尊师搞的一个小小的恶作剧。

他被调入邵阳地区文化局之后，马上有了新的苦恼：写什么？怎么写？不光是戏剧创作这种艺术体裁对他来说是强人所难，即使马上投入小说创作，也有个"写什么、怎么写"的问题。他呕心沥血创作的大型歌剧《石岭红路》在省里演出时，反响平平，让尊师心里很不好受，他表示非得攻克这道难关不可。结果他被直接调入邵阳地区文工团，担任专职编剧。这更让尊师痛苦不堪，心里有苦却无处诉说。曾有一回，我从洞口县跑去邵阳地区文工团看望尊师，他苦笑着对我连说几声："无聊，无聊，实在无聊。"

总算有领导想起要抓小说创作了。那是1972年春，湖南省革命委员会文化组（相当于现在的省文化厅）要编辑出版一本短篇小说集，尊师作为政治上无瑕可击的专业作家，也获得邀请。这对尊师来说，无疑是一大喜事。为写好"文化大革命"后复出的第一篇作品，实现新的超越，尊师真是煞费苦心，写了又改，改了又写，直到小说集快要付印，他才肯交付定稿。他对这篇作品自然充满感情，特地起了个很有寓意的题目——《报春花》。这篇倾注了尊师满腔热情的作品，受到了小说集终审者、省文化组李副组长（军人）的高度评价，他说："这篇很好，作为压轴。"但对尊师来说，这并非他的最满意之作。

四

20世纪70年代，尊师处在无时无刻的艺术探索中。我那时先后在洞口一中和洞口县文化馆工作，每月都与尊师有信件来往，每年有三两次面对面深入交流，或在县城，或在长沙，所以有幸了解了尊师这一时期的创作概貌。就我所知，那是尊师创作最迷惘的时期。以前融化在血液里的"真善美"的艺术标准，似乎不管用了。尊师在小说创作方面花费了大量心血，每年都有作品问世，其中影响最大的，应是发表在《湘江文艺》（即今《湘江文学》）创刊号上的短篇小说《飞跃》。而在我与他议及《飞跃》的艺术特色时，尊师的表情却不以为然。意思是说，自己的艺术创造力远未充分展示出来。由于小说创作无法取得令自己满意的重大突破，尊师便转向散文创作。他的作品一贯文笔优美，感情充沛，所以转入散文创作后立见硕果，其中最辉煌的篇章，便是脍炙人口的《珍珠赋》。

关于《珍珠赋》的创作过程，尊师说，纯属意外收获，是写作遵命文学的副产品。原是他与另一位作家奉省领导之命，去写作一篇反映洞庭湖区人们"学大寨"的报告文学。经认真采访，修改润色，报告文学很快写出来了，领导也很满意。尊师却意犹未尽，表扬好人好事式的报告文学不足以表达他对湖区、对祖国、对生活、对人生的全部真情。于是他坐在洞庭湖边一家招待所简陋的客房里，连夜奋笔疾书，笔下如行云流水，作品一气呵成，这就是散文《珍珠赋》。作品寄出后，很快刊发，获得广泛好评。事后尊师对我说起写作该文的体会："写这篇散文时，脑子里束缚很少，心情舒畅，全身轻松，真有一种思如泉涌的感觉。"我听了默然。当时就想，倘若尊师的小说创作进入这种境界，一定会写出同样优秀的作品。然而就我所知，整个70年代，尊师小说创作都未能进入理想状态。尽管每年都要发表一定数量的短篇小说，作品质量也都保持在一定水平，但可与《二月兰》媲美的优秀作品，始终未能推出。他那摇曳多姿的彩笔，始终未能绘出一幅自己心仪的画卷。最让他苦恼的是长篇小说创作。尊师为写作一部以"农业学大寨"为背景的长篇小说，耗时数年，几易其稿，开头部分尤其煞费苦心，改来改去都觉得不理想。尊师创作态度一贯严谨，不满意的作品决不出手。这样一改再改，直至进入改革开放新时期，这部作品也没能出版，这不得不说是尊师的一大憾事。

20世纪70年代尊师除了精神上备受压抑，物质生活也十分艰难。他1960年因创作成绩优异选调湖南省文联时，夫人并未随行，这就形成了夫妻两地分居的情况。在那城乡社会福利"二元化"的时代，农业人口与城镇居民的差异，可谓一个在天上，一个在地上。直至70年代末，尊师一家的多数成员还都是农村户口。1971年临近春节，我第一次造访尊师在洞口县青龙公社大田大队的老宅时，被眼前见到的情景几乎惊呆。那是一座非常普通的农家砖木房子，一头住着尊师的胞弟，一头住着尊师一家人。尊师所住的这一头连着堂屋，堂屋与睡房之间的隔墙却是空洞洞的，应该装修的板壁因为缺钱而不能到位，穿堂风不时在睡房与堂屋之间来回逡巡。堂屋中间有一张小小的四方木桌，它既是一家人吃饭的饭桌，又是尊师写作的办公桌。整个住房占地面积约莫五十平方米，没有书房，也没有专用的书柜书桌。这就是享誉国内的著名作家的府第？是的，尊师70年代的许多作品，就诞生于这座陋室。所以他有时戏谑地在文章末尾注明：写于风棚。他的两个女儿先后出生时，我还见过尊师坐在小方桌前，左手抱着幼女，右手奋笔疾书的情景。由于尊师工资收入有限，即使勤劳的师母不顾日晒雨淋，每天都在生产队辛苦挣工分，维持家里正常生活也相当艰难，甚至有举债度日的时候。尊师的衣着从来朴素，也从未享用过任何高档物品。这一方面是尊师质朴的本质所在，另一方面也与他的经济收入有关。这种窘迫局面，持续了相当长一段年岁。直至80年代，随着国家知识分子政策的调整，师母才得以上调省城，尊师也才解决了夫妇两地分居的问题。

这里我们不能不说说尊师在邵阳地区文工团和省文联过"单身"生活的情景。由于他总是没完没了地熬夜，午夜两点钟以前很少就寝，这样白天就无法在正常作息时间起床，也就赶不上在单位食堂就餐。所以在我的印象中，尊师在日常生活规律性方面大为欠缺，一日三餐很少有正常的时候。由于他待人热情，屋里向来高朋满座。有的人一坐就是好几个小时，占用了他不少宝贵时间。他常常与客人畅谈到晚上十一二点钟，才开始自己的创作。"文化大革命"期间，湘西有一个写电影剧本的朋友，每次来长沙都要与尊师长谈，尊师的房间成了他的半间旅社。他总是坐在客人面前耐心倾听，帮助解决各种力所能及的难题。有时到了吃饭时间，谈话却才刚开了个头。由于他饮食起居缺乏规律性，营养更跟不上，因而严重损害了健康。直至与尊师相濡以沫、对尊师体贴入微的师母来到省城，他的日常生活才步入正轨。

　　尊师在生活中，还蒙受过两次常人难以承受的重大打击。一次是1971年春，他的第二个男孩已满8岁，突发急病，却因受农村医疗条件限制，抢救不及时而不幸夭亡。尊师得知后几乎晕倒，在给我的信中说："龙儿去世，如同挖去了我一大块心头肉。"家里人懂得尊师慈爱心肠，不敢及时将消息透露，担心他在回家途中走不动路。他后来虽然忍痛挺过来了，但在多少年后与我谈起骄儿之事时，仍止不住声音喑哑。然而就是在这样的心境里，尊师强忍悲痛，创作出《珍珠赋》等一系列优秀作品。更令人感慨的是，在他步入耄耋之年后，长子谢乐健竟又先他而去。我与谢乐健在初中阶段就相识，他比我低一个年级。他为人低调，谦虚谨慎，吃苦耐劳。由于家庭经济困难，乐健初中毕业后即回乡劳动，家里所有重活都压在肩上，是家里实实在在的顶梁柱。后幸运地考入武冈师范，又进入了政府机关，一边工作一边坚持业余创作，取得了可喜的成绩，这给了尊师以极大的慰藉。老年丧子为人生最大的不幸之一，却无情地落在了尊师头上，尊师受到的心灵摧残可想而知。然而即使在这种情况下，尊师仍怀着对生活的无限挚爱，不停止艺术的思考，并顽强地与病魔搏斗，直至生命的最后时刻。他展示在亲友们面前的，始终是充满生气的一面。令尊师宽慰的是，小儿子乐汛和女儿明子、然子都已成才，孙子、孙女、外孙子、外孙女也都初展新姿。尤其是明子、然子两姐妹，决心承继慈父的宏大事业，都在文学创作上崭露头角，这总算给了尊师以极大安慰，一定程度上抚平了他的心灵创伤。

五

　　进入改革开放的新时期之后，尊师在创作上遇到了新的难题，即他的创作思想与铺天盖地、占据文坛绝对统治地位的"伤痕文学""反思文学"无法相融。照理说，他也有心灵深处的伤痕，在"文化大革命"中受的挫折不小。可是让他像当时有些当红作家那样将人民共和国成立以来的社会生活描写得比旧社会还不如时,他却不愿苟同。我无意就新时期文学创作给予评议,也没有这个能力。只是要说出一个事实,即尊师在进入20世纪80年代之后,创作思想上出现了新的、更大的困惑,阻碍了他优秀作品的问世。那时我已由县城调入省城,除了出差时间,几乎每周都与尊师见面交流,故对他创作上的苦恼了解较深。一方面,他硬着头皮浏览那些大红大紫的作品,另一方面,他不断重读已有定评的古今中外文学名著。痛苦探索的结果,表现在作品中,便是他与众不同的题材与风格。这时他的一些作品,比如短篇小说《相知》《洞庭情丝》等,其题材与风格已经与《二月兰》接近,达到相当水平。其中《相知》还被权威刊物《新华文摘》转载。可这些作品在揭示社会"伤痕"的深度方面,却达不到那个年代文学批评家们的要求,更不可能进入全国文学奖评奖委员会的视野。于是在一些"追风派"眼里,尊师似乎是落伍了。这种使人感到压抑的阴云,一直笼罩在尊师心头。由于我的创作思想与尊师贴近,所以谈得很是投缘。对他的重要作品,我常有幸成为第一个读者。有的作品尚在构思阶段,我即有幸得知,有时还提供一点浅薄的意见。我在心里替尊师空鸣不平的同时,深深感到,才华横溢的尊师又一次"生不逢时"。

也不是所有评论家都失去了判断力。著名文学评论家刘锡诚就在《光明日报》上发表过一篇评论,题为《耕耘者的脚步》,对尊师这一时期的创作成果予以高度评价。这对尊师是极大的鼓舞。他决心排除干扰,继续走自己独具风格的文学之路。

这一时期尊师经过不断思考,所创作出的最重要的作品是小说《芦芦……》。关于这篇作品,以我的文学眼光来看,我以为是新时期中国小说创作最重要的作品之一。倘若由我来选一百篇新中国成立以来的优秀短篇小说,我肯定会毫无偏见地将《芦芦……》列入前十名。作品还在酝酿阶段时,我便听了故事梗概,当时就拍手叫绝。这篇作品最终由《上海文学》首发,责任编辑郭青先生在写给尊师的亲笔信中说:"佳作也,我们喜欢。"令人不解的是,作品当时并未刊登在当期《上海文学》的小说头条,而放在并不显眼的位置。我后来见到郭青先生,当面询问究竟,得到的解释是"这篇作品太好了,太深刻了。不敢让它过于引人注目"。

我无法就《上海文学》编辑部对《芦芦……》的编排处理做出评价,但我相信编辑部是深刻理解这部作品的艺术价值的。作为对他们慧眼识宝的认同,《芦芦……》在发表近十年后,被国家外文出版社权威的《中国文学》

英文版和法文版先后翻译转载，推向海外。这一部卡夫卡式的寓言式佳作（不少人将其归之为儿童文学），虽然至今未获得文学评论界应有的评价，更未得过全国短篇小说奖之类的奖项，但我始终坚信，这篇作品的艺术生命力将是久远的。顺便说说，窃以为对尊师作品的评价，评论界至今欠他一个公道。他的《二月兰》和《芦芦……》，站在中国当代中短篇小说全局的角度来看，应不逊色于《边城》《林家铺子》《荷花淀》等名篇。

儿童文学创作是尊师作品的重要部分。在早年的《竹娃》中，就显露了尊师写作儿童文学的天分。他在创作小说、散文的同时，交叉创作了一篇又一篇儿童文学佳作，其中包括儿童长篇小说，每一个作品都充满童趣，寓教于乐。儿童小说集《忆怪集》获全国优秀儿童文学读物奖，就是对他创作的客观评定。我在湖南少年儿童出版社工作时，尊师作为闻名全国的大作家，还应我之约，给我主编的低幼儿童刊物《小蜜蜂》写过一篇童话呢，题目叫《吹火筒的心思》。

我于1987年元月调入北京后，与尊师的联系相对少了，但在每年仍能有一两次长谈。这样，我对尊师的创作情况仍有个粗略了解。进入20世纪90年代，尊师的代表作是长篇小说《海哥和"狐狸精"》。这是他70年代长篇小说创作的延续，同样是一部重要作品。生动的人物形象，浓郁的生活气息，给读者留下了深刻印象，并获得了评论家们的普遍好评。之后，随着改革开放的推进，各种社会问题突出，使得他再次陷入深深的忧郁。2006年冬，他来北京参加第七次全国作协代表大会，（这可能是他最后一次来北京参加会议）我与他有过深入长谈，谈社会，谈人生，谈文学，等等，散会后我把他一直送到列车车厢。我在交谈中发现，尊师的文学激情未减，却仍苦恼于如何通过文学作品反映色彩繁杂、让人眼花缭乱的社会生活。他对时下走红的诸多作品，始终有自己的独立见解，从不人云亦云。这一年，他在《大家》杂志发表了格调凝重、人物形象浮雕一般的中篇小说《夜郎西舅》，表明他对艺术与人生的思考已上升到新的境界。有评论家说："小说没有悼念一个时代、一种节操的感伤，也看不出明显的对于当下时代的失望，而只是借着为医生提供治病参考的由头开始书写，诸多的含蕴在貌似客观的叙述中一一呈现。"

我的文学创作之路，与尊师联系极为密切。无论是前期写作舞台剧本、儿童文学，还是中期写作长篇小说、纪实文学、传记文学、影视剧本，都得益于尊师的指导、鼓励。尤其让我永志不忘的是，1974年春，我心血来潮，一口气写出一部42万字的长篇小说稿。尊师不嫌我文笔迂腐，废话连篇，竟在百忙中抽空读了我十余万字手稿，随即大加鼓励，称赞我有驾驭重大题材的能力，有希望写出具有史诗价值的作品。正是受了尊师鼓舞，我后来才写出四卷八部、252万字的长篇纪实文学《远东战争风云》，以及长篇传记文学《大医精诚——孙思邈传》，72集电视文学剧本《大医孙思邈》。我20世纪90年代初开始写作《远东战争风云》时，大陆对国民党抗战还讳莫如深，尊师是第一个鼓励我写作这一重大题材的。此书从初稿到出版第二个改定本，历时22年，尊师在每一阶段都对我鼓励有加。我在策划2014年首届"雪峰山会战"学术研讨会时，尊师也在多方面予以了悉心指导。之后我将写作目光投向隋唐大医孙思邈，又从尊师那儿获得了极大动力。我本与尊师约定，待电视连续剧《大医孙思邈》开拍时，请尊师作为特邀嘉宾出席开拍仪式。现在，这一美好愿望已无法实现了。唯愿尊师在另一个不受条条框框束缚的世界里充分施展创作才华，自由翱翔于艺术的天地，按照自己的意愿，谱写最美的华章。而在这一个尊师刚刚辞别的世界，您将永远活在您的作品中，活在读者的阅读中，活在亲友和弟子们的记忆里。

安息吧，尊师！热爱生活、热爱文学的人们永远悼念您！

我与谢璞老师的点滴

蒋子棠

处女作

由于经常给《洞口报》写稿，我结识了当时在《洞口报》任编辑的谢璞老师。谢老师那时已是个有点名气的青年作家了，我常在全省乃至全国的报刊上读到他的作品，他的作品对我们这些舞文弄墨的人产生了莫大的吸引力，于是我也经常学着写点散文、特写、诗歌等文学作品请他指点。谢老师是个乐于助人的人，尤其是爱好文学的年轻人，可能是志趣相投的缘故吧，对他们更是倍加爱护、关怀和指导。我送给他的习作，他看过之后，有的当面指出缺点，提出修改意见；有的通过他的精心修改后，放到《洞口报》或寄送《资江农民报》上发表，这无疑对我是个极大的鼓舞和鞭策。

1958年，上级宣传文化部门要他赴涟源采访邱三娥等人的事迹并撰编《湘江三凤》电影文学剧本，完成任务回县后，他对我说："子棠，你也写过不少小东西了，想看自己到底有没有文学细胞，得写篇小说看看。"

听了这话，我真是又喜又忧，喜的是谢璞老师叫我写，他肯定会对我进行具体的指导，我会获得更快的进步；忧的是我虽然读过一些小说，也学习写过一些小东西，但那都是些口水话，根本与文学二字沾不上边。这次学习写小说，虽说是个学习实践的机遇，但若写得不像，一眼让谢璞老师看透了，今后岂不会让谢老师对我失去信心，我的文学创作不就到此为止了？但不管怎样，实践一次总比空想要好，自己也很需要检验一下自己。我当即对谢老师说："我很愿意试一试，不过，若没写好，您可不能对我失去信心啊！"他当即严肃地说："你这观点就不对，搞文学创作是你自己的事，怎么怕别人失去信心？首先要你自己对自己有信心！大胆地写吧，我相信你会写好的。"停了停，他又接着说："这样吧，我把我这次在涟源采访大办钢铁中的一个故事讲给你听,你再根据这个现实中的故事写成一篇小说……"

谢璞老师讲的是在大办钢铁中保守和先进思想斗争的一个故事,于是我便把平时在学习文学创作基础知识的过程中了解到的有关小说创作的方法搬了出来,按照这篇小说需要表现的主题思想来设计人物、情节、环境,写作时,我还特别注意了人物的性格和表现性格最重要的细节和语言。连续用了十几个晚上,我写出了洋洋万余言的初稿,自己从头至尾看了一遍,把觉得太啰唆和没有半点文学性的章节和语言删掉,又写了一遍,最后把仍有五千多字、取名为《冶炼专家》的第一篇习作交给了谢璞老师。谢老师看后笑着说:"子棠,看来你身上还长了点文学细胞,第一篇能写成这样,不错!这样吧,我明天就要去省文联开会,带去给那些编辑老师看一看,听听他们的意见后,我们再好好地谈。"

不久,谢老师开会回来了,他一回来就打电话要我去《洞口报》编辑部,一见面他就高兴地告诉我说,他把稿子交给了省文联的《新苗》文学杂志编辑部的李青老师,李青老师看过后说,稿子写得还不错,这样的文学青年要多鼓励多培养……1958年12月号的《新苗》文学期刊发表了我的处女作——小说《冶炼专家》。这对我来说,无疑是个天大的喜讯,不仅我自己高兴,关心我的领导和朋友们更为我高兴。我清楚,这篇处女作从开初的构思到最后的见刊,完全离不开谢璞老师的帮助。我要特别感谢谢璞老师,可谢老师却说:"子棠,处女作的发表仅仅是个好的开端,不要光顾欢喜,要以此为契机,多读中外名著,勤奋练笔,我相信你会不断有好作品问世的。"

因病得福

1961年我在黄桥公社宝山大队搞中心工作时,因当时下农村,无论如何得做到与农民同吃同住同劳动,而且安排的住户绝大多数也是当地最困难的,至少也是困难中数一数二的贫困户。尽管按县里每天交一斤二两粮票,每餐交一角五分钱的规定交了,但在当时那种严重缺粮的情况下,没有多少粮食能进自己的肚子,荤腥就更少见了,因此我的风湿病越来越严重,脚手关节经常浮肿,疼痛难耐,一天难走五里路程。大队党总支书记袁明武同志经常嘱咐生产队和住户,不要让我下地劳动,特别不能下到水田中去。但我作为一个国家干部,强烈的政治责任感迫使我不能不做到与群众同劳动。后来这事让公社党委书记王有清同志知道了,有一天他找到我说:"小蒋同志,你还年轻得很,患了这种病得抓紧治,怎么还下农村搞中心呢?你自己不好讲,我给你跟县里讲……"在王书记的关怀下,局里同意我去长沙检查一下。

　　来到长沙,我当然首先得找熟人,而我当时唯一的熟人就是刚调去省文联不久的谢璞同志,他不仅是我关系特好的老乡,而且是我的文学启蒙老师。他首先带我到湖南省医学院附属第一医院做了检查,医师说需要搞一个疗程(一个月)的理疗,并建议我同时到省中医院吃中药。附一医院和省中医院都在蔡锷北路,当时的省文联在司马里,也是在蔡锷北路,相隔很近。谢璞老师说:"你没有住院,看门诊住宿费是不能报销的,我跟文联领导商量一下,因文联经常有下面的业余作者前来改稿,准备了两个公铺,看能不能给你一个。"想不到文联领导竟欣然应允了。住进文联以后,我与《湖南文学》编辑部的编辑老师们逐渐熟络了起来。李青老师负责联系邵阳地区的作者,我的处女作《冶炼专家》就是在他手里发表的,并还有几篇习作留在他的案头上。这次住到了一块,他对我特别关心,不仅介绍了一些好的作品给我看,而且对我的习作进行了具体的指导。与此同时,文联领导给予了我特殊照顾,他们的内部资料室藏有许多中外古今名著,是只供文联内部人员阅读的,却给了我一个特别出入证,准许我随时进入资料室。我每天除了去附一医院搞一个小时的理疗,顺路从省中医院取回中药外,其余时间就全蹲在资料室里了。在这里,我读到了很多中外古今名著,而且学到了很多创作方面的基础知识。在李青老师的具体指导下,我修改和创作了《松柏常青》和《铁哥嫂》两篇小说。唯有在星期天,我和谢璞老师两人才逛逛烈士公园和长沙大街。谢璞老师当时除了自己奋力创作外,还担任着《湖南文学》的编辑,所以我们即使是星期天休息,谈论的也都是文学创作的话题,这对我来说无疑是一个极好的学习机会。当时正是三年特困时期,我俩逛街有时也想改善一下生活,因为那些国营饮食店,有国家特供的低价肉和副食品,星期日店里经常是挤得满满的,有时吃碗面排队买到了筹码,又还得站到桌边去抢位置,因为没坐到位置服务员是不接筹码的。有一天我俩逛街逛到黄兴南路,远远地看到一家国营饮食店门口排了长长的一列队伍,我们想,那一定又是在卖什么便宜好吃的东西,便赶紧加入到长长的队列中。好不容易才慢慢地前移到买票的地方,一问原来是在卖一元二角钱一碗的蛇肉汤,可我们两人都不敢吃蛇肉,白白地排了半天队。我俩走进餐厅,奇香扑鼻,感到特别奇怪的是每张桌的顶上,都盖了一层白布,有人告诉我们,说是蛇肉特香,怕蜈蚣来撒尿。

这次长沙治病之行，不仅使我的风湿病得到了很好的控制，而且使我的文学创作获得了很大的提高，真可说得上是因病得福啊！

创作高峰

1961年长沙治病结束回到县里后，我的创作热情空前高涨，小说《松柏常青》《铁哥嫂》《两门大炮》《拖拉机到来之前》等作品相继在《湖南文学》《湖南农民报》等报刊发表。此时，谢璞同志已调往长沙。花鼓剧团的陈文球同志本来是发表作品最早且较多的作家，但因性情孤僻，爱好文学的初学写作者大都不愿与他打交道，最后大都跑到我这儿来了，因而我的住所成了广大文学爱好者经常聚会的地方。原经常与谢璞同志打交道的业余作者便经常同我打交道了，当时主要有洞口报社的杨能之、黄桥公社的谢道生、洞口大米厂的曾传校、石江石油厂的罗承熙等人，这些人均已在省级报刊上发表了作品，创作热情正旺，只想找志趣相投的人扯一扯，议一议，借以提高文学创作水平。

每隔一段时间，谢道生就会从黄桥来了，他是公社秘书，杨林有个公社办的"百样场"，养有猪、鸡、鸭、羊、兔等牲畜，每次来时，他总要带点猪羊兔肉或鸡鸭什么的；罗承熙在石江石油厂，据他自己说，他是罗盛教烈士的弟弟，当时开采石油相当困难，农民点灯无煤油，就常常搞点花生或干细鱼什么的，找到他偷偷摸摸地换点柴油，因此他每次来时，也会带点吃的东西；曾传校在县大米厂，大米厂出的碎米酒，质量好，价格便宜，只是难以买得到手。曾传校在厂里当秘书，条件得天独厚，每每聚会时，五角九分钱一斤的碎米酒，他至少得背两军用壶……因此我们只要聚在一起，我的房间便闹翻了天，一边喝酒，一边天南海北地闲谈。每次聚会，每个人至少要谈一个小说题材，然后你出点主意，他提点意见，下次再聚会时，作品便写出来了，大家就写出来的作品再提点修改意见，于是一件作品便大功告成。大家认为这个方法很好，聚会便成了经常的事，有时谈到深夜，三四个人睡在一床或者倚在墙上，一觉睡到天亮。

这一年，我的创作喜获丰收，除在《中国青年报》《中国科技报》上发表了人物通讯外，还有《三个铁甲兵》《代课老师》《上山之前》《柿树边的人象》等几篇小说发表在省地报刊上，《长江文艺》也有一篇作品要我抓紧修改。

一瓶淡酒待老师

"四人帮"倒台后，我结束了已为时两年的花古公社"斗批改"，回到了机关仍做我的办公室秘书工作。一天晚上，谢璞老师突然来到我的宿舍，当我打开门，一眼看清是我的文学启蒙老师谢璞同志时，顿时感到非常惊讶。我赶紧把谢老师请到窗子前的桌旁坐下。借着明亮的电灯光一看，谢璞老师瘦多了，老多了，只有那对炯炯有神的眼睛仍显得生机勃勃。当时，我已有十多年未与谢老师见面了。谢老师告诉我，他在"四清"运动后期，就被下放到绥宁县的武阳接受贫下中农再教育，家属连同小孩也一起下放到了青龙公社的大田老家，直到打倒"四人帮"后才又回了省文联。这次出差洞口，住在县招待所，他怀着试探的心理打听我的下落，后听一位老同志说我已回县城机关，被安排在县农机局工作，于是便寻到这里来了。我们既是师生关系，又是老朋友，多年未见面，自然会有不少的话要说，但不能光凭一杯白开水送话，总得招待点什么呀！我的妻子和孩子尚遭送在我的原籍——洪茂公社桐圹大队老家没有回城，这里还没有我的家。翻遍整个十来平方米的宿舍，仅只有前不久回家时带来的一盐水瓶子米酒。两个久别重逢的老朋友见面，在当时那种情况下，能有瓶米酒也算是很不错的了，可是用什么下酒呢？我坦诚地告诉谢老师说："家里仅有一盐水瓶米酒，得去街上买点下酒的菜……"谢老师爽快地说："那好，两人一起去，边走边说话，要说的话太多，别把宝贵的时间浪费了。"于是两人便一块上街了。

农机局当时与水利局一块在现在的县水利局内，两个人走出大门，边走边说，来到了洞口老街上。这条老街，是湘黔古道的要道，从湖南去贵州，过了洞口这个集镇，就得进入无边无际的雪峰山了，所以自古以来，这里就比较繁华，特别是伙铺饭馆以及卖各种小吃的摊贩不少。可这晚不知为什么，不仅集体化了的饭馆没有一个卖东西的，南货店也没有一家开门，就连那些小摊小贩也都不见了踪影，走遍洞口老街，竟然连一粒花生米都没有买到。我拉着谢璞老师赶紧往河北走，心想，河那边是新修的大街，县委、县人委和绝大多数县机关都在河北，县饮食服务公司和副食品公司也都在河北，不愁连点下酒的东西都买不到。我俩走到桥上，谢璞同志摸着栏杆驻足说："'文化大革命'给洞口人民带来了好多灾难，恐怕就只这座桥给洞口人民造了福。"我接着说:"这也是托三线建设的福,要不中央也不会关心到雪峰山脚下这么个小县城来。"我们走过钢筋混凝土大桥,来到平溪江北这条新街,竟然与老街一样,不仅不见一个卖东西的小摊小贩,也不见有一家卖副食的门打开,就连白天生意红火的饮食服务公司,竟也铺门紧闭,一片漆黑,任何下酒的东西也没买到。

回到宿舍,我打开盐水瓶的橡皮塞,倒满两个玻璃杯,双手捧着一杯递给谢老师说:"谢老师,十多年未见,想不到今晚我只能仅仅用一杯淡酒招待你,而连任何伴酒下肚的东西都没有,惭愧啊!"谢老师接过酒杯苦笑着说:"谁说没有下酒的东西?我们这十多年的酸甜苦辣,难得有个倾诉的机会,这不是很好的下酒菜吗?"

当晚我们边谈边喝,不知谈到什么时候,只知道酒喝光了,人也谈累了,两人就一起睡在床上直到第二天天亮。

编外编辑

安葬好我的母亲不久,在谢璞老师的亲切关怀下,省文联通知我去《湘江文艺》当一轮(三个月)编外编辑。这编外编辑实际上就是省文联对创作基础较好、有培养前途的青年作者的一种培养方法。在这里,不仅有编辑老师面对面的教诲,还有大量的名著可读,还可在阅读大量的来稿中开拓自己的思维空间,丰富自己的生活知识,汲取有益的创作营养,真可谓短短四个月,胜读十年书。特别是凡属编外编辑,每一轮均可在《湘江文艺》上至少发表一篇作品(散文、小说、报告文学、诗歌等),这对初学写作的年轻作者来说,确实是个难得的机会和莫大的关怀。我已经不是年轻的作者,而且也不是初学写作者,省文联也让我参加到这一行列中来,是因为我耽搁的创作时间太长,这是对我一种特殊的照顾。我非常珍惜这次机会。

我原来最喜欢写的是小说,所以被安排在小说组。编辑部对编外编辑的要求是这样的:每天的来稿中,除了信封上写着某编辑姓名的,必须转交某编辑直接处理外,其余来稿全由编外编辑处理,如果发现有写得特别好的作品,提出具体意见并交给负责某一地区的编辑老师,其余的则退还给作者,退稿时可以提些具体意见,也可以附上一张早已印好、千篇一律的退稿条夹在其中,一退了之。在初学写作者中,往往写小说的特别多,我每天都要收到十多份稿件,我很理解初学写作者的心情,编辑部的片纸只字对他们来说都是一种鼓舞和创作的推动力,所以我不仅每篇作品都看,而且尽自己浅薄的知识在退稿时总要用钢笔写上几句话,极少用那早已印好的退稿条。要想从这泛泛来稿中选出一篇两篇见刊发表,那确实是很不容易的。当时的《湘江文艺》每个月出一期,16开,80个页码,每期不过十二三万字,有评论、小说、散文、诗歌,还有其他杂文,就算小说每期占一半的版面,也不过六万多字,能发表的作品就只有八到十一二篇,当时我发现直接寄给编辑的稿件每个月至少有十来篇,那都是些与编辑关系较好,有一定创作能力的作者。小说组四个编辑,关在抽屉里待发表的作品一大叠,每到安排下一期发表的稿子时,编辑之间都会争论,谁都想让自己联系的地区多发几篇作品,多出几个文学人才。所以我在《湘江文艺》当编外编辑的三个月期间,仅向小说组四个编辑每人推荐了一件作品,最后发现见刊的仅只一篇。

我在三个月的编外编辑工作中,当然不会轻易放过千载难逢的机遇,在编辑老师的具体指导下,几乎放弃了所有假日逛长沙大都市的机会,利用一切休息时间,创作了《标准相》和《卖瓦缸》两篇小说,后来《标准相》发表在1982年的第10期《湘江文学》上,《卖瓦缸》则发表在1982年的第12期《文艺生活》上。

临近这一轮快要结束的半个月里,编辑部拿钱让我们四个编外编辑(小说、散文、诗歌、评论组各一人)去洞庭湖君山农场和张家界开阔了一下视野。当时张家界刚刚开发,的确是真正的原汁原味,整个张家界旅游区还尚只一个金鞭溪饭店,物价相当便宜,一元钱一个的菜,无论是肉丝还是金鞭溪里的小河鱼,都是一大盘,八分钱一斤的桃子让你胀个肚子滚圆。我们在这里玩了三天,两只脚爬上爬下,既爬得很辛苦,又爬得非常愉快,对省文艺界领导和谢璞老师这种关怀的感激之情,我将永远铭记于心。

橘海笔会

洞口县文联成立以后,摆在我们面前最重大的任务,就是要多出文学作品,多出文学人才。如何才能做到多出作品和人才?我们觉得光靠文联几个人抓创作是抓不上去的,一来我们本人能力有限,二来我们只有自己创办的《迴龙洲》这块小小园地,仅能供初学写作者练练笔而已,要想真正培养出一批具有实力的文学人才,创作出一批有影响力的作品,还必须把关心我县文学创作事业且掌握刊物的作家和编辑请来,给文学作者讲课、看稿。我们把这种想法向宣传部领导汇报了，宣传部领导非常赞同，后来我们又向县委县政府领导汇报，领导们也都表示支持，并给我们批了一笔经费。于是，我就来到长沙，找时任省文联执行主席，并且非常关心家乡文学创作事业的谢璞老师商量。谢老师一听完我们的汇报，立即高兴地说："县文联成立第一年就搞这样的活动，了不起，家乡的文学创作大有希望了。"在向我们介绍别的地方搞这种活动的经验时，对我们如何搞，他提出了许多指导性的意见，他说："我们洞口是蜜橘之乡，雪峰蜜橘饮誉国内外，干脆这次就叫橘海笔会好了。"并说："我们要请的人必须是于我们有大用处的人，他不仅要有水平，而且要掌握刊物，有发稿权，可以通过他们发一批作品。"多有建设性的想法啊，如果不是他这样提出来，我们还根本不会这么想，于是除地区要请的人外，省里要请人的就由他来提议，我们再发邀请函。记得当时从省里请来的有《文学月报》编辑部副主任潘吉光，《文学月报》编辑部小说组组长肖为，《湖南日报》文化生活部主任鲁安仁，《芙蓉》杂志社编辑龚笃清，《年轻人》杂志社编辑谢乐健和谢璞同志本人共六人，再加上地区文联四人，共计从省地两级请来了十人。

　　1984年12月3日"橘海笔会"正式开幕，当天县委、县政府、县委宣传部领导均出席了会议，会议气氛相当热烈。一次邀请到省地这么多文艺界领导和专家来讲学阅稿，这对洞口县文学爱好者来说是个极大的鼓舞。笔会先组织与会的领导和专家赴县园艺场和山门公社园艺场领略我们橘海的风光，再去罗溪瑶族人民公社实地考察瑶族兄弟的民族风情，每到一地，当地群众都热情迎送，使他们亲身感受到了洞口人民的热情好客，他们无不为之动容。随后，连续进行了四天的讲课，报名听课者多达100人，只得借用了县轻工业局的会场。开头第一天谢璞同志的讲课，对人震动很大，他说："文学家的任务：一是栽鲜花；二是清除垃圾。作家有两种：一种是捞饭呷、捞官做的作家；一种是无产阶级的战士。笔杆是栽鲜花的锄头，也是清除垃圾的扫把。作家要解剖社会，从解剖社会中发现金子。作家应该是生活的热心人，既是主人，又是仆人。作家的任务就是揭示灵魂的奥秘。为人要谦虚，要谨慎，拿起笔来的时候要非常的老实……"这些出自肺腑的谆谆教诲，使每个听课者心情激动，热烈的掌声响起了一阵又一阵。

　　笔会之前，我们挑选了一批较好的作品请这些与会的老师具体指教，他们非常认真，抽出时间篇篇都看了，有的召来作者指出其优劣，提出具体修改意见，有的则由他们带回修改后发表。

　　这次笔会整整搞了十天，不仅后来陆续有作品见刊，特别是通过这次笔会，让各位业余作者了解了当前文艺界的形势，懂得了不少文学创作的知识，还为后来我县的文学创作和多出文学人才创造了一个良好的开端。

名人其实很平常

——谢璞的故事

蒋子棠

当代著名作家谢璞是个名人,他没有叱咤风云、惊天动地的故事,有的只是耐人咀嚼、平平常常的故事,但就从这些平常的故事中,我们可以看到一个名人平常中的不平常。

《祭黑狗文》的故事

小孩子好动,好新奇,好玩水,这是天性。

小谢璞经常小腿上缠绑沉重的沙包追狗赶猫,甚至双手拿着大斗笠从观澜书院旁高岸上往下面的稻草堆上"飞",还经常跳进蓼水河里游泳,一放学,就见不到人的踪影。比他大8岁的哥哥谢虎臣当时在蓼湄中学读书,国文成绩突出,古文基础好。他从弟弟的好玩中发觉弟弟的聪明才智,便经常给他讲一些历史故事,还从《古文观止》里面挑几篇文章教他读,并要求他背诵一些段落。这对小小年纪的谢璞来说,虽说是桩苦差事,但他乐于接受。他哥哥要他背诵了《祭鳄鱼文》中后边一段:"今与鳄鱼约:尽三日,其率丑类南徙于海,以避天子之命吏。三日不能,至五日;五日不能,至七日;七日不能,是终不肯徙也……刺史则选材技吏民,操强弓毒矢,以与鳄鱼从事,必尽杀乃止。其无悔!"哥哥对他解释说,这是韩愈到任当刺史后,听说鳄鱼害老百姓,很为生气,就作起祭文来。小谢璞听了,很感兴趣。不久,他发现附近街巷一个二流子,仗着跟一个招了安的土匪小头目结为拜把兄弟,横行霸道,他家里养了只生了几只小狗的黑母狗,也是狗仗人势,学着老板欺侮人,最爱咬人。小谢璞见了,很是生气,便学着《祭鳄鱼文》的模式,写了篇《祭黑狗文》,不顾里面有无错别字,便趁夜黑偷偷地张贴在那只黑狗的店主人的门角。祭文写道：

"你这只来（癞）皮黑狗，动不动咬人，你有什么了不奇（起）！你一身狗气，只会吃屎咬人。今与狗约：限三日，带你的狗崽们滚到一边去，再不准你咬人。三日不能，至五日；五日不能，至七日；七日不能，是终不肯听本帅的话。好吧，我要用棒子打死你这狗东西。其无悔！"

那二流子没读过几本书，一发现这张贴在门角的小字帖，以为是在骂他老先生，便在街上破口大骂："谁吃了豹子胆，敢要我滚到一边去？我猜得到是谁骂的。我就是不搬走！我不怕你有钱有势吓唬人！"满街的人都被惊动了，纷纷传说是他一个有钱有势的亲戚写了帖子来骂他，因为他住了那人的房子，好几年不交一文钱的租金。不久这个狗老板那个有钱有势的亲戚出面来质问他："你嘴放干净点，骂哪一个？"狗老板就赔笑脸说："表叔，我……我……我是喝醉了酒，跟我爹过不去，他老是在屋里骂人……"这场风波，先是叫小谢璞暗暗开心，庆幸那二流子猜错了人，若不然，他定会遭到报复，接着他又为这篇小文得到的意外收获而高兴，就悄悄地告诉了哥哥。哥哥很严肃地骂他道："没出息，你跟狗去斗什么气？再莫到外面去闯祸！"但他哥哥心里很高兴，因为他从中看出了这个小弟弟不仅好动、好新奇、好玩水，而且好读书，会灵活运用，于是便借来了《史记》《三国演义》《鲁迅著作选》《寄小读者》等书给他读。尽管谢璞当时还理解不了其中寓意，但书中的人物和情节竟也让他着了迷，朦朦胧胧中有一种极强的魅力吸引他反反复复地诵读，他无意中产生了一个愿望——等长大了，我也要写书……

十二个馒头的故事

1956年春初，谢璞参加了在北京召开的全国青年文学作者大会，接着"中国作家协会文学讲习所"从来京开会的几百名作者里面选拔了62名作为"讲习所"的第三期学员，谢璞作为文学新苗被幸运地选上了。

坐落在京城鼓楼东大街的"讲习所"各方面条件都好。校园是红墙琉璃瓦、亭榭楼阁的仿古建筑，像个大花园，来所上课的老师，绝大多数是资深教授和定居北京的著名老作家。在这样优良的环境，这样好的学习和生活条件下，谢璞为什么还要靠12个馒头过一天呢？这里面有个动人的故事。

"讲习所"里面每逢星期六，都会收到团中央机关大把的舞票，邀请这些已成名或将成名的青年作家参加这样或那样的舞会。星期日，所里就组织这些来自全国各地的学员们参观游览首都的古城风貌和历史文物，或者组织学员们参加中央各部门和学校组织的各种联欢活动。同时，京城的好些报刊编辑也常来组稿，而且稿酬相当可观，学员们的日子算是过得丰富多彩和舒舒服服。谢璞来自雪峰山下、远离京城的偏僻小镇，对这样子打发日子自然感到非常惬意，但他随大流这样学习了几周之后，忽然感到不对劲了，自省这样下去不会大有长进，必须要拿出洞口人那种凿山打洞的"突围"精神来对待学习。从此，他有机会游览的地方放弃不游，一般凑热闹的联欢会不去参加，规定自己不为小名利花费时间写稿，每天自习时间要多出好些学员二至三小时。他珍惜每个星期日，只要不逢大雨天气，他就会备一壶水、十二个馒头，怀揣一部中外名著到附近风景优雅、洁净清静的北海公园，找个很少有人光顾的角落，苦读起来，渴了喝一口自己带来的白开水，饿了就啃一个随身带来的馒头。这样长期地坚持下去后，他"吃掉"了图书馆几叠世界名著，自我感觉效果还不错。毕业前一个月，是所里规定的学员写"考卷"的时间——每人精心写作一篇小说或一首诗，或一个文学剧本，这时文学修养大有提高的谢璞，从容创作了小说《竹娃》，赢来了各方面的好评，也为他赢来了旗开得胜的欢乐和自信。

床单做窗帘

谢璞从"文讲所"毕业后返回故乡洞口，爱惜人才的县长丁锡祥很重视他，亲自把他从学校调了出来，并征求他意见：是去县委办写材料还是去刚刚创办、条件比较艰苦的《洞口报》当记者？谢璞当然想到县委办去，因为那里名气大，生活又比较稳定舒适，可他更想去报社当记者，生活虽艰苦些，但可以满世界疯跑，去哪个乡村串动都方便，最有利于深入体验农村新生活，对创作"突围"很有利。最后，他毅然去了洞口报社。

报社编辑是一个钉子一个眼，一个星期出张报，一个编辑编一版，自然来稿少，大都需自己亲自采写。谢璞是已经够累的了，可他那时创作精力空前旺盛，好多素材正等他变成有灵性的文学作品，没有时间怎么办？就只有打晚上的主意了。但那时晚上都还得上两个小时的班，下班以后，劳累了一天的同志们早已筋疲力尽，该好好地睡上一觉，养精蓄锐以待来日再拼搏了，而谢璞这时方可静下心来进行创作。他不忍心让自己房里深夜的灯光影响同志们的睡梦，所以他就只好把床单挂在窗子上，把灯光遮得严严的。往往一写就是好几个小时,肚子饿了,吃个妻子为他准备的熟鸡蛋或几块饼干,常常是一晚睡不上三四个小时,人瘦得像只红眼猴。可他创作却大获丰收,《姊妹情》《老同志》《织蓑女》《葵帐》《五月之夜》等大批精美作品相继问世。1959年长江文艺出版社出版了他的一部很有影响的小说集《姊妹情》,同年他加入了中国作家协会,1960年5月被调入湖南省文联"文学创作组"任专业作家,1962年3月号《人民文学》杂志以头条的形式发表了他的成名作小说《二月兰》。

《一滴茅台》的故事

不管是在年轻时代,还是在担任省文联执行主席、省政协常委阶段,也不管是被评为全国一级作家,还是获得国务院颁发的首批突出贡献政府特殊津贴专家荣誉,谢璞始终朴朴实实地与家乡业余作者和乡亲们打交道,没有半点名人和衣锦还乡的架势,一举一动都是布衣平常心态,使人们感到既可敬又可亲。洞口一、二、三、五、七、九中学先后都请谢璞去给学生们做演讲,他有求必应,而且每次讲得真诚感人,给了嗷嗷待哺的学子们以有益的人生启迪。谢璞特别感恩在关键时刻关心和爱护过他的人。他17岁时,由于家里无钱供他上高中而辍学,便在当时的高沙镇政府担任了一个小干事。这时,原来在初中给他上过体育和英语课的袁沙雁老师告诉他,今后贫困学生上学政府会适当补助"人民助学金"。袁老师送来的新消息,对谢璞来说,犹如久旱逢大雨,令他心中那棵对文学和艺术充满向往之情的小苗又破土而出,他重新拿起笔杆,考上了蓼湄中学,从此便开始一步步走进了文学艺术创作的殿堂。袁老师的恩情他永远铭记在心,每次回洞口,不管怎么样繁忙,谢璞都要去看望袁老师。一次,他在拜访袁老师时,袁老师用家乡醇香的米酒招待他。正在饮酒时,不料从屋顶上漏下一滴雨水来,正好滴在谢璞的酒碗里。谢璞眼见老师们的住宿条件这么差,便有感即发,写出了散文《一滴茅台》,在《人民日报》上发表。这篇文章起到了很好的促进作用,引起了各级领导对人民教师生活的关注,上级领导部门迅速拨款给洞口三中盖起了一幢教职员工新住宅。袁沙雁老师感叹地说:"谢璞的笔墨,暖如棉纱土布……"

心中有情笔底香

——怀念我最尊敬的谢璞老师

韩棕树

虽然，人的死亡是不可抗拒的自然规律，但是有一种人，你总觉得死亡与他无关，他总是那样开朗、乐观、和善地生活在人世间，谢璞老师在我的心目中就是这类人的形象。

光阴似箭，日月如梭。转眼之间我和谢璞老师相识、相交已整整五十周年。

那是在1968年3月16日，我因事路过长沙，专程前往位于八一东路的省文联大院，去拜访我心目中的文学偶像谢璞老师以及刘勇、孙健忠、向秀清等几位从基层调入省作协的专业作家，用现在的话说，我是他们的"铁杆粉丝"。谢璞老师给我的第一印象是，一头浓黑的头发，一脸和善的笑容，一双有着友爱而又睿智的目光的眼睛，活脱脱一个良师益友的范儿。那时候，我还是个刚刚二十出头的军人小伙，心中常怀文学梦想。由于当时"破四旧"之风横扫一切，过往的文学书籍和期刊大都被上缴、封存，甚至付之一炬。我爱好文学，却缺乏文学作品的滋养。有一次，我在一位老干部家里偶然发现了一本1964年出版的《湖南文学》杂志，谢璞老师的成名作《这边风雨》赫然在目，我将杂志借回，深夜躲在被窝里用手电筒照着，一口气将文章读完，内心油然升起对他的崇敬之情……

几年之后，我复员回到家乡凤凰，并以青年作者的身份常到省会长沙参加相关会议或修改稿子。谢璞老师也于1972年从被下放的邵阳调回省文联，仍从事专业创作。我每次来到长沙，都要登门拜访谢璞老师。我们之间无话不谈，但彼此从未请吃请喝，真个是"君子之交淡如水"，可友谊和真情却是永驻心间。在几十年的交往中，我发现他是个地地道道的性情中人。我们之间谈文学创作，也谈日常生活琐事。对别人的写作，他总是积极肯定，予以鼓励；自己则非常谦虚。有一年夏天，我们在省政府韭菜园招待所改写稿件，他对我刚发表的散文《金鹿玉泉的故事》大加赞赏，认为是开了"文化大革命"以来的新风，使我颇受鼓舞。别人对他作品的建议，他总是极为谦虚地说："非常宝贵！非常宝贵！"他在此次改稿班上的散文《珍珠赋》后来成为名作，被选进全国中学语文课本。1976年"四人帮"被粉碎之前，他们几位专业作家均住在坡子街49号省文艺工作室院内，那时谢璞老师的家眷还在老家洞口县，他孤身一人在长沙生活、写作。我每次来长沙都要去他那间小小的斗室里闲谈，没有零食，更谈不上水果，照例是白开水一杯（那时候喝茶都是奢侈）。有一年仲春时节，我邀他去烈士公园踏青，他开玩笑说："你是正开叫的叫公鸡，我不和你去。如果现在有个18岁的姑娘在那里等着我，我立马就走！"谢璞老师此时年近不惑，正值创作盛年，哪有闲情逸致去逛公园呢？我十分佩服他惜时如金的奉献精神。我曾听孙健忠大哥说过，他们每晚都要看书、写作到凌晨一两点钟。每次谢璞老师出来如厕小解，看见孙健忠的房间还亮着灯光，总要喊一声："健忠，加油！"他们是文人相亲，战友般的情谊感天动地。

  谢璞老师出身洞口农家，从小倍感生活的艰辛，后来虽然身在省会闹市，却依旧保持勤俭朴素的良好习惯。有一回我跟他讲起参加省里会演时餐桌上的浪费情景时，他很是生气地说："太不像话了！我每次在招待所开会会餐时，总是要将盘子舔干净了才走。"这话虽有点夸张，但确实是"谁知盘中餐，粒粒皆辛苦"的内心写照。

  自然，在我和谢璞老师长达50年的交往中，谈得最多的还是文学写作。我偶尔也拿习作请他指导，他总是先鼓励，后提出修改意见。他是20世纪60年代初期就闻名全省的青年作家，我对他恭敬有加。他说过让我铭记终身的几句话是，"写小说一定要写出人物的性格和让人久而不忘的细节"；"散文一定要有真情实感，语言要有自己的特色"……

  1997年，当我的第一本散文集《一夜乡心》出版后，我请他指正。他几乎是一口气读完了这个小集子，他认为我的语言文字很有个性，特别是写沈从文少年时代的那组文章非常来劲。过后，他立马做了两件事：一是连夜写了一篇书评，题为"心中有情笔底香"，分别发表在《湖南日报》和《中国文化报》副刊上；二是找我"谈心"，问我可否转行去办《小溪流》杂志或《小天使报》。为了促成此事，他还请了时任省文联党组成员的宋梧刚先生前来"帮腔"……我再三表示谢绝后说："自1984年改行做记者后就不想再到文学界出头露面，若有兴趣就写点'两不搭界'的文章算了，不想再一次改行。"他听后表示很理解。

改革开放初期，我省的文学事业和全国一样，获得突飞猛进的发展，一批中青年作家在文坛崛起，有那么三五年间，文学湘军在全国获得文学大奖的人数一直居全国前列，尤其是置身省文联以外的"专业作家群"形成一种咄咄逼人的气势。谢璞老师虽然出名较早，著作颇丰，但还没有在全国性的文学大奖中入过榜，无形中他深感压力很大。一次他半是严肃半是玩笑地问我："你觉得我在文学上落伍了吗？"我一听连连摇头说："哪里哪里，我一直认为搞文学不是短跑的百米冲刺，而是马拉松长跑运动，只要能坚持写下去，不断有受读者欢迎的作品问世，就是最棒的。"随后我又诡秘一笑："您听说过文学大师鲁迅、沈从文等获过奖吗？"他听后连连点头说："谢谢你！是这么个道理。"

进入2000年以来，由于谢璞老师年纪渐大，外出参加社会活动的次数日渐稀少。特别是2010年我正式交班记者站工作后，每年在长沙居住的时间较短，加之他身体欠安，需要静养，我也就不便前去打扰。其间我曾打过两次电话，他的家人说他正在卧床休息，也都没能说上话。自此我再没看见他的身影，再没听见他那爽朗的笑声，就连他驾鹤西去的噩耗，我也是十多天后从一个朋友的微信朋友圈里惊悉的。呜呼！我痛失了一位良师益友！

愿谢璞老师在天堂里依旧微笑着，遥看我们这个纷繁而又多彩的世界。

指 路 明 灯

——纪念谢璞老师

刘定中

得知谢璞老师仙逝，我的心顿时沉浸于悲痛之中，夜不能寐，几十年的往事历历在目，像电影纪录片一样，一个场景一个场景生动地浮现在眼前。

我与谢璞老师神交于50多年前。1960年我进入湖南师范学院中文系读书，一个房间4张床，上下8个铺。有一天，我们房间一位同学从图书馆悄悄地带回一本《人民文学》，说上面刊登的谢璞写的短篇小说《二月兰》非常非常美，于是6个同学抢着读，每一个同学读后都说真的很好。唯有我没有与他们抢，最后一个读。这样再没有人催促我，我慢慢地细心地读着，读了一遍又读一遍，读了三遍还舍不得放手，恨不得将那些美丽的词语、美丽的场面、美丽的人物，特别是开朗、善良、俊美的兰妹子，读进心里去，刻在心窝里，让其永远生动鲜活。就这样，《二月兰》成为了我学习的范本，谢璞老师成为了我的精神导师，成为了我作家梦的指路明灯。

我大学毕业被分配到湖南省委办公厅，先后到湘潭县如意公社、浏阳县①杨花公社参加农村社会主义教育运动。领导明确提出不准读小说，我有时深夜偷偷看一下，但作家梦已经睡觉去了。等我回到省委机关时，"文化大革命"已经开始了，我的作家梦似乎死了。1969年秋天，我被下放到五七干校，平静而艰辛地生活着、工作着、劳动着。到了1973年春天，我看到一个秀美的女知青在犁田，突然想起《二月兰》，想起兰妹子，想起谢璞老师，我的作家梦复活了，我写出了我的第一个短篇小说《燕妹子》，发表于7月13日《湖南日报》第四版"朝晖"副刊。此后，我又在报刊上先后发表了《新

---

① 现为浏阳市。

起点》《井边》《鸭》《荷包蛋》《老战士》等短篇小说。

　　与谢璞老师见面已是20世纪90年代初，我也多年不写小说了。记得是一个星期天的上午，我到在省文联工作的原五七干校的老朋友家里玩，他又说起我在五七干校写的小说《燕妹子》。我说那是照着谢璞老师的小说《二月兰》写的，他说谢璞就住在楼下，想去看看他吗。我喜出望外地说，想啊，几十年前就想啊！于是，他带着我进了谢璞老师家。

　　谢璞老师从书房走出来，满面笑容地亲切地握着我的手，让我们坐下，又给我们倒茶，一点也没有省文联副主席、大作家的架子，十分平易近人。在这位老师、兄长面前，我好似久别重逢，几箩筐的话一下子全倒了出来，如在湖南师院同学们抢着读《二月兰》的情景，在五七干校写短篇小说《燕妹子》的感受，在1984年秋天为什么放弃写小说，却发疯似的写散文诗的情况，自己作为业余作者的喜悦和苦恼，等等。谢璞老师明亮的眼睛含着微笑看着我，真诚地听着我的倾诉。他希望我走好自己选择的路，无论写小说，还是写散文、散文诗，都要写真情、写真意、写真生活。

　　遵照谢璞老师的嘱咐，时时不忘真情、真意、真生活，我走进了散文诗创作的高峰期，1991年我在湖南文艺出版社出版了《人生启示录》之后，1993年8月又在湖南出版社出版了《人生感悟录》。我将一本《人生感悟录》送给谢璞老师，书的首页上虽然写了"请谢璞老师指教"，但我知道他写作与公务都很忙，因此并没有奢望他为我写书评。岁月在寒暑交替中匆匆度过，1994年的7月下旬，我收到了朋友寄给我的《湘声报》。这份7月15日的报纸上，刊登着谢璞老师写的《一盘鲜活的草莓——读刘定中的〈人生感悟录〉》。我惊喜万分，读着读着，不禁热泪盈眶。

　　我读着"在一个五月雷雨之夜，我伏在灯前探听书里书外的东西。读着读着却感到我悟出什么来了。仿佛感悟到定中有一颗纯洁、善良的心"，我懂得，这是谢璞老师对我人格的最高奖赏，我写散文诗，更重要的是要写好自己的灵魂；我读着"《人生感悟录》可以说是一盘没有污染的草莓，含着淡淡清香的山果"，我明白，这是谢璞老师对我创作的最高奖赏，我写的文字，要干干净净，要像刚刚从石头缝里涌出的泉水，能解读者的干渴，决不能玷污读者的心灵；我读着"诗也文也，往往无日不趋新，倘若随着岁月的推移，定中能够学习大榕树，把根紧植于土地深层，对生活领悟得更深，有更强烈的爱憎，也许下一个集子的散文诗，就有可能像上年纪的枣树，会出现更甘甜的、沉甸甸的山果",我领悟,这是谢璞老师对我日后创作的殷切期望,是指明我在散文诗道路上走向远方的良策。我朝着谢璞老师指引的远方奋力前行,先后有多部作品问世,取得了不俗的成绩。

  谢璞老师,您在这个美好的春天走了。

  春天属于您,美好属于您,直至永远……

信 之 念

邓跃东

先生——

我是在24年前的春天收到您的来信的,那时我20岁,您在湖南省文联任执行主席。我备受鼓舞,又深感不安。那种复杂的心情一直延续到了现在,以至于一直未能给您回信。今天,我提笔给您写信,尽管您再也看不到了,我还是决心把信写好,包括每个标点符号。这是春天的回望,季节轮转,人驻春天!

收到您的来信时,我在陕西的黄土高坡上行军。我是一名通信兵,每天在野外爬杆架线,夜里住窑洞,生活单调。我坚持用写作来调剂日子,给青春装饰绿意。我写了很多稿子,寄出后没有一点讯息,我苦恼极了。我想到了您,您是家乡洞口县的文星骄子,从小就听老师说起过您的不凡经历,从一个小学教师写成全国著名作家。我从未见过您,但心里涌起了冲动,就把刚写出不久的中篇小说《回乡》寄给了您。我不敢期盼出现奇迹,便继续写着其他的稿子。三个月后,本以为石沉大海了,却意外收到了您的来信,《小天使报》的信封,碳素墨水飞舞了一页方格纸。您告诉我,稿子看后转给了《湖南文学》杂志的编辑,适当的时候问问,到时再信函联系。不久,我收到了杂志社的信件,编辑提出了几条修改意见,我觉得几乎得推倒重来了。这让我意识到了我的基础之差,也让我清醒了许多,我失去了自信,觉得不一定改得出来,就放弃了。但是我依然很高兴,我是身处远方的无名小卒,您竟挤出时间关注了我,还是亲笔信。这足让我引以为傲,后来我很多次向文友炫耀,看,谢璞老师给我回信了!

我沾沾自喜了一段时间,也想过给先生回一封信,以表对前辈的尊敬,但是不久我调离了黄土地去了西安,把事情耽搁了。后来我虽又想起这件事,但自那以后我很久没有写文学作品了，在文学上一直毫无建树，繁重的新闻工作让我叫苦不迭，所以我一直没有勇气写这封信。

这种怯弱和空虚挥之不去，在我身上一直持续了十多年。我至今觉得这一切犹在昨天，心心念念，好像落下了什么。其实，我是惦念着爱慕已久的文学情人的，于心不甘，却又无可奈何。然而，在我转业归乡时，很多伴随了我多年的书籍和器物我都没带，却把先生的这封信带了回来！那是我初心的见证、芳华的绽放和信念的凝结！

为什么我会有这样的举动？可能这一切都缘于写信人本身的力量吧，我被这力量紧紧地催发着！

转业后的这十年里，我一直在山乡修建公路，业余写作散文，发表了几十万字。我曾想过给先生写信，谈谈想法，盼望赐教，但还是没有勇气，觉得十年风尘微不足道。我觉得，要走近先生，还是先去读先生的书吧！那本散文集《珍珠赋》是我上高中时购买、带去部队又带回的，我总是摩挲了又摩挲；后来我又在旧书摊上淘到了小说集《血牡丹》、儿童文学集《芦芦……》；去年市里编辑《邵阳文库》，我又得到了一本《谢璞的文学世界》，由此我进入了一个绚丽的文学世界。

记得五年前，我到长沙出差，夜里路过八一路227号，惊讶地看到省文联的牌子，一下想起先生就住在这个小院！我在门口徘徊了很久，却没有勇气进去探访，最后悄悄地走开了。我觉得，即使匆匆见上先生一面，过后他也记不住我，我就不加入陌生的追慕者队伍了，潜心写作才是对先生最大的尊敬。

2016年秋天，我在省文联的《创作与评论》杂志上发表了一篇一万多字的作品《捕伏》，产生了一些反响。后来有朋友告诉我，这篇稿子的责任编辑谢然子就是谢璞先生的女儿。啊，多么巧啊，我离先生又近了一步！

我心起涟漪，试着与谢然子联系，并发去了当年先生来信的图片。然子看了很开心，想不到我会保留20多年。后来她告知我，她回家向先生提起了我，但先生早没印象了，先生翻看了我的稿子，说故事精彩，人物语言活脱。然子的复述让我如临其境，稿子里几句家乡骂人的话惹人哈哈大笑，因为她一直是听着先生这么骂人的，可见先生的直率性情。

去年，我有机会见到了然子，后来常通过她了解先生的讯息。我还想，在天气回暖的时候给先生写封信吧，完成24年前的那个念想，这种方式自然平静，没有拘谨和担心。

　　我这样思量着，直到昨天夜里十一点多，我突然在微信上看到然子发出的信息：2018年3月6日下午2点23分，我最敬重的父亲走了……

　　我瘫倒在床头上，半天才晃过神来。我觉得有事做了，该写信了！

悼念谢璞老师

高巧林

2018年3月7日，春雨霏霏，乍暖还寒。

午睡后，我习惯性地打开手机。没料到，第一眼看到的竟是才推送到《小溪流》杂志社微博上的噩耗——2018年3月6日14时23分，著名作家、《小溪流》杂志前任主编谢璞因病逝世。

我猛然一震！眼前一片模糊。

良久，我对着亮晶晶的手机屏幕，愣着湿润润的眼帘，默默地凝视着谢老师的音容笑貌，幽忧地回想起谢老师曾经给我写信、给我鼓励的难忘情景——

20世纪80年代末，我算是走上了儿童文学习作之路，然而近乎全然不知什么叫儿童文学，儿童文学应该写些什么，怎样写，往哪里投稿。

有一次，我试着把一篇题为《母狗》的短篇小说投给《小溪流》杂志。二十来天后，我喜出望外地收到来自《小溪流》杂志社的一封信。淡黄色信封，朴素而醒目。上手一捏，感觉里边的信纸薄薄的，不像是退稿。欣欣然打开一看，竟是时任《小溪流》主编的谢璞老师给我写的亲笔信。

我激动得无法形容。

谢老师不只是杂志社主编，更是才情横溢、赫赫有名的大作家。他的小说、散文、童话，一篇篇，一部部，精品佳作频频问世，光彩照人。他的散文佳作《珍珠赋》我曾拜读过，其文风古朴精美，构思新颖独到，立意厚重深刻，后收入了由国家教育部审定的中学语文课本和大学文科教材，深受全国青少年读者喜爱。现在，他居然放下大家架子，怀揣一颗关心青年作者的赤诚之心，给我这样一个还没有正儿八经发表过作品的无名业余作者写信，实在令人感激！

对于那封信，我记忆犹新，那是一张白底蓝印小方格信纸。谢老师的一行行行云流水般的钢笔字并没有拘泥于小方格，率性、灵动。信中的大致内容是，《母狗》已经三审通过，拟刊用，接着，赞扬我《母狗》写得不错，赞同文中所表现出来的审美思想。最后，谢老师还满怀希望地鼓励我，说我是要成大器的。

我禁不住怦然心跳。

不久，我回了谢老师的信。信中除了感谢，还信誓旦旦地表态，一定不辜负老师的殷切期望。

随后几年，我一直隐隐感觉到，当我在业余文学创作之路上蹒跚前行时，总有一双温情而严厉的眼睛在注视着我，给我压力，也给我动力。每每想到此，我总是遗憾且惭愧，因为，我并没有写出多少像样的文字，更没有"成大器"。

只是其间，我又断断续续向《小溪流》投了几次稿，又几次跟谢老师鸿雁往来。

1989年冬天，谢老师特意寄给我一本散发着油墨新香、签了他大名的儿童小说选——《美妙的夜空》。我爱不释手，作品中谢老师那质朴生动、充满诗意灵魂的语言，丰满、睿智、慈悲、温暖的思想和美妙夜空一般的艺术境界无不让我既感且佩。

1994年春天，我也算出版了有生以来的第一本儿童文学作品集——《变色泪》。拿到样书后，我首先想到要给谢老师寄去一本，请他指教。书寄出不过一月，谢老师就回信了。一则，对我出书一事表示祝贺；再则，他非常坦诚地说了他对书中作品的批评意见——书中作品分童年乡村生活记忆和当下校园生活故事两大类，他都读了，但他更喜欢前者，理由是，写乡村生活记忆类的作品有着扎实的生活基础，真切动人，散发出浓郁的乡土气息……无疑，谢老师是替我"号脉"，为我指点今后的写作方向。

时间一年一年过去，我跟谢老师的联系越来越少。

直到进入新世纪后的某一天，我带着淡淡的思念之情，心血来潮，去网上搜索了谢老师的名字。结果很顺利，搜到了谢老师的文学博客。

博客如其人，朴素、谦和、文气、温馨。博客贴着文学前辈严文井对谢璞老师的评价——"你是一个有自己特色的作家，你有自己的主张，于是在黯淡的浓雾中你也寻找美，而且总是渲染出一些彩色，有的鲜艳，有的淡雅，但都令人信服。"也挂上了一段谢老师送给朋友们的祝福语："祝福朋友们心灵的原野鲜花怒放，祝愿朋友们的生活像春天一样的美丽。谨致以亲切的敬礼！"

一度，我会经常打开谢老师的博客，拜读他的精彩篇章，了解他的信息。站在离他很远又很近的地方，一次次地欣赏他，一次次地在脑海中想象着跟他见面的情景。

只可惜，随着时间的逝去，谢老师博客上的内容始终疏于更新。甚至，在七八年时间里，博客上最新的内容一直是2011年11月28日12时59分贴上的一文——《两则心语》。

我常常暗自担心，谢老师年事已高，不知他健康状况如何。我也曾想过，什么时候真找个机会，去湖南拜望一下从未谋面的谢老师。

哪料今日，谢老师已然驾鹤仙逝。

一代名家，大璞至美。德艺双馨，光耀后学。

谢老师，您一路走好！

忆谢璞老师

罗长江

谢璞老师走了。

谢璞老师走后的这些日子，我时常想起他，想起关于他的点点滴滴。

毫无疑问，谢璞老师是邵阳当代文学的领军人物，是邵阳文坛的一面旗帜。

和众多邵阳籍作家一样，我是听着谢璞老师的名字，耳濡目染着他作品的清芬而登堂入室的。

谢璞老师的老家洞口，与我的老家隆回紧邻。学生时代就听说我们邵阳出了这么一个作家，起初写了个小说叫《一篮子酸菜》，拿去投稿，辗转投了几十上百家报刊，终于被一家刊物看中，发表出来了，从此一发而不可收。给我们举这个例子的人，是想要鼓励我们写作就要像作家谢璞一样锲而不舍，不要一遇到挫折就打退堂鼓。

"谢璞"这个名字从此就深深地嵌进了我的心中。

我成了他的忠实粉丝。

我曾在废旧收购店读到过一本《湖南文学》，上面就连载了他的中篇小说《这边风雨》。我还读过他一个写扫盲的短篇，印象特别深刻。大意是年轻人充满热情给村民们扫盲，可是因为缺乏经验，唤不起村民们的学习兴趣，阴一个阳一个开溜了。剩下一个婆婆不离不弃，令这位年轻的扫盲老师感动不已，将其视作知音。哪知道婆婆是在等扫盲老师离开，好把他坐的凳子带回家，因为凳子是她从家里取来的。掩卷之余，忍俊不禁。

我还从旧书摊淘到一本小说集，陈年老色，破损不堪，前头从第17页起，后面到第236页戛然而止，自然就没有书名和作者了。但书中有蓼河、雪峰山之类的地名，篇末有"1957年9月10日写成于洞口"之类的记载——除了谢璞老师，还能有谁呢！

何况书中还有他早期的代表作《二月兰》《竹娃》！

印象中，谢璞老师的早期作品，即便题材上有特定时代留下的某些局限，但是那股浓郁扑面的乡土气息和清新流丽的语言风格，却是不容置疑的。文坛曾经一度出现过周立波等湖南作家的"茶子花派"的提法，与赵树理等山西作家"山药蛋派"一南一北遥相对应。回想那会儿读谢璞老师的短篇小说集《二月兰》等作品，读周立波的长篇小说《山乡巨变》和短篇小说集《山那边人家》，真就是那种湘中山地的茶子花的感觉，清新、素雅，芳香可人。

而渐渐有机会接触谢璞老师以后，我越发觉得他是天底下的大好人！

1985年，省作协通知我参加在南岳办的作家读书会，一见谢璞老师也在，我高兴极了。半个月时间里，我要么是拿我的散文习作请他指导，要么是每天饭后陪他出去散步，听他天南海北地闲谈。在我们这些后进者面前，谢璞老师不但没一点架子，而且如同老友般推心置腹。后来，次数多了，才发现他哪怕是坐在主席台上也不讲套话，不板着脸孔说话，是典型的性情中人。谢璞老师喜欢不时地开岔，来点闲笔，往往涉言成趣，谈笑风生，越是开岔来闲笔的时候，越是出彩，引来满座喝彩。经历过那么多的运动，谢璞老师依然如此不设防，无城府，依然如此阳光和透明，这种人实在太少太少了。

这一年，由我具体运作，把谢璞、刘勇、谭谈三位大咖请来了隆回讲学。三位既是大名鼎鼎的作家，又是省文联、省作协的头儿，小县城从未有过此等热闹的事情，一下子轰动开了，经他们之手撒播的文学种子，从此遍布隆回大地。（一直不曾淡忘的一件事：我家儿子当时还在念初中，从此偷偷喜欢上了文学，甚至还偷偷给谢璞老师写信。偶然的原因，我见到谢璞老师写给他的回信，当时的心情，真是既感动不已又万分不安！）讲学期间，县委、县政府主要领导与他们几位省文艺界的头面人物进行了座谈，谢璞老师趁此机会极力游说，希望多为本土作家创造条件，改善待遇。时任地委书记的刘阳春闻讯后，将三位接去邵阳市，谢璞老师他们同样是满腔热情地推介本土中青年作家，希望政府官员多多关心文艺，爱惜人才。后来，听不少同道说，谢璞老师他是走到哪里就讲到哪里，急公好义，爱心满满，好人哪！

我的第一个散文集《杨梅梦里红》出版后，我寄了一本给他。不久便收到谢璞老师的长信，一位文学前辈奖掖后进的欣喜之情跃然纸上。其中，"文章之得失，在乎情之真假"，"我相信散文也是'美与道义'的艺术载体"，"你散文的成功，是因为你用了一颗善良的好心在看生活，看自然，看社会人生"等观点，就跟他平时的谈吐一样，既发乎自然，又令我受益至今。

我调来张家界后，在市报工作。1991年，报社与天子山镇联手举办"天子山风采"征文评选，我代表单位请谢璞老师当评委。谢璞老师很响亮地应声而至，说，你调到一个新的地方工作，应该支持。其间，单位安排我们漂流茅岩河，途中在温塘镇政府就餐，喝的是家酿的米烧酒，听的是当地土家姑娘唱的民歌，谢璞老师兴致更高了。我几次委婉提醒，他哈哈笑着不肯停杯，可爱得像个大孩子。之后，他写了一篇散文《收割茅岩河》，字里行间尚可闻得到醉人的酒香。

他在省文联院子的住所我去过多次。后来，每次参加省文艺界的会议，我都会寻到他下榻的房间，体会一番如沐春风的感觉。

是的，斯人已逝，风范长存。

谢璞老师走了。他去了他精心构建的真善美的世界。

谢璞老师没走。他将一直活在所有热爱他和他的作品的人们心中。

追忆谢璞老师

骆晓戈

我与谢璞老师,相识很早,记得是1976年。

那时我还是一个初学写诗的文学青年,走进文联院子去交稿,当时《湘江文艺》诗歌组的于沙和陈达光老师给我的诗歌创作提供了不少的指导意见。那天刚好不巧,没碰到诗歌组的编辑老师,却在编辑部的小楼里遇见了谢璞老师,当时谢老师在湘江文艺办公室旁边的一座小楼里居住。我走进了谢璞老师的家中,和谢老师聊起了我新写的诗歌《把什么留给这座村庄》,聊到激动处,谢老师站起来做了一个用手在墙上划火柴的动作,说,留在村庄土墙上的是火花,唰,火花点亮了夜空。是的,红军标语留在村庄,把希望和光明也留给村庄……当时我记得两个人聊得很兴奋。谢璞老师,给了我很多鼓励,让我对写诗充满了自信。

后来,我从大学中文系毕业,在省总工会的《主人翁》杂志工作了几年,后又调到了《湖南文学》编辑部担任编辑工作,在文联大院里,我常常遇到谢璞老师,他总是关心我是不是还坚持诗歌写作,最近有什么新作。

20世纪90年代,我担任了湖南作家协会《小溪流》杂志的主编。谢璞老师作为小溪流原任的老主编给了我极大的支持。我记得好几次开会,谢璞老师作为退休的老主编、著名作家、我们的长辈,都是提前赶到,而且总是会发表热情洋溢的讲话。每次见面他总是亲切地与大家招呼,那种与人为善的胸怀,那种热爱儿童文学的赤子之心,那种开怀的爽朗的笑声,总是能感染到会的每一个人。

从儿童文学研究会的微信群得知谢璞老师与世长辞,我的脑子里浮现的仍然是谢璞老师的音容笑貌,仍然是他那激情洋溢的侃侃而谈,仍然是当年他充满激情的鼓励,仍然是谢璞老师那个手势,唰地,划亮火柴,把光明和希望留给后人……

　　谢璞老师的一生执着追求文学事业，他提携青年，支持儿童文学事业发展，他点燃自己，照亮他人的精神境界，永远是我辈学习的楷模。

珍贵而美丽的人间情分

高求忠

人世间就是这样，既有白头如新，也有倾盖如故。

我与谢璞老师虽然打交道不多，但是他的形象一直深深地印在我的脑海。

一直记得那是一个美好的五月天，在市青少年宫，谢老师深入浅出地讲了散文创作的入门知识，我听得如醉如痴，笔记记得密密麻麻。老师讲课风趣幽默，生动形象，他的表情十分丰富，语调抑扬顿挫，讲座牢牢地吸引了所有人。散场后，我们一拥而上，提了许多问题，谢老师都微笑作答。

翻阅笔记的时候，我还找到了谢老师当初为讲座预备的原稿，字迹工工整整，内容详实，可见他做事的严谨。我那时候好像是坐在第一排，结束后找他签名，就顺便找他要了原稿，他也很爽快地给我了。

后来我在《长沙青年》上看到报道，谢老师为长沙青年文学讲习院的成立倾注了满腔热情，还协助联络作家讲课。我记得，我的一篇习作就是谢老师亲自评点的，散文的标题是《心灵影院》，大意是说自己的心灵就是家庭影院，自得其乐的意思，当时还得到了谢老师的鼓励和肯定。

从青年文学讲习院结业出来后，我们这群文学爱好者还曾到谢老师家里去拜访。他兴致很高，给我们讲文学，讲读书。有年秋天，文友们一起去烈士公园玩，谢老师和于沙老师都去了，得知那天正好也是我的生日，两位老师都笑着向我道贺。谢老师在与年轻人的交往中真的没有一点架子，平易近人，总是鼓励我们要多读书。

我的老公曾经在长沙市八一路开了一个小店，还兼卖牛奶。有一天，谢老师来到店里，我非常惊喜地打招呼。之后，谢老师取牛奶的时候偶尔也坐一坐，还鼓励我们加油好好干，幸福的日子在前方。那时，老公艰苦创业，诸多不顺，负债累累，业余时间我陪老公摆摊开店，四处漂泊，年轻的我们正处在人生的低谷，茫然不知所措。谢老师这些暖人的话语，对于我们来说，弥足珍贵。

认识谢老师的时候，我还是一个不谙世事的小丫头，不知道他是大名人。在我心里，谢老师就是可敬的老师和长辈。

那段时间，我恋爱结婚，读书自考，后来老公创业失败，我们历经坎坷，但我一直坚持阅读和写作，正如谢老师当年所说，文学可以让人忘记自己的艰难岁月。

时光飞逝，我们那群文友的聚会逐渐减少，大家都不怎么带作品来了，过去追逐的作家梦和华年一样，在不知不觉中渐行渐远。考虑到谢老师年事已高，我们也不好再去打扰，但每次小聚，大家都还记得他老人家，还曾经筹划着，是否大家聚齐了去看望一次。

没想到，今年三月，我就听到了谢老师的噩耗，消息传来，我百感交集。谢老师的阳光爽朗，对文学的执着追求，都深深地打动了我。翻开了当年的笔记，老师的赠言笔迹遒劲有力；凝视着这些文字，老师的音容笑貌又浮现在眼前。重温他的讲座，我仍旧受益匪浅，当我慢慢开始接近文学圈，才深深地明白，谢老师当初对后辈的爱护和鼓励，是多么无私和难得。

最近看了不少怀念谢老师的文章，有文坛大咖的，也有草根文学爱好者的，无一例外地，大家都说到了他对文学青年的热心肯定和帮助。我虽然和谢老师打交道不多，但他给了我坚持写作的动力，在写作中，我也一直遵循谢老师所说的，往灵魂里输送养料，张扬美好。谢老师对我的影响，是巨大的，这数面之缘，如荷花照水，都是珍贵而美丽的人间情分。

杜鹃啼血化牡丹

——深切缅怀著名作家谢璞老师

伍经建

2018年3月6日，我的恩师谢璞像一只杜鹃，在文学的天空盘旋许久后，突然折翅坠落，啼尽了最后一滴血……

噩耗传来，我心如刀绞，往事的记忆便连篇浮现。

我与恩师相识很早。那是1979年，他应邀来湘潭大学讲学，当时我在该校中文系任教，便慕名前去听课，从此便结下了师生情缘。

不久，我从湘潭调回邵阳，凭着对文学的一片热情，选择了在文联供事。缘于一条线上工作方便，我与恩师接触较多，自然受到的帮助与教诲也多。

大概是1984年吧，我陪恩师去隆回讲课，发现当地一张名为《辰河》的小报上，别开生面地登了一首征婚诗，写得很含蓄，很有激情，便好奇地问恩师，从这首诗联想开去，能否构思一篇小说？他说，好哇，晚上我们一起想想吧。晚饭后，我们一边散步，一边开始构思。他提示，征婚者要求以诗应征，那粉墨登场的应征者就不乏各色各样，请人代笔者有之，抄袭拼凑者有之，当然，"醉翁之意不在酒"，激人奋起者也有之。那晚，我们有说有笑，兴致勃勃地构思到深夜。后来，遵照他的嘱咐，我把这篇小说写出来了，题为《凰声旋起的追求》。

那些年，我的创作热情较高，这与恩师的热心指导息息相关。尤其是儿童中篇小说《"小吹牛"出征记》，参加南岳儿童文学笔会改稿时，恩师从谋篇布局到每个细节的取舍，都为我进行了精心的设计与剪裁，我只不过用文字将其重新"缝"了拢来。1993年初，我的中短篇小说集《爱的变奏》准备出版，我便请恩师作序，他答应得非常爽快。书公开出版后，他比自己出了书还高兴，马上组织省里有关专家，赴邵阳参加我的作品研讨会，给了我莫大的鼓励和支持。

恩师扶植文学新人，可谓呕心沥血。我每次去他家拜访，几乎每次都有文学爱好者在他家讨教。听说家乡还有初学写作者，背着米来住在他家取经。那时，我曾劝过恩师："您正是大出佳作的年代，应该设法在慕名而来的人里突围，您的时间太宝贵了！"恩师听了只是笑。我知道，天生一副菩萨心肠的人，是不会拒绝任何上门求教者的。从此，我变得忐忑了，一直忍着，不敢太多地去打扰，因为恩师面对的不只是我一个学生。恩师啊，您的古道热肠我能理解，可我的心思您能理解吗？

记得每次陪恩师去家乡讲学，恩师讲得最多的就是如何做人，如何捕捉和讴歌真善美，如何鞭挞或针砭假恶丑。言语间，流露出幽默与坦诚、诗意与风骨，也流露出一颗崇真尚善尚美的金子般的心。有一次，他讲完课提出要回老家去看看，可那时，车子很少，坐车很不方便，我想与县里联系一下，争取派一辆小车去送。谁知，恩师突然把我拉住了，附着我的耳朵说："小伍，不要给人家添麻烦，到了家乡，我们要特别注意影响。"恩师的话，我不敢违背，于是只好陪他去挤公共汽车。而那天，坐公共汽车的人又特别多，没法，我只好拼命地往上挤，费了九牛二虎之力，才占到一个座位让恩师坐下。恩师见我满头大汗，笑着说："小伍，今天你可是为了我，放下斯文啰！"我站在他的身边，听了这话，不知为什么，突然想哭。

恩师披着《二月兰》的芳香，吟着《珍珠赋》，哼着《五月之夜》，唱着《姊妹情》，带着《无边的眷念》走了，他的人品与文品，成了一个时代和生命的高度；一只为时代歌唱不息的杜鹃喑哑了，他那啼血的身姿必将化作不谢的牡丹，永远地把美丽与芬芳留在人间！

谢璞老师，我文学的引路人

卓列兵

谢璞老师永远离开了我们。他是湖南儿童文学的泰斗，我们时刻在怀念中。

最后一次见到谢老是2017年春节前夕。我应邀参加省教育报刊社组织的一次儿童文学作家的聚会，意外地见到了谢璞老师。

传闻谢璞老师患病已有几年的光景，几次到长沙赴会都没能见到他。这次重逢让我格外惊喜。他穿着还是那样随意，一顶鸭舌帽压到了额际。走路拄着拐杖，但略显消瘦的脸上还是充满着笑意。还是那么平易近人。

我感到十分欣慰，激动地握着他的手，诉说着这几年心中的思念和担忧。他却爽朗地笑着说："列兵，你看我不是好好的吗？"还是像往常那样乐观。

参加聚会的还有省作协王跃文主席、省儿童文学协会的汤素兰会长，还有老朋友李少白、陈浦清教授等人，谢老显得很兴奋，与我们一起谈笑甚欢。谢乐军告诉我，他二叔一直被病痛折磨，很少有这样高兴了。

那是一次愉快的聚会，临别时谢老与我们约定，第二年春节前夕再相聚。

我一直期待着再重逢的一天。好不容易挨到临近春节，却不料传来消息，谢老病重住院。我心情十分沉重。我已经经历过罗丹兄约而不至，最后突然离世的变故，不免心生不祥之兆。从此我心上似乎压着一块沉重的石头。因为我自己身体也欠佳，无法到长沙去看望他，只能在心里暗暗祈祷，愿他能早日康复。

元宵节刚过，3月6日晚从学会微信网上突然传来噩耗，谢老不幸辞世。我惊愕、恐惧、伤悲，怎么也不敢相信，也不愿相信这是真的。后来网上雪片一样飞来的唁电，让我再也控制不住自己的感情，心灵的堤坝一下子坍塌，忍不住泪如泉涌。

谢璞老师不仅是儿童文学界的老朋友，还是我尊敬的老师、文学的引路人。

谢老虽长我不到10岁，文学上却是我的前辈。当我开始文学启蒙时，他已经是蜚声文坛的著名作家。作为一名业余作者，我在而立之年才迟迟地起步。当时我还在桃花仑小学教书，暑假被抽调到《湘江文艺》编辑部做业余的编辑，有幸认识了谢璞老师。我早就拜读过老师的《珍珠赋》，对其崇拜得五体投地。蓦然见到大家尊容，不禁有点诚惶诚恐。谢老师却是那样平易近人，全然没有名家的架子。他和我拉家常，询问创作经历，更多的是谈自己的写作体验。他给我谈得最多的还是著名作家周立波。周立波是我们益阳的骄傲。我学生时代就读过他的《暴风骤雨》，后来又读过他写家乡农村合作化运动的长篇小说《山乡巨变》。我知道他回益阳体验生活时就住在我任教的桃花仑小学后面的郊区农村竹山湾，我家访时，常常听那里的老农谈到周立波。谢老敬佩周立波，常常讲些周立波深入生活、观察生活的小故事，听得我如痴如醉。谢老说，生活就像一个大矿床，有开发不尽的宝贝，只要深入生活就有写不完的素材。他经常结合自己的创作谈深入生活的体验。谢璞老师的教诲，让我受益终身。

谢老师是湖南省儿童文学委员会主任，后来又创办了《小溪流》杂志。我因为从事儿童文学写作，又帮着在益阳市的多个小学发行《小溪流》杂志，所以经常与谢老联系。以后每一年暑假我都在南岳磨镜台参加《小溪流》组织的南岳儿童文学笔会，与谢老师的交往也就更多了。我写了小说就请谢璞老师指导，谢璞总像一个诲人不倦的老师，一边认真地阅读我的稿件，一边不厌其烦地提出中肯的意见，让我有种如沐春风的感觉。我有许多作品都是经过谢璞老师的指导，最后才得以发表的。在谢璞老师的面前，我就像一个小学生。后来我参加了全国儿童文学学习班，经过多年的磨炼，在谢璞老师及湖南少儿社编辑老师的帮助下，我的创作渐入佳境，陆续在全国各地的儿童杂志上发表了一系列以校园生活为题材的儿童小说，受到了小读者的好评，获得了一些奖励，并先后在湖南少年儿童出版社出版了几本小说集。谢璞老师很高兴，及时地肯定了我的成绩，还给了我很多的鼓励。1989年在南岳首届儿童文学笔会上，谢璞老师与洪汛涛先生一起介绍我加入了中国作家协会。

1997年益阳市文联主办我的作品讨论会，谢璞老师不顾长途跋涉亲临益阳，并发表了热情洋溢的讲话。我还记得他那段关于牛的讲话，他说："老卓是我们儿童文学队伍里的'一头黄牛'，老卓这头牛虽未经'包装'，也没有被'炒'成名噪一时的'风流人物'，但这份实干的精神，令人感到亲切。老卓不仅是好教师，而且是好作家。他的'牛'劲全花在铸造新灵魂这件大事上，他不仅引导孩子们学会'生存'，更不忽视鼓励孩子们以好的素质去'生活'。动物只讲究'生存'，而作为文明人，是应该讲究'生活'的，是该为社会造福，为民族谋利，为多数人的衣食住行操劳的，这才是社会生活的文明人。那些昼夜只顾自身掠夺财富，而视群体利益如草芥的'人'，不管多肥多阔，不过是拜金主义的蛆虫、蚊子、老鼠，迟早要被人们认真对付的。"这段话给了我深刻的教育，也表现了谢老疾恶如仇的性格。我在多次会议上都听到过谢老慷慨激昂地鞭挞那些漠视儿童健康成长的官老爷，他就是这样一个爱憎分明的性情中人，这也是他的人格魅力所在。

第二年，我的《卓列兵儿童文学作品选》即将在湘少社出版。谢老又热情地为我作序，给了我很高的评价。他在序言中说："卓列兵是中国作协会员，著作甚丰，不仅在湖南有影响，在全国儿童文学界也有相当影响，成千上万的小读者吮吸了他创造的'母乳'，所以全国著名的儿童文学家陈伯吹先生、著名的大诗人圣野先生等都赞赏他创作的成就。为了孩子，以蚂蚁啃骨头的精神连续出版了十几本儿童文学作品，甘于寂寞，不为名利浮躁，实在是老卓崇德尚艺的美德。老卓作品的最大特色是有浓郁的儿童生活情趣，人物形象生动，语言秀美有骨，很少说教腔，却又能以艺术的魅力来感染人，以真善美的人格力量的内涵来激励人。老卓如果没有丰富的校园生活，没有以铸造新一代灵魂为己任的精神，那是不可能有这种境界的。"读了他的这些话，我有些汗颜，但我知道这是一位老师对学生的殷切期望。从那以后，我一直牢记着先生在序言中说过的话，将其作为我以后努力创作的目标。

新作出版后，我把5000册新书全部捐给了家乡的农村学校。记得在《卓列兵儿童文学作品选》的首发式及捐赠大会上，谢璞老师又一次发表了热情洋溢的讲话，大力赞扬了我倡导的"希望书库工程"，给了我极大的鼓励。我的捐书行动一直能延续到今天，都是谢老师鼓励的结果。

后来，《卓列兵儿童文学作品选》获得首届毛泽东文学奖，我用全部奖金准备购买文艺湘军百家文库儿童文学卷。按照定价只能买500本，文联主席谭谈听说我买书捐给农村学校，当即表态只收成本价。我十分高兴，用只能买500本书的钱，买到了2000本书并且全部捐给了农村学校。

谢老十分关爱儿童。记得有一年参加南岳儿童文学笔会，因为中途我到长沙参加一个会议，正好我的两个女儿在学校老师的带领下到南岳旅游，顺道到磨镜台来看我，所以她们扑了个空。当时还只读小学的两姐妹伤心地哭起来。这时她们见到一位老爷爷走过来，亲切地问这问那，还爽快地答应说："今晚你们就住在宾馆，你们爸爸明天就回来了。"这位爷爷一边安慰小姐妹，一边亲自帮她们安排好食宿，又陪她们一块说话。小姐妹一下子被老爷爷风趣、幽默的话弄笑了，再也不感到寂寞，心情一下子好了起来。第二天我从长沙回来，见到了心爱的女儿，我告诉她们，那位好心的爷爷就是著名作家谢璞。多年以后谈起那些往事，我的女儿总会深情地说："一个多好的爷爷。"听说谢老逝世，已到中年的女儿沉默了，眼里还含着泪珠。

珍珠长赋，二月兰馨。谢老虽然走了，但他不朽的作品、高贵的人格，都给我们留下了宝贵的精神财富。谢老将永远活在我们的心中。

他在风里雨里过着普通人的生活

张效雄

清明时节，霁雨初晴，我和几个老朋友相约去洞口县踏青。

中午时分，到达高沙古镇。高沙是湘西南的一颗明珠，汉代即有集市，古称高沙市，历来是人文圣地。古代有观澜书院、青云书院，近代有蓼湄中学，还有地方的文史博物馆和曾八支祠。曾八支祠是湖南省规模最大的宗祠之一，是国家文物保护单位。高沙依蓼水而建，交通便利，是雪峰山下重要的物资集散地，曾有"小南京"之称，数百年间繁荣兴盛。亭台楼阁之间，蓼水穿镇而过，在绿柳掩映的风雨桥下静静流过，春风拂动古韵绿荫，让人仿佛感觉进入世外桃源一般。

高沙古镇有一所百年名校，原称蓼湄中学，始建于1905年，现为洞口县第三中学，百年名校，人才辈出，著名作家谢璞先生便是其中之一。

谢璞，1932年出生于高沙镇的一个普通农家，字发庭，号后锭，曾用笔名春晖。他早年就读于蓼湄中学，成绩优异，高中期间就开始文学创作。中学毕业后，谢璞在家乡任过小学教员，业余时间从事文学创作，因发表了一系列短篇小说而跻身于优秀作家行列。他于1956年进入中国作协文学讲习所学习，后回洞口县工作，继续从事文学创作，1960年调湖南省文联任专业作家。历任省作协副主席、名誉主席，湖南省文联副主席、执行主席等。著有长篇小说《海哥和"狐狸精"》、散文集《珍珠赋·谢璞散文选》、中短篇小说集《二月兰》《无边的眷恋》等、长篇童话《小狗狗要当大市长》、自选集《谢璞自选集》等。

谢璞先生的成名小说《二月兰》就是在高沙镇完成的。如今行走在洞口三中的校园里，常常可以听到他留校任教的同学、后辈说起他聪慧过人、勤奋好学的故事，似乎绿荫花丛之中还能寻觅到他的身影。我们徘徊在幽静的校舍之间，能够听到学生们高声朗读他的名篇《珍珠赋》，声情并茂、娓娓动听，如饮清泉一般甘甜醇厚，回味无穷。

记得上中学的时候，我在《湖南日报》副刊上读到过谢璞先生的散文《珍珠赋》，大约半个版的篇幅，洋洋洒洒、气势恢弘，情景交融、字字珠玑，是我读过的最朗朗上口的美文之一。这篇散文很快被编入当时的中学语文教材，是我学习写作的范文楷模。这是我最初对于作家谢璞的认识。

更加幸运的是，谢璞先生曾为我们讲授过文学创作课。我于1977年考入湘潭大学文学系，一年级时，我们的系主任王方之先生延请他的好友谢璞为我们做专题讲座。当年的听课笔记，我一直珍藏至今。谢璞先生器宇轩昂，嗓音洪亮，引经据典，妙语连珠。讲到文学艺术的生命力和影响力时，他连声发问，曹雪芹死了吗？鲁迅死了吗？莎士比亚死了吗？那神情那腔调那种不可置疑的语气，至今还萦绕在我的耳畔，一直激励着我投身文学创作的满腔热情。后来我读他的名篇《二月兰》，清新平实、引人入胜，字里行间浸透了湘西南农村泥土的芳香，浓郁的生活气息跃然纸上，人物鲜活，如同站在我们的面前。有人评论说："《二月兰》是开在黑墨油浸的泥土上的。"这话一点不假。谢璞早期的作品，大都来自高沙镇农村的生活，他笔下的人物大都是自己的乡里乡亲。即便成名以后，当了专业作家，很长一段时间里，他仍每年有半年左右的时间在洞口县，尤其是在高沙镇生活。他在高沙镇的风里雨里过着普通人的生活，是农民和市民中的一员。他的作品其实就是一幅幅高沙镇的风情画卷。

大学四年中，我有时给谢璞先生写信，或送上习作，或请教问题。先生对我这个初出茅庐的青年学生不嫌烦扰，每信必回。他笔墨不多，但笔走龙蛇，信手拈来，情深意切，使我备受鼓舞。

20世纪80年代后期，我因与人合著《现代公共关系》一书，一版再版，小有名气，我们报社的副总编辑金希光率我参加了湖南省公共关系协会的筹备工作，还领着我去谢璞先生家，恭请他做协会的顾问。我们在他的书房里天南地北无拘束地闲聊，先生皓首童颜，风趣依然，时至深夜，毫无倦意。更让我感动的是，21世纪初，谢璞先生从他的一位亲戚口中得知我受命担任了一家小报的社长兼总编辑后，击掌称好，连声夸我。我听到他的评语后激动不已，深感惭愧。可惜我辜负了先生的厚望，终因报业凋敝而未能大展宏图。

2018年，谢璞先生以86岁高龄远行，带走了他对家乡的无限眷念。他的一些旧友和学生准备策划编辑出版一本纪念文集，汇集对他的怀念之情，珍藏他一生的丰富经历和创作成就。我建议以先生的名篇《珍珠赋》为文集的书名，以为敬仰和纪念。洞口乡亲期望他魂归故里，准备筹资在他的母校洞口三中立一座铜像。他的洞口老乡，省委宣传部原副部长、书法家杨金鸢先生书写了"谢璞先生"四个大字，省文联党组书记夏义生撰写了先生的生平简介，这些都将镌刻在铜像底座。铜像的创作草图已经完成，很快将进入制作阶段。

　　我们来到老蓼湄中学校园，寻觅谢璞先生足迹，凭吊先贤英魂，回味《二月兰》《珍珠赋》的神韵，深情地呼唤一声"魂兮归来"。这就是对谢璞先生最真挚的祭奠。

怀念恩师谢璞先生

王道森

我很幸运,跟著名作家谢璞先生是小老乡。

记得1964年我在洞口二中念初中三年级的时候,我们学校的语文老师谢虎臣先生受校领导的托请,请来他胞弟谢璞先生给全校师生做讲座。那天,我这个素来喜欢语文且怀抱着将来当作家的野心的乡里伢子,有了人生头一次最大的喜悦。能面对大礼堂讲台上就座的大作家谢璞,聆听他的讲座,该是一桩梦想成真的特大喜事!

我在大礼堂听校领导做报告不知多少次了,每次都得教导主任在台上间或地吹哨子,会堂才能渐渐静下来。那天不一样,一千多师生齐整满座,没有一丝儿噪音,也没有交头接耳的窃窃私语,都全神贯注地在聆听、在记录谢璞先生的讲座。

我用上了平时舍不得用的笔记本,钢笔预先吸满了蓝墨水,奋力地速记着先生的侃侃而谈。先生讲话面带微笑,用一口纯粹的乡音,给人满满的亲切感。他讲了作文首先是做人,做忠于党、热爱人民、报效祖国的好人。他讲了自己写作亲历的许多感受,告诉我们要从平常的生活中用心观察,吸取生活中鲜活的源泉。先生讲道理深入浅出,时常采用生动的比喻,让听者都能听懂,且引人入胜,赢得了一阵阵笑声和掌声。

先生的美文《珍珠赋》曾入选中学语文课本,我们读的是家乡走出的作家用美好心灵写的美文,就像炎夏饮着清清的泉水,感觉十分亲切与甘甜,让我们不禁也十分向往珍珠般的美丽人生。

我读着先生璀璨的《珍珠赋》和芬芳的《二月兰》成长,高中毕业后当了一年农民、三年民办教师,又幸运地考入了湖南师大中文系。

读大学的时候,我不忌书生寒酸,也不顾涉世浅表,从岳麓山徒步走过湘江大桥，几经辗转，登门拜见了心中偶像谢璞老师。开始心里还有些紧张，见面后发现谢老师在私宅接待我这个年轻人，还是那样慈眉善目，没有一点大作家的架子，亲切地招呼我："欢迎你，老乡！"我顿时完全放松，只管大胆请教了。先生是大忙人，却从未流露出一丁点儿嫌麻烦的样子。他的娓娓谈吐，就像夏日里吹来的缕缕清风，让我的心扉有了清凉的舒爽……

我大学毕业后留在长沙工作。从进入省委宣传部担任《辞源》的修订编辑，到被调去省检察院政研室做文字综合，又接受省委组织部选拔到城步挂任副县长，又从省检察院调到省政府……每个阶段，我都与谢璞老师亦师亦友地保持着密切的交往。

记得1985年冬天，我从县里回长沙过年，到家第二天便去了先生府上拜访。他还是住在八一路省文联院里那栋旧屋的一楼。住宅显得很挤，很小的客厅里摆放着破旧不堪的老柜子。我说："谢老师，您这不像一位文联大主席、大作家的住所和摆设啊！"他一笑："呵呵！知足了！知足了！"

我们谈得入心。谢老师为了让我多讲点城步山区的见闻，诚恳地说："你一定要在我家吃中饭，一起喝几杯酒。我们就有时间多聊聊了！"说罢，就吩咐师母准备酒菜。我知道先生诚恳好客，也就爽快答应了。我一谈就长，大约个把小时都是讲在县里遇到的事情，譬如山区老百姓的贫困与纯朴，自己的激动，觉出的责任，尽力的作为，等等。先生出神地听着，且有明朗的表情与啧啧感叹。先生几次说："你讲的这些太感人了！是极好的小说题材，你一定要把这些美丽的故事写出来！"

……

踏着师生深情的时光到了1997年。那时我遭际厄运，卸下了仕途重担，便连续熬夜专注地投入到了初始文学的创作过程中。

那年腊月，我带着耗时两个月写出的中篇小说《月牙坞》手稿（自己用蜡纸刻印的稿本），登门呈先生审阅指点。先生欣然接过手稿，给予了我许多暖心的安慰，也对我的刻苦写作大加赞赏与鼓励。同往常一样，先生执意留我在他家吃饭，与我举杯对饮。

那天，先生将刚刚出版的《当代湖南作家作品选·谢璞卷》题字赐予我。我翻开扉页，见到了先生方才独自在书房题的字——称我"小老乡"已经够暖心了，居然还写上"雅正"二字！我倏然脸红了，觉得脸上热辣辣的。我恳求先生改去这两个字眼。先生却连声道："应该，应该！"我心里明白，先生做人历来就这样，坚守谦逊与低调，对学生和晚辈都以朋友平等相待，先生人品之高尚由此可见一斑！

一个月以后，先生给我打来电话，说我的手稿看过了，让我抽空去取。我很感激，也为多劳先生费心而深感愧疚。我放下电话，飞快地踏着单车去先生府上见面，又一次聆听了先生的教诲。先生嘱我要多看《红楼梦》，一遍两遍三遍不够，至少要看十遍，做到百看不厌。

先生做事历来认真，对我这个不成文学的中篇手稿《月牙坞》，就用铅笔做了修改，又在封面上写了过高的评语。就跟他对许多初学写作者的教诲一样，尽可能地发现与肯定对方的优点，重在明朗地鼓励，对于缺陷只是轻言提醒。我回头再看自己写出的6万多文字，觉得很不成熟，因此权作练笔，一直不敢投出。

先生赠送我《夜郎西舅》（中篇小说集），是在2013年4月中旬长沙地区的洞口同乡会上。这个自发组成的群众组织，已于2015年年末解散了。当时先生是义务顾问，我是义务副会长。先生还是那一贯风格，无论言谈与题词，都是那么亲切、平易、谦逊，那么抬爱学生和晚辈。我是他的学生和晚辈，给我题词竟然用了"批评指正"！

2015年冬天，我带着刚刚出版的长篇小说《返流》去先生府上呈送，算是对先生的多年赐教交上一份作业。先生当时健康状况很差，时常去医院透析。见到我后，他满脸的忧郁顿时消失，十分高兴地接过书，还连声道："很好！很好！我一定拜读！"先生这般谦辞令我汗颜，也令我对先生的风范高山仰止。

先生赐予的《夜郎西舅》，是他几十年深入生活亲近草根娓娓讲述"山乡情话"的续章。先生赠送大作正如落款所记，是在"谷雨节前夕"。是啊，这是春意盎然、草木葱华又忙种瓜秧的时节。先生的"情话"，是徐徐的春风，又是熠熠的春光，总是让人舒畅，又让人陶醉。

万万没有想到，2018年3月6日，也就是惊蛰次日，先生溘然驾鹤西去，我顿时无法抑止心中的悲痛，任眼泪扑簌扑簌地流淌。我不相信这是真的，因为学生心中满是恩师的音容笑貌！我又无奈地相信这是真的，因为天上的春雷告诉我，要同先生的美丽"情话"合诵永恒的春曲。

今夜重温《珍珠赋》

王道森

静静的子夜
我坐在书房里
白炽的灯光下
悉心地重温了
中学时候读过的
美文《珍珠赋》

为了让心的沉重
稍稍地放松一些
我起身走出书房
肃立在阳台边上
眺望茫茫的夜空
看到无数的珍珠
像那高天的银河
滚滚地流泻而来
照亮了今夜
半个世纪的夜

我仿佛看到了
一位陌生的中年车夫
从浩渺的洞庭湖畔
拉着满满的一车珍珠

送到我青春的心灵里
千万万青年的心灵里

他，运送珍珠的车夫
我认识了，熟悉了
他，不停地走着
走成了白发老人
千万万喜欢珍珠的青年
有的，叫他叔叔
有的，叫他爷爷

今夜，春寒的夜
这位慈祥的老人
走了，永远地走了
变成一颗硕大的珍珠
带着璀璨的光芒
升腾着，穿越夜空
成了遥空一颗亮星

我，静静地仰头
久久地举目
凝望着，凝望着

一辈子播种阳光的人
——纪念恩师谢璞老师

唐樱

方入三月,这日长沙微雨,北风三级,谢璞老师离开我们,走了!

在我的文学生涯中,谢璞老师像父亲一样引领着我鼓励着我,可是在这春晖灼灼、十里桃花的季节,他离开了我们这个世界,难道是另外一个世界也需要谢璞老师去播种阳光吗?

泪流满面,静默许久,我才鼓足了勇气从藤椅里站起身,去书橱里翻出我那本出版于1996年的长篇小说《阿鹰》。当时有许多故事情节的书写成日折磨着我,不写几乎就不能再做其他事,于是我终日流连在稿纸上,将那些缠绕着我的内容写下来。《阿鹰》书稿完成后,我心里觉得很满意,却又格外担心它入不得行家法眼,于是心犹怵怵地将书稿送给了一直鼓励我进行文学创作的谢璞老师。现在,时隔二十多年,当我从书橱里将出版的长篇小说《阿鹰》拿出来,摩挲在手的是那种陈旧的清凉的触感,在这种情境之下翻开,在突然泛起的泪眼里,最先跃入眼帘的依旧是谢璞老师为《阿鹰》所作的序。

20世纪80年代初,我的处女作《滴翠的连理枝》在《年轻人》杂志发表,作品后还附发着一篇小评论,叫《一线清泉》。后来,谢璞老师才告诉我,《年轻人》杂志编辑部收到投稿,看来稿寄自偏远山区,又觉得稿件写得不错,于是汇报到主编室,主编读后便将稿件拿给了时任省文联执行主席的谢璞老师。谢璞老师读完小说,马上给《年轻人》杂志的主编打电话,提出"好苗子要好好培养"的要求,并从百忙中抽出时间为小说《滴翠的连理枝》写下题为《一线清泉》的小评论。只有三千字的短篇小说啊,谢璞老师却写下千余字的评论,这千余字的"清泉"长久地滋润着我的文学梦。《年轻人》编辑部、主编，省文联领导，用认真、负责、平易近人的专业态度，像一庭春晖照耀着我的文学梦。我从舜皇山里走出来，走到了岳麓山下；我带着文学梦从僻野的农村走到了省城长沙；我的创作从《滴翠的连理枝》出发，走上了张天翼儿童文学奖的领奖台；我从一个16岁的文学爱好者，逐步成为了国家一级作家、长沙市作协主席。我这一路走来，一路的收获，不正是在最初遇到了谢璞老师这样的"伯乐"吗？

  17岁那年，我获得了到省城长沙参加两个月文学培训的机会，每位学员必须交70斤全国粮票，可是农家没有粮票怎么办？为了把握住这次学习机会，父亲带着我凌晨3点从山里出发，扛着70斤大米步行9个小时，终于赶到了县城火车站，又乘坐了16个小时慢火车抵达长沙，再从火车站步行1个小时来到了位于八一路的省文联院内。省文联文学培训班报到点坚持只肯收粮票，我们请求了许久也没有办法。正当父亲一筹莫展的时候，我看到一位与我父亲年纪相仿的男子走了过来，他中等个儿，头发中分，模样儿挺和气，我睁着大眼睛瞧着他走近。他走向工作人员，询问有什么情况，工作人员指着我脚前那袋70斤的大米，把情况说明了一下。来人正是谢璞老师。谢老师一听便笑了，说："报到点的确不收大米，可我可以收，回头我就把70斤粮票送过来。"没想到争辩了半响的事，这样容易便得到解决，我真觉得不可思议。这时工作人员笑着提醒我，说："还不赶紧谢谢？这是谢璞老师！"父亲不善言辞，握住谢璞老师的手，感谢的话却说不上来。谢璞老师了解到我便是《滴翠的连理枝》的创作者时也非常高兴。后来我考到长沙读大学，在大学那几年我几乎每个星期天都去谢老师家，把新作品送给谢老师指点。当时谢璞老师与长子乐健两人的收入要负责一家六口人吃饭，说起来还是有些困难的，但谢璞老师全家人都待我如同自家的孩子一样疼爱，师母那时还是"全职太太"，她节俭、善良、温厚，有着传统母亲的许多美德，我曾许多次在傍晚时分陪她去燕山街菜市场买"落脚"菜，价格会便宜一半……谢璞老师非常敬重师母，简直是把师母当领导，每次回家都要事无巨细地先跟师母聊一聊，师母也是他最忠实的听众。谢璞老师对家庭的态度也长时间地影响着我。

  这37年，从《一线清泉》的点评至今，从文学培训班的相逢至今，谢璞老师便如父亲一般地关怀着我，培养着我，谢璞老师和他的家人们也成了我生活中不可分割的一部分。

谢璞老师是国家一级作家，还是国务院颁发的首批突出贡献政府特殊津贴专家。早在20世纪60年代之初，著名作家欧阳文彬先生就曾在《文艺报》上撰写评论文章，称谢璞老师的文学作品"……看似随手拈来，实则涉笔成趣……即使他所撷取的只是生活长河中的一朵水花，现实风云中的一抹霞光……"谢璞老师创作出版的《竹娃》获全国儿童文学创作奖，《忆怪集》获全国优秀儿童文学读物奖，《丁香梦》获陈伯吹儿童文学奖，散文《珍珠赋》入选国家教委审定的全国中学语文课本和大学文科教材。《二月兰》《竹娃》等多篇入选《中国新文学大系》和《中华人民共和国五十年文学名作文库》。

我惯爱翻谢璞老师家里的书柜，他的书柜专类摆放着他所著的《无边的眷念》《忆怪集》《血牡丹》《美妙的夜空》《海哥和"狐狸精"》《从摆子寨逃出的孩子》《珍珠赋·谢璞散文选》《小狗狗要当大市长》《打败了烦恼》等二十多部文学著作，我特别喜爱他的小说《芦芦……》，读了不下10次！

谢璞老师有一个习惯，他的家人都是他每一部新作品的第一读者。"如果一个作家，他写的文学作品连自己的亲人都不能看，那一定是有毒的！就像菜农，他种菜卖给别人吃，自己却不敢吃，就说明这菜有问题！"谢老师总是用这种通俗易懂的比方来嘱咐我这样的初学者，教导我们如何判断文学作品里的"香花和毒草"，教导我们时刻要记着"作家，是播种阳光的人！"

习近平总书记强调，繁荣文艺创作、推动文艺创新，必须要有大批德艺双馨的文艺名家。每每提到德艺双馨和文艺名家，我便不由自主会想到许多像谢璞老师这样的文人。他们在不断推出文学精品的同时，肩负着时代使命，不断地发掘文学新人。对每一颗种子，每一棵幼苗，都给予关怀和引导，给予培养和鼓励，使之成材，使之成为具有正能量的、具有时代精神的文学人才。谢璞老师便正是这种德艺双馨、用一辈子的时光来播种阳光的人。

况且，谢璞老师还教会了我如何成为一名德艺双馨的好作家，教会了我像他一样，用一辈子的时光去播种阳光。

怀念谢璞先生

张录早

2018年3月6日下午，我在京哈火车上悉闻洞口籍著名作家谢璞先生在长沙湘雅二医院因病逝世，窗外的阳光透过来寒峭的一天，让我无比伤怀。

1988年在县文联笔会上，我第一次闻听他的大名。时任洞口县文联领导的蒋子棠老师在会上讲到了作家谢璞，那时我才知道省文联执行主席原来是我们洞口人，内心顿时有了一种无比荣幸的感觉。后来，我在文联和县图书馆、新华书店陆续拜读了谢老的文章，我与谢老虽未曾相见，但内心上我早已把他当作了我的老师。从那时候起，我就有种想去拜见谢璞先生的冲动。谁知岁月匆匆，三十年后还是未曾与谢老谋面，那一份美好的心愿已成终身的遗憾！

谢老先生的作品我偶尔在图书馆拜读过，乡土文学、儿童文学写得甚多，也许这与他从小的经历有关吧。

我在网上读过他的一篇博文，名为《一个古老的故事》，讲的是谢老的父亲扯猪草的故事。小伙伴们偷扯油菜、麦子充当猪草，父亲不忍心摘人家种的庄稼，只背着几片青苗叶子回家。他的祖父问清缘由后对他父亲说："孩子你做得对，望种望收，不望收种什么？扯了人家的油菜、麦子，人家收成就会减产，'人吃良心树吃根'，良心最当紧。人活在世界上，处处要关顾别人。"自此以后谢老将祖父说给父亲的话牢记在心，凡事总是会想到关顾他人。

谢璞先生虽年少成名，但他平易近人也乐于助人。他身为省文联执行主席，《小溪流》杂志的主编，《小天使报》的创办者，日常工作极为繁杂，但是他在百忙之中，依然不辞辛劳地接见全国各地的业余作者，再忙也会来信必回。对谢长华、邓跃东、唐樱、林目清、张声仁等一大批青年作家他或信或见，在文学创作上给予了他们许多无私的指导。

在市场经济浪潮下，谢老光明磊落，热情满怀，施教于人，从未收过一分钱培训费。凡去长沙拜见过谢老的文朋诗友都常说，谢老的客厅一直摆放着1960年从洞口进省文联时搬过去的杉木桌椅。谢老身在省会，心系乡情，那颗纯朴温善之心流然于表。他常对来访的客人说："桌子还是老家的四方木桌使得方便，拜得顺意。"谢老一生也正如客厅里的那张桌子"行走方正，文如其人！"

谢老自小虽然好学，天资聪慧，但生逢战乱的他对前途也曾彷徨过。新中国成立前家人曾想过让他学一门手艺以谋生计。我们洞口雪峰山一带曾流传一句俗语"一阉二补三打铁，一艺在身食宿无忧"。谢老眼见战火连天，辍学在家，对漫漫前途不知所措，也就短暂学过一段木匠手艺，小木活干得有声有色有板有眼，乡邻都夸他天资聪敏。

1949年毛主席在北京天安门城楼上，向全世界庄严宣布新中国成立了。雪峰山下红旗飘扬，他所生活的洞口高沙镇一下涌来千万解放军，高沙解放了，这给他的生活带来了崭新的希望。"没有共产党就没有新中国……"这是他最喜欢唱的一首歌，新中国给他新生，让他当作家的梦想浴火重生了。自那以后他一边上学一边写作，作品陆续发表在各地报刊上，年少便已名传潇湘。

谢老一生意志坚定，刻苦创作的精神也是我们晚辈学习之榜样。他读初中时便爱好阅读文学作品，最早读的是冰心和鲁迅的作品，1950年也开始有了当作家的梦想，开始写作并在地方报刊和北京《新观察》上发表了作品。不久后，谢老从高沙完小教师岗位被调入洞口报社任编辑，开始了专业写作生涯。由于创作上成绩突出，1956年赴京参加了"中国作家协会文学讲习所第三期"学习班，学习期间谢老在中南海获得了时任共和国总理的周恩来的亲自接见，认真倾听了周总理的演讲。

1985年7月11日，《文学报》上刊发了他的《呼唤》，作品中讲了他从鹞鹰铁爪下救了一只斑鸠的故事，他在文末写道："时光如风，吹走了很多记忆，偏偏我忘却不了这件小事，也许是因为我一生只救过这一只鸟儿，也许是因为此间总有一种哲理在不断地呼我……"，足见一个著名作家内心的慈爱心怀。

他发表的作品，都紧跟党的时代精神，如20世纪50年代的《竹娃》（儿童文学）；20世纪60年代的《二月兰》（短篇小说）、《这边风雨》（中篇小说）；20世纪70年代的《珍珠赋》（散文收录中小学教科书）；20世纪80年代的《芦芦……》《相知》（短篇小说）；20世纪90年代的《海哥和"狐狸精"》（长篇小说）等都充满着时代特色，或歌或悯，他用笔书写时代的现实生活，一生对党和人民赤胆忠心，两袖清风，终身践行着"文艺为人民服务，为社会主义服务"的写作精神！

春风寒峭，谢老不幸病逝！尊敬的谢璞先生，您一路走好，您是人民的好作家，您的读者、您的学生、您的洞口家乡人民永远怀念您！

半生相随，一生追思

——沉痛悼念恩师谢璞老先生

谢长华

他——

惊闻谢老辞世之日，我强忍着，不语，不写——妄想以这种方式渡过心中汹涌的悲海。

可半梦半醒地熬过一夜，我终于诚实地向悲伤屈服了——就让悲痛凝就的心声恣意流淌吧！

和谢老的真正交往缘于《小天使报》。

原来，只是一直听闻谢璞先生是我们洞口县走出去的大作家、大文豪，是课文《珍珠赋》的作者！我在学校时——不论是学生时代，还是后来的教师生涯，一直笔耕不辍，都是因为谢璞这个家乡大作家带来的激励。

谢老于1992年创办《小天使报》时，我正在家乡的一所山村小学教书。《小天使报》初创之际，自然离不开家乡学校的支持。由于谢璞先生是该报的总编，作为班主任和学校文学社负责人的我，自然也是支持者之一，同时也开始向小天使报社投稿。在谢老的亲自斧正下，我偶有小豆腐块见于《小天使报》。这是我与谢老真正交往的开始，尽管我们未曾谋面。

1992年底，我来省城长沙参加一家杂志社的编辑招聘考试。可寒雨霏霏的夜晚刚下火车，身上的钱就被小偷扒了个精光。

身无分文，寒雨纷飞，且不说无法参加第二天的招聘考试，只怕得流落街头了！

情急之下，我只好贸然在街边的电话亭斗胆向谢老家里打了个求助电话。

谢老不在家，听说正在九所宾馆开会。我又把电话打到九所宾馆。

在这种狼狈不堪的情形下,我第一次聆听到谢老亲切的声音!

谢老立即打电话给省文联小天使报的执行主编肖为老师——肖为老师也是我们家乡人——肖为老师立即赶到电话亭边,为我付清了电话费,并把我接进了省文联,从而让我避免了流浪街头之苦。

这是谢璞老师第一次对我的关怀与庇护,尽管我们素未谋面。

第二天上午得去参加那场招聘考试。在谢老的再次授意下,肖为老师从小天使报社为我支取了一百元现金。

肖为老师接着说:"谢璞老师交代了,不让你还这一百元钱了,如果你手上有稿子,就留下几篇吧。"我把几篇小稿递给肖为老师时,泪水从眼眶一涌而出!

回家过年时,我特意给谢老打了个致谢的电话。电话中,谢老特意问起我这次来长沙参加招聘考试的结果。当他得知我希望渺茫时,他说:"你留下的那几篇稿子文笔和内容都不错,如果你有心从事编辑工作,可以来我们小天使报社,我们也正在招聘人才。"

有心栽花花不开,无心插柳柳成荫。从此,我走进了省文联的小天使报社,开始了和谢老朝夕相处的宝贵三年。

这是我人生中最快乐的三年,也是最温馨的三年,更是我文学之路走得最快的三年!

这三年里,承蒙谢老和肖为老师的关怀,我一直住在小天使报社的办公室里,晚上铺开一张钢丝床,白天收起钢丝床就可以办公。为了让我安心阅读与写作,为了给我温馨与启迪,谢老总在夜间过来陪我说说话……

他说:"现在是一个浮躁的年代,成年人很少读书,你今后就把主要精力放在儿童文学创作方面吧,多为少年儿童写好作品。"

他说:"文如其人,首先得完善自我,才能文以载道,传递爱心与公德……"

谢老的这些教导让我受益终身。

有段时间我肾结石,谢老告诉了我一个治疗结石的好偏方,让我远离了结石带来的病痛之苦。

我在小天使报社的事情很多、很杂。有次,我外出送报纸时遇到了街头小混混的作难,我的情绪低落到了极点。他知道后非常心痛,却很无奈,但他随即仰面望着深沉的夜空,虔诚地喃喃自语了一会儿,然后双手护在我清瘦的肩膀上："老天爷啊，请把我的福分分一部分给这个上进的小青年吧，让他远离各种折难与不幸……"我泪流如雨，如同寻回父母关爱的流浪儿。

清楚记得我的第一个中篇动物小说《雷鹏》创作完成后，谢老正好来办公室看我，我立即请他斧正。他一口气看完后，连连拍着座椅的扶手叫道："好作品，好作品，我立即帮你推荐给《儿童文学》！"他连夜给儿童文学杂志社的副主编康文信老师写了一封热情洋溢的推荐信。

不久，《雷鹏》就在《儿童文学》杂志上发表了。

我在儿童文学方面的起点比较高，实在是因为谢老对我的帮助与教导太多、太深！他曾开着玩笑对我说："长华啊，我现在带你是教授带研究生啊！"

回首往事，点点滴滴都是泪凝的爱！

可是，天下没有不散的筵席。和谢老朝夕相处三年多后，谢老退休了，《小天使报》也被承包出去，我只好恋恋不舍地离开了省文联，离开了小天使报社。

记得临近分离的那些天，谢老一再对我说："长华，你一定得记住，无论你今后处于什么境况，对于文学，你千万不要急功近利！要厚积薄发，这样，你会有大发展、大作为。"

我牢记着恩师的教诲，以至于我此前一直以写中短篇小说练笔，直到三年前我才开始动笔写长篇，一写就是十几部，且每一部的反响都不错。

恩师，您在天之灵是否感受到了学生的喜悦？可惜，我这些作品已无法一一呈送到您老的膝下了……

您——

再后来，因为乐军兄的推荐，我又去了小天使报社——它已转移到了位于上大垅的湖南省作协，成为了《小天使报》和《校园与家庭》杂志的编辑部主任，从此，因为《小天使报》，我在文学和编辑上又得以继续聆听您老的教诲。

过了若干年，我又离开了小天使报社，但同在省城，因为对您的挂念，我总是忍不住思念的腿步，隔三岔五地去省文联大院，继续聆听您的教诲，感受您对我永不褪色的关爱。

但我一直心存矛盾：经常去您那里吧，怕影响您的休息、打乱您全家人的生活节奏；不经常过去吧，又心存牵挂与愧疚。

不过，我每次去看您，您总是那么阳光灿烂地接待我，总是陪我喝杯米酒。

对于您亲手创办的小天使报，您曾对我说："对于一个写纯文学的作家来说，五六十岁正是人生积累的顶峰，是创作的最佳阶段，我却把它全部用在了小天使报上，但我不后悔，因为人生在世，总得给少年儿童留下一份能永远开花结果的事业。"

您总是说："家里人都好吗？怎么不一起带过来？"

我无语。我怎么能把家小带过来打扰您啊！

三四年前，您说："长华，你正年富力强，可以写长篇啦，尤其你对我说过的那部有关抗战的家族史小说，现在完全可以动笔啦！"于是我开始写长篇，写完七八十万字的家族史抗战小说后，就是十几部少儿长篇小说的创作。

因此，在这忽别忽聚的日子里，在您一直的关怀与鼓励下，我从来没有觉得自己真正离开过您——我与您半生相随。

如今，您却突然离开了我们，让我今生情无所依，让我今生魂牵梦萦，让我从此对您追思一生——为您高山仰止的人格，为您浩瀚无际的大爱……

本来今年正月初几我还想去医院聆听您的福音，看望您的慈容，可您却在重症病房，无缘相晤。

还记得去年年底去马王堆医院看您时，您说："长华，我一定会重新站起来的！你别和我合影，我不喜欢我现在这副样子……我俩以后站在春光下再合影吧。"

在坚信中，我离开了您的病榻。

在昨夜的梦里，您真的站起来了，在春光明媚中，您一直笑容灿烂地站在我身边，那么伟岸！那么青春！那么慈祥！

我却一下子惊醒过来，一会儿泪湿枕巾……

从此，我将泪湿我的余生——恩师，请您一路走好，天堂里没有病痛。

怀念谢璞老师

皮朝晖

"你很年轻,要多阅读名家名作,坚定走童话创作的道路……"1992年,第一次见到谢璞老师,我就聆听了他的教诲。那时候,我迷上了童话,写了几十篇,也发表了不少作品。谢老师读了我的习作,指明了我的创作方向。他非常关注年轻作家的成长,很多学习写作的年轻人都得到过他的指导。此后,我的作品接连在谢老师主持的《小天使报》发表,这给了我很大的鼓励,让我能一路坚持写下来。

1993年,谢老师介绍我加入了湖南省作家协会。1994年,我的第一本书《故事王子》准备出版,谢老师写了一篇热情洋溢的序言。

2000年,湖南省童话寓言文学研究会成立,由罗丹老师当会长。我是工作人员,筹备时经常跟谢老师联系,一起商量工作,一起研究作品,跟谢老师学习做人、办事、创作,受益匪浅。

2017年春节前夕,我跟随一群儿童文学作家到谢老师家拜访。他很高兴,回忆起很多有趣的往事,缓缓道来,如沐春风。

现在,谢老师离去了,走进了童话世界。千言万语,不能表达我的思念。他的笑容,他的话语,永远留在我的心中!

缅怀永远的恩师——谢璞

常瑞芳

我不相信自己的眼睛,尽管周遭都是花圈、挽联与悲伤的人,但我仍然完全不能确定,这个双目紧闭、脸色蜡黄、瘦骨嶙峋的陌生面容竟然是令人敬爱的谢璞老师!他静穆地躺在明阳山殡仪馆的明德厅,可与我心目中记忆里的老师实在是判若两人。望着谢璞老师的亲人们悲伤的表情,我依然不能接受这个事实。尽管我知道敬崇的谢璞老师久病缠身,可我脑海里浮现的永远是他红润而温和的面庞,还有那爽朗的笑声。

一汪泪水逆流时光。1985年的夏季,汉寿县的政府大礼堂里,热闹非凡,礼堂两侧由小学生组成的礼仪队敲锣打鼓地欢迎著名作家萧军、叶君健、陈模、周健明、未央、谢璞等老师到汉寿讲学。小县城一下子迎来这么多文化名人,大街小巷都沸腾了,人人脸上都洋溢着喜悦。我就是因为此次的机缘认识了谢璞老师。非常幸运的是,我是此次文学活动的接待者之一,得以亲聆教诲。我们一帮文学青年,平日里只是在书上拜读、背诵过他们的作品,在书刊上看见过他们的名字,骤然之间如此的近距离接触,未免忐忑,难免心慌。记得我们的一位学长陈然之,他在单位是办公室主任,工作上接待过许多人,此次接待活动中,他闹出了一个笑话。在讲台上介绍老师时,他操着正统的北京腔调吐着方言:谢老师,您请坐"闲巴节"(注:曾经坐过的同一地方)。他的塑料普通话通过扩音器在礼堂里散播开来,引起哄堂大笑。谢老师并不知晓我们的土话,但谢老师非常机智,他微笑着化解了学长的尴尬。

那次莅临汉寿的湖南籍作家们中数谢璞老师最年轻,五十多岁。或许汉寿是老师的福地之一,《珍珠赋》就是谢璞老师在周文庙公社龙口大队采访后所创作的。老师一双似湖水般碧波洋溢的大眼睛总是微笑着,声音洪亮,笑声朗朗,待人亲切平易。而在我们这帮文友中,似乎我的年龄也是最小的,谢璞老师玩笑着说:"你的文笔不错,要多看书多体验生活多创作,中国女作家不多,漂亮的女作家凤毛麟角。"当时我一定是红了脸,面容羞涩地问:"怎么能够写好爱情呢?""小姑娘还没有恋过爱吧?"大家都快乐地笑了。经年后,我再遇到未央、谢璞老师,提及当年的情形,未央老师还笑话我说"我没有谈过恋爱怎么写爱情啊"。其实,我已经记不起自己是否问过这样充满傻气的话,但谢璞老师鼓励我的话,至今犹在耳畔。

那次活动,我负责陪同的是萧军老师(萧军老师的女儿萧耘在一旁陪同),后来我却与谢璞老师有了通信往来。那时,我正值菁菁年少,初生牛犊,将自己幼稚的作品直接寄给了《小溪流》的主编。没想到,谢璞老师很快用毛笔亲自写来了回信,指导如何一一修改,给予了我极大的鼓励。我的室友还有文友们陆续专程到长沙去拜访老师,谢璞老师非常热情地接待了他们,这些都成了朋友们炫耀的资本。他的亲和,给我的感觉他不像是一个省文联的副主席,也不像是一个杂志总编——掌握着我们文稿生杀大权的人,而是父亲一般亲切的人,他像春天里的阳光温暖着我们每一个人。后来我作为文学小青年参加了笔会,组织方请来了谢璞等老师,我们每个人都交了自己的习作,我的拙作是谢璞老师看的,他用红笔在稿件上写了许多的评语。当时我拿到文稿时,心中十分感动。

20世纪90年代初期,我因为机缘到了省城长沙,参与报纸《影评报》的创办工作,编辑、记者一肩挑。我打电话将此事报告给谢璞老师,他非常高兴。我说想去看望他,他担心我不熟悉路,坚持要来看我,说正好去我单位附近的邮局取稿费。我永远忘不掉那一幕场景,虽然是初秋的午时,但天空有些灰暗,下着毛毛细雨,大街上车来人往。远远地,我看见谢璞老师站在东风路砚瓦池邮局门前,他没有打伞,风吹乱了他的头发。或许是许多年没见面的缘故,他慈祥的脸上有了些岁月的苍老。我的眼睛在那一刻热潮倾涌,内心里鞭打了自己无数次。

一年后,我到谢璞老师门下做编辑工作。谢璞老师此时虽然已经退休,但仍然发挥余热创办了《小天使报》并担任主编。报社办公室在省文联大院家属楼的一楼,谢璞老师全家也住在院内的另一栋楼房里,那时候我时常和朋友们一起去谢璞老师家里打牙祭。师母也是一个非常好的人,每次都是她亲自下厨,做好满满一桌菜。我想帮忙,她总是赶我出厨房,说我不熟悉东西的摆放位置。说起来,那段时间是我人生的困顿低潮期,独自一人漂泊在省城，没有亲密的朋友，感情生活也是一片空白；没有稳定的工作，薪水微薄，没有钱租房住，白天工作，晚上就在办公室开一张折叠床；吃饭是每餐打游击，常常是饥一餐饱一餐，病绝对是不敢生的。后来，在谢璞老师的帮助下，我在单位附近的地方租赁了约十平方米的一间房，才算正式有了一个小窝。现在想起来，如若那时候不是在谢璞老师手下工作，如果没有恩师时常鼓励并指导我写作，我可能早已转行，做着另一份高薪的白领工作。我的人生将是另一番模样，但我内心可能永远会有着难解的书香情结，使我不得开心颜。

当时我们编辑部包括我共有五人，只有我和美编是临时聘请的，在我之后，又相继聘请了小邓和小谢，报社发展壮大到七人。小邓是个年轻的美女，负责财务与联络等日常事务；小谢则是个文学青年，个头矮瘦，其貌不扬，与谢老师素昧平生，找到《小天使报》来投稿，谢老师见他生活无着落，让他留在编辑部工作。他写的文章，经过多次修改，被谢老师推荐到某杂志上发表，小谢拿到第一笔稿费时心情很激动，他说希望能把邮局的绿色汇款单据收藏起来，它实在太珍贵了。

只有在恩师身边工作，才真正体会到他是一个多么卓越的人。恩师不仅是一个心地良善、和蔼可亲又热情的人，还是一个严谨而认真的人。除了外出开会，他每天都到办公室坐班，事必躬亲，审查日常稿件，对于每一封写着他名字的来稿都是亲自处理，有时还要接待慕名前来拜见的作者和家乡一些来找他办事或求医的人。谢璞老师每每是来者不拒，热情接待，对不是自己力所能及的事情，往往也是打电话或者亲笔写信拜托他人，从来没有见到恩师有过厌烦和牢骚，也没有见过恩师发脾气。每天目睹着年事已高的恩师辛勤工作，忙忙碌碌却仍然笔耕不辍，守着文学这一方净土，佳作迭出，我们对恩师的崇敬之情越来越深。他的言传身教，就像一面旗帜，高高飘扬在绿意葱茏的山峰上，让我昂着头，让我有梦想，让我能矢志不渝地坚守自我，让我能够在文学这条曲折的道路上坚定前行。恩师不仅在我困难时伸出了援助之手，他还是我文学路上的指路明灯，更是我的精神导师，是我一辈子需要铭记的人！

别时容易见时难，流水落花春去也，天上人间。2018年3月6日，谢璞老师走完了他86个春秋，前往另一个世界继续播洒春的阳光。愿恩师一路走好，微笑在鲜花之中，永生。

清水在豌豆苗的嫩茎里流动

邓湘子

我读高中的时候，语文课本里有一篇课文，题目叫《珍珠赋》。老师介绍说，写这篇文章的作家谢璞老师，前几年就下放在离我们学校十多里路的一个村庄里。他还说，谢璞老师是相邻的洞口县高沙镇人，顺着我们学校前面的蓼水河往下走，大概一百里路，就到那里了。我小时候跟着父亲走亲戚，去过洞口县高沙镇。我立即对这位作家感到好奇而又亲切起来。

同年级的另一个班里，有位同学手里有一本谢璞的短篇小说集《二月兰》，我特别想借来一读。但那位同学脾气古怪，他的书从来不肯借出。我们班上的一个同学趁他不注意，悄悄地拿来了《二月兰》那本书。我也好奇地看了一会儿，没想到很快被他发觉了，他生气地把书要了回去。

我大学毕业后，回到位于蓼水河畔武阳镇的母校做了教师，因缘际会写起了儿童小说。我在学校旁边的书店里最早买到的儿童文学书籍，就是谢璞老师的儿童小说集《美妙的夜空》。它的封面上，画着一对两角弯弯的牛角，背景是缀满繁星的夜空。我从书里读到其中的一段文字，是写我们家乡的豌豆苗的，说豌豆苗的嫩茎像是透明的玻璃管子，能看到里面的清水在流动。这让我感到十分新鲜，至今印象深刻。

《美妙的夜空》是谢璞老师的一部作品选集，里面的许多儿童小说非常精彩。比如他在20世纪50年代写的儿童小说《竹娃》，他在20世纪80年代出版的《忆怪集》中的作品，无论是对生活的表现还是对人物的塑造，都具有很高的艺术含量。他在作品中写了蓼水河边的人和事，写了高沙镇周边的习俗和风物，那些我所熟悉的家乡日常生活情景和各种人物都成了谢老师的文学资源。这些作品带着浓郁的湘西南泥土气息，让我真切地感受到生活的美与艺术的美之间的血缘联系。我在创作起步时对谢老师这些作品的阅读，几乎是有着文学创作启蒙意义的一种体验。

  2016年底，湖南儿童文学学会成立后，我和汤素兰、吴双英、李红叶、谢乐军等朋友一起，在春节之前去探望老作家，到了谢璞老师家里。那天，谢璞老师精神很好，还谈起了20世纪70年代下放在我的家乡绥宁的情况。他在黄土坑公社待过，还在武阳公社老祖大队待过一年多时间，和当地的老百姓相处很融洽。

  那时候，谢璞老师住在老祖大队一户姓肖的人家里。村里有人生了病，他把祖传的几味草药都用上了，被他治好的老百姓还拿了鸡蛋来感谢他。有一次，他和社员到龙烟山去造林，爬到了一个山岭上，下山的时候才发觉山坡实在太陡了，上得来，下不去。社员用锄头在山坡上挖出一个一个坎，让他踏着坎下了山。"绥宁山区的老百姓实在太好了。"谢璞老师感慨地说。

  谢璞老师去世了，我们感到十分沉痛，但他的作品仍存，作家最后总是用他的作品来挑战岁月。谢璞老师的作品里，总有真善美的存在与流动，一如年年春风里，都有清水在豌豆苗的嫩茎里流动。

永远天真灿烂的笑容

艾叶青

最先看到谢璞老师走了的消息，是在湖南儿童文学学会的征稿信息上，得知先生在2018年3月6日以86岁高龄与世长辞，我的心里无比悲痛。我把这则信息立马转发在了我们主编的《乡土文学》公众号上，并计划写写我的感受。日前在《娄底广播电视报》看到了谭谈主席的纪念文章，更加激发了我为谢老写些东西的欲念。

说老实话，真是鬼使神差，我一个理科生，怎么就稀里糊涂爱上了文学？谭谈、萧育轩、古华、莫应丰、谢璞、于沙等前辈文学家，他们的讲座我几乎都听过，而且，对他们有高山仰止的意味！

我们初中的语文课本里，就有谢璞老师的《珍珠赋》。那时候，我们才高八斗的语文老师在讲授的时候声情并茂，眉飞色舞，我感觉到洞庭湖是比陶渊明的世外桃源还要神奇的地方——谢璞老师丰富的想象力感染着我，所以，我初中时的一篇作文成为了全校的范文。

后来，我从英语老师转行成为了语文老师。当时，我带的班里有一个女生，在我教授了谢璞老师写的"像万千颗珍珠飞上了天"这个优美的意境后，竟然写出"我们家乡的电线杆，像一排排珍珠飞上了天"。作为班主任的我，在班上当场指出了她这么写的问题所在，全班同学也都笑岔了气。数年来，这件事一直映衬在我的脑海里。

这就是作家的丰富想象力与常人构想与众不同的地方。

头些年，我在乡下的中学教书，与同事创办了天鹅文学社，主编《天鹅文学》。有一次，我带了几个学生去娄底参加谢璞老师的文学讲座，萧育轩老师为我们题写了《天鹅文学》的刊头，并写了发刊词，谢璞老师为我们题词。我们如获至宝，这对我们文学社的会员以后走上文字工作岗位产生了十分重要的影响。

特别值得回忆的是，谢璞老师讲课，永远充满着天真灿烂的笑容，这和他平时的为人处世一样，永远充满着天真灿烂的笑容，就像谭谈老师所描述的那样，他平易近人，没有架子。在讲座中，谢璞老师的笑容里，充满了机智、幽默、风趣、诙谐。他讲到，有一次他在部队里面立功后，首长问他要什么奖励，他特爱枪，就要了一支手枪，然后拿起手枪，对着池塘，射了一条泥鳅。弄得大家哈哈大笑，一下子把课堂气氛活跃了起来，大家积极互动，情绪高涨。

我的搭档，后来与我一起在涟源报社、市委宣传部工作的贺辉军，写出了很有影响的长篇儿童小说《喇叭耳朵孙唐》，这不能不说与著名儿童文学家谢璞老师的教导有着千丝万缕的关联。

我从学生时代就偏爱儿童文学，读师范的时候学写儿童文学，处女作是儿童散文诗，但是，最终不能够成为儿童文学作家，也许是天赋不够吧。

当然了，像谭谈、萧育轩、姜贻斌这些名家的作品我都很喜欢，生活上也和他们交往甚密。但，这并不代表我达到了他们那个高度，他们的写作技巧有很多我还未曾领悟。

对谢璞老师则更是如此。

一代大家仙逝，我们能做的只有更加认真地阅读他的作品，吸取他的创作营养，努力提高自己的写作水平。

与谢璞先生的两次匆见

龚军辉

年幼在学校就读时,从课本中读到过《珍珠赋》,那时我就记牢了谢璞这个名字,我对这位湖南省的著名作家、湖南省文联主席仰慕不已,极欲见之。

十二年前,我工作于湖南省作家协会的《小溪流》杂志社,得以与先生第一次见面。当时,《文艺报》的编辑找到我,要我写一篇新中国成立五十多年来湖南儿童文学创作与出版情况的综述性文章。这是我第一次受托写这样的文章,不得思路,便想到了向老先生们请教。于是,厚着脸皮找到刚结识的谢璞先生的女儿谢然子,提出了拜访先生的请求。不料,第二天早晨,我接到了一个陌生的电话。接起后,爽朗的笑声就传了出来:"我是谢璞。没打扰您的休息吧?您今天有时间吗?如有,来省文联陋居聊聊。"我真是受宠若惊,匆忙打了一台的士驰往。

先生的住处很好找,面积不大,堆满了各种书籍,显得稍有些拥挤。先生极慈祥,为打消我的拘谨,先问了我的家庭情况与个人写作情况,鼓励我多读书多动笔。当我向他详吐自己遇到的写作困难时,他又爽朗地笑出声来:"湖南的儿童文学土壤很深厚,老中青三代咸聚一堂,相互学习,笔耕不辍,风气极正。你不仅应写出三代人中杰出代表者的成就,而且要指出创作中存在的整体性问题,甚至,还可以挖掘出成其气候的原因,这样,才对读者、作者都有价值,文章才有价值。"他还马上拿起笔来,给我开列了一个湖南儿童文学作家名单,一气呵成,写下了近三十个名字,可见他对这个业界的熟悉。先生怕我对这些作家不熟悉,便又把他的女儿谢然子叫过来,要她按单寻找电话与单位,并告诉我去联系时可以说:"是谢璞介绍我来的。"而我,正是按照他开列的名单,对这些作家一一采访,才写出来了那篇刊发于《文艺报》2007年10月、占了大半版篇幅、也引起广泛注意的综合述评《芙蓉国里尽童话——新世纪湖南儿童文学创作简论》。说这篇文章有谢璞先生一半的功劳，也绝非虚言。

这是我与先生的第一次见面。他爽朗的笑声、简洁的语言、快捷的办事效率给我留下了极为深刻的印象。尤其后来文章刊发出来了，各方都觉得包容性强、代表性广、做的结论较为稳妥、指出的问题也有深度，我方才悟出，我与先生匆匆二十余分钟的见面，是多么的宝贵。他的指导高屋建瓴，分明为我的写作奠定了基本框架，确立了评论基调。他对儿童文学的热爱，对湖南儿童文学作家的包容、团结以及为之营造的良好氛围，都是极为罕见的财富。

第二次匆忙见面，是在三年之后了。那时，我已经调到了湖南少年儿童出版社担任营销总监。正值《小溪流》创刊三十周年在湖南宾馆召开座谈会，我受邀参会。到会议楼层刚出电梯，正好看到他与邬朝祝、罗丹几位老作家站在一块儿聊天。我还未及给他打招呼，先生眼尖，看到我，立刻迈步向我走来，边走边笑说："刚才问黄亦鸣，说你会来，我还在会场看了一圈未见到，就站到外面来等待了。你如今过得怎么样？在哪工作？还写儿童文学评论吗？"我的脸立时红了，除了三年前的匆见，我未再登门拜访，倒惹先生牵挂，真是让我十分惭愧。我于是花了五分钟时间向他和另几位老作家做了汇报。谢璞先生听罢，稍皱了下眉头，轻声说："你的工作太累，停不下来，与湖南儿童文学界的联系也少了，大家的动态把握太少，这不太好。我有个请求，你要多关注儿童文学湘军，多为他们鼓与呼，多给他们写书评，多出版他们的新作，这对儿童文学湘军很重要，也对湖南的文学创作很重要。"接着，在当天的座谈会上，作为《小溪流》创办者、首届主编的他再论说道："小溪流三十年流淌不止，从未干涸，而且蔚然成气，有了江河之气，何也？涓流不断，凿石成真。湖南儿童文学界有今日的景象，得益于青年作家不断涌现，不断流。因而，加大对青年作家的扶持力度，向不知名的儿童文学新人敞开怀抱，是《小溪流》永远应该坚持做下去的事。也只有这样做了，《小溪流》才有生命力，湖南儿童文学才有希望，才有未来！"正是在他的激励下，我在湖南少年儿童出版社工作的五年中，未敢放弃儿童文学评论写作，也帮助不少新人出版了专著。后来，还与《小溪流》杂志合作策划了"南岳儿童文学笔会"。谢先生的肺腑之言，他的拳拳之心，对我的启发是极大的，也是我一直努力的方向。

前两天，突闻先生病故，我错愕半晌。两次与先生匆匆见面的情景，不停萦绕于脑，想起先生的寄托，心中更是百味杂陈。于是，我匆匆写下这些文字，以寄我的思念。先生走好，童话不老！

播种阳光文学的恩师
——深切怀念谢璞老师

罗范懿

我人生第一本书《冬种春收·罗范懿作品选》（下文均简称为《冬种春收》）得益于谢璞老师作序，没有他的序言推荐，素不相识的中共湖南省委原常委、省委组织部原部长罗海藩不可能给一个刚从乡广播站调入县广播站不久的普通工人小记者出书，以"自学成才"之"范"题写书名，出版社也不可能出"作品选"。此书中的"才"有多少很难说，可能是谢老师从文稿中选了一粒文学的种子吧，他在序中这么写道："……种子的力量很大，小苗是可以长成大树的！"

那时，我这个乡镇作者只是在郴州地区的文学活动中见过谢老几次。一个在"文化大革命"期间毕业，后来又不被承认学历的高中生，对文学是懵懂的，可因当时学校社会实践活动多，所以对如何做一个像"潘冬子"一样的人我又是清楚的。感谢当时的郴州地区文联给了我学习的机会，谢老师的几次文学创作讲座，不仅让我明白了怎么写作，更让我懂得了写作什么。后来我又重读了谢老师送给我的第一本书《美妙的夜空》，开始走进了他构建的一个个充满正能量的美丽童话世界，进一步接触了其中的动物和人。边工作边写作，我也就渐渐被谢老师的童话所"童话"了。

我第一次来长沙最先想到要去爱晚亭和橘子洲头；第一次去北京想到要去体验《我在五星红旗下站岗》；教小孩写作文，启发孩子写的第一篇是《洗红领巾的故事》；我的第一本文集中有《父亲的指南针》《父亲的党章》……这些小事似乎让谢老师看到了一粒文学的种子，尽管这颗文学的种子体能还较弱，他依然把它捧在手心拍落尘埃，爱惜地吹了吹……我在乡镇驻村搞冬种油菜点时，写出了后来被报刊连载的短篇小说《憨公子的点》。

1993年12月，谢老师帮我定名的小说《冬种春收》出版，谢老师亲自去我的母校省广播电视学校参加了《冬种春收》的首发式讲话。会后的12月26日，值毛泽东同志100岁诞辰，我特意去了韶山，把我人生中的第一本书献给了韶山毛泽东图书馆……

一颗经谢老师等多方营养灌浆的种子开始茁壮成长，至现在为止，我已发表、出版书稿的总字数达400余万。

后来，这颗种子越发被"童话"得不安分起来：小说放下写伟人传；45岁离开"一把手"仕途，重走红军二万五千里征程，走了一次不够还走两次；晋一级作家只差一票不再努力；作为"中国作家协会"的会员，对协会事务不上心；有官不当宁可去当教师……就这样，我埋头把种子深深种在了红军万里长征和文化长征的路上……

在我发起文化长征前夕，正值省作代会期间，谢璞老师在芙蓉宾馆的房间里，为我细讲了"舳舻千里"的童话和典故，并且告诉我如何处理好大事业与小家庭的关系……句句鼓励和谆谆诱导犹在耳边。

谢璞老师讲话的阳光眼神、阳光口音、阳光嘴唇、阳光指点……依然历历在目，尤其是他作为一位著名作家，当拿到我送给他的人民出版社再版的《人的价值学》——一本描述我怎样"不务正业"的习作时，竟然激动不已，要我立即耐心为他讲讲。他爱不释手，说一定要细细读完它……

获悉谢老师严重中风，我买鲜花去医院探望，发现他已无心赏花，谢老师精神颓唐，吊上液体就像颗干瘪的老种子。因中风严重，师生俩无法对话，我们本是无话不说啊！他很想说出来让我听懂，可他发出来的声音我又根本没法听懂，此种情状，急得谢璞老师突然号啕大哭……

哭声让我心痛，慌张，不知所措。老师说不成话，我不知道他是哭自身阳光已散尽，哭小家庭和大责任，还是哭面前这颗种子并没像他预见的那样"小种子定能长成大树来"……

那次后，每每回想起老师的哭声，我心里就好痛好难受……

后来我几次想再去探望，又怕这样会打扰他，便都作罢了。回想起来，我真的很后悔没能再听老师说上几句话……

每当想起他教妻子统一把自己的学生称作"老师"，想起我想尽可能关照下他家人的生活时他一概回答"什么都好，不添麻烦"，想起我搬来长沙时要接他去学生家做一次客时他硬不肯来，他每次却把学生家的老老少少都细细询问关心时，我的心里便更添怀念。

　　播种阳光文学的恩师啊，您一路走好！您全身每个细胞都充满着阳光，人虽去天堂，但阳光已留下……"长征学子"今后也将学习老师您只播种子不做"大树"，永远做个勤劳的播种者，承诺着我们既定的口号：播种万万里，风流后来人。

清明时节泪潇潇

——缅怀谢璞先生

谭笑

又是一年清明节，又是一个烟雨蒙蒙的纪念节。离我而去的值得怀念的人有很多很多，尤其作为一名年轻的文学爱好者和多年从事新闻出版的编辑工作者，我深切怀念那些在我的人生之路上，手把手给我引领和一字一句给我指教的老一辈作家们，如中国作协前党组书记唐达成、中国作协前副主席和北京作协前主席刘绍棠等。每到这个节日，他们的音容笑貌就一个个出现在我面前，使我心中泛起一种凄凄、寂寂的忧伤。今年的这个清明节，更让我悲伤的是我文学路上最早的启蒙老师谢璞先生，就在不久前的2018年3月6日也离世而去。泪眼蒙胧中，一幕一幕的往事就如发生在昨天。

那一年，我还不到20岁，一个懵懵懂懂的女孩，为了追梦从家乡的小山村来到了省城长沙。我一边打工，一边参加晚上的文学补习班。人生的路在何方，对于当时的我来说有点摸不着边际，彷徨中常常在湘江边徘徊，文学的梦想就像朵朵白云随风飘浮在天空中。

那是一个下雨的中午，为了避雨，我坐在长沙五一路街边一个不起眼的角落里看书，心中酝酿着一首小诗，不时拿起笔在小本上记下一个句子。也许是我太专心，一位从未谋面的、与父亲年龄相仿的长者站在我身边好一会儿，我才发现他一直在看着我。他很有心地了解我的情况，热心地告诉我，谢璞是他"五七干校"的同学，可以带我去认识。当时我不敢相信这是真的，那时的谢璞先生是湖南省文联副主席，是有名的大作家，他会搭理我这么一个不谙世事的黄毛丫头吗？又一天，这位长者让我称他"表叔"，带我去了谢璞先生家。这时我才知道这位"表叔"是湖南省物资厅的一位干部。之后我隔三岔五就去谢璞先生家请求指导。寒来暑往，年复一年，也许是"表叔"

的关系，当然更多的是谢璞先生扶持文学晚辈的热忱和乐于助人、宽厚待人的品格，让我少了许多顾虑，成了谢璞先生家里的常客。谢璞先生让我叫他老师，叫他的夫人为师母。我不敢叫"师母"，总觉得自己没有成绩，叫师母还不够资格，直至现在我还是以伯母相称。

那时我虽然凭着热情写过许多的文稿，但回想起来那是多么幼稚的文字。我写了一首又一首的诗歌、一篇又一篇的散文与小说去求教，总想尽快发表。先生从来不会直接否定我的作品，总是从作品的立意、形象的刻画和文句的凝练等方面，不厌其烦地给我指点和引导。其中一个稿子经过先生无数次的点拨，我无数次的修改，终于有一天，先生让我带着稿子去找《湖南文学》的总编辑，并写了一封推荐信。于是我的第一首诗就在《湖南文学》刊发了，当时欣喜、激动之情久久不能退去。

又是一个周末，老师又为我的一篇稿子写了一封推荐信，我带着这封信去《长沙晚报》找到了当时的文艺部主任，之后我的一篇散文就在这个报纸的文学副刊上发表了。

之后，《湖南日报》、上海《文汇报》，还有湖南省新华书店系统的《图书报》等都陆续登上了我的"豆腐块"散文或小诗。后来我逐渐地开始自己的独立创作，立志要在文学上有所作为。但由于当时生活的拮据，工作的不确定性，常常要为自己的生计而忙碌奔波，这样，写作的时间就很少，写出的作品也不是很多，后来去先生那里的次数也就慢慢地少了。

多年后，我从湖南来到北京工作，先生听到这个消息后比我自己还高兴。每次回老家我都要抽出时间去看望先生，先生和夫人还是那样慈祥与热情，还像在长沙一样教我如何处理复杂的人际关系，如何做好自己的工作，谆谆教诲让我至今受益。

2006年11月，全国文代会在北京召开，先生参加了会议。其间我带着孩子去看望先生，先生像是见到自己的小孙子一样高兴，忙不迭地抚摸着孩子的额头，并从上衣兜里掏出一个大大的红包交给了孩子。之后的几届文代会，我常独自前往拜访先生，先生总是关切地询问我工作压力大不大，家庭和不和睦，老父老母的身体好不好。

每逢传统节假日，我都会去个电话问候先生与夫人的身体状况，他总是乐呵呵地告诉我说很好，不用挂念。

去年9月底，我在韶山参加中国出版集团主办的党支部书记的学习班，结业后，我路过长沙，去看望先生。这时他已住进医院，意识还清晰。说等病情好转后要到我所在的出版单位出版他的作品集，我们还一起聊了出版计划和成本预算，等等。回到北京后，由于工作的忙碌，我只是去过几次电话问候。最后一次是先生去世前的一周，他已经没有了意识，也许他太留恋这个世界，想尽可能地释放着生命最后的力量；也许他听懂了他的女儿然子告诉他的话，说我去过电话问候了，先生的表情显得很高兴。几天后噩耗传来，我难以自已，泣不成声。由于工作的原因，我没能回去送先生最后一程，只有托侄儿送去花圈以寄托哀思。

又是一个清明节，又是一个阴雨绵绵的思念节，此时的我眼眶噙满了泪水，不知先生您是否知道，若果真上天有灵，我想告诉您：您永远活在我心中！

我向谢璞先生交作业

黄正民

谢璞，著名作家，曾任湖南省文联执行主席。他著述甚多，20世纪中期，他的散文《珍珠赋》入选中学语文课本，也是大学文科教材篇目之一。

我和谢璞先生是老乡，第一次见面是1978年。当年8月，我带着一个优秀学生的材料去请教他。谢先生见到我，如同知己故旧，满面春风地说："我听说，你教出一个好学生，中考全市第一，我要夸你呢！"谢先生几句话，一下子拉近了我和他之间的距离。

"今天我是来请您帮忙的，"我把稿子递给谢先生说，"烦请先生指教。"

"指教谈不上，看，一定是会认真看的。"的确，他看得很仔细，有些页码翻过来覆过去，生怕有疏漏。看完稿子后，他说："文章内容尚可，语言亦流畅，但前后文风不一。前半部分朴实、自然、耐读，能给读者留印象，我看了，还能背上几句；后半部分太追求文采，写得有点飘，不扎根，读后就没有那么好的效果。"他像老师面批学生的作文——讲得具体、细致。

我们聊起这个学生。他说："他家境困难，书读得这么好，实在不易。我们要把材料写好，宣传他的优秀事迹，让更多的中小学学生受到感染和启发。为国家培养人才是老师的责任，作家也有份，所以，我也从事儿童文学的创作。"

送我出门时，他握着我的手说："你不光要站稳讲台，还要多读书，拿起笔来。"谢先生已把我当成他的学生，临行时不忘为我布置作业。

2001年，我退休了，记起谢先生的嘱咐。于是，我潜心书案，认认真真读了些书，懂得了一些文学的基本常识，还涂涂抹抹地写了些算是散文的作品，在友人的鼓励下，不知天高地厚地印成了一个集子，题名为《枫叶正红时》。2011年，在朋友的一次酒宴上，我腼腆地送了谢先生一本，并对他说："这是一份迟交的作业。也许是把文化垃圾，如果怕玷污您的书案，您就丢进废纸堆里去；若不嫌弃，请看三五篇。"

谢先生接过书，端详了一会儿说："我一定看，而且看完，哪有老师丢掉学生作业的！你丢过？"听了谢先生的话，我心里一阵热乎。

几杯酒过后，大家叙事、道情，话语多了起来。我和谢先生邻座，私下里说了些悄悄话。谢先生说："他们搞企业，创造的是物质财富；你教书，我写文章，创造的是精神财富，精神财富是可以传世的。有空写一点，不图名利，别人能看几篇，就是最好的奖赏。"谢先生话语平和中听，像是跟伙计闲聊拉家常，听来亲切入耳走心！

2011年8月21日，谢先生给我来信说："承蒙惠赠大著《枫叶正红时》，断断续续，从每片红彤彤的叶面上品读文章的真实况味，欣乎每次都为一种浓厚的乡土气息所醉……我从《老屋》《我所知道的黄其佑先生》《偃人偃事》中品味到作者对于善美的至诚。更能从《扫墓记》和《不褪色的记忆》等力作中触到作者热爱生活的那种执着，体会到那种令人热泪盈眶的亲情。特别是《不褪色的记忆》这篇，它的艺术生命力可能会相当持久，即使是儿孙辈读起来也会感到亲切、感奋……"不久后，谢先生又给我打来电话说："期望你写下去，希望不久的将来能读到你的第二本《枫叶正红时》……"

我和谢璞先生虽是洞口老乡，但毕竟非亲非故，而他却对我关爱有加，不仅为我面批文章，评点作品，还给我打电话寄予厚望，而我，从未请他吃过饭，也从未给他送过礼。有一次，我搭朋友的车去长沙，本以为可以借此机会去拜访谢璞先生，但朋友办完事后已时至午夜。大家认为深夜去打扰老人不合适，便作罢了。现在想来很是内疚。

我把欠谢先生人情债的想法讲给朋友们听，他们说："谢先生帮别人批阅评点文章，是很正常的事，他把这看成是门功课和责任，就如老师教学生，是不需要学生回报的！"

如今谢先生去世了，永远离开了我们，他再也不可能为我批改作业了！我欠他的人情债也无法补偿了。但我会永远记住他在长沙酒宴上的形象：头戴圆形鸭舌帽，慈祥方正的脸，深邃的眼神，微胖的身躯，好一位朴实厚道、至诚无私的长者。他人品如玉，辉煌楚湘；文章如星，绚丽文坛。先生岁仰九旬，可谓高寿；文集卅卷，可谓高产；弟子万千，可谓高师。愿先生的人品和文章永驻千千万万读者的心间！

心田漫涌春阳

——追忆著名作家谢璞

刘第红

浏览微信朋友圈,看到文友转发谭谈的文章,一扫标题《总想对人说——含泪说谢璞》,心里猛地一沉,著名作家谢璞走了!紧绷心弦看完谭谈的文章,记忆的闸门瞬间被打开。二十多年前,因为儿童文学,我与谢璞先生结缘,两人曾有过较频繁的交往。往事历历在目,他的音容笑貌犹在眼前。斯人已去,但他播洒的阳光仍留在心间……

20世纪90年代,我供职于共青团广东省委《少先队员》杂志社。这份由著名儿童文学作家黄庆云创刊的杂志,系广东省最早的少儿期刊。当时,它每期的发行量都在一百万份以上,在全国产生了不小的影响。该刊内容健康清新,形式生动活泼,不仅赢得了广大小读者的喜爱,也受到时任共青团中央书记处书记李源潮的称赞。那时,我刚入职不久,工作热情高涨,干劲十足。为了组织优质稿源,我在全国各地物色作者。一天,"谢璞"的大名倏地从我的脑海里蹦了出来。他是湖南著名作家,作品以儿童文学为主,先后两次获全国儿童文学创作奖。何不向他约稿呢?我马上给他写了约稿信,不久就收到他寄来的精美作品。我以最快的速度,将它发表在了杂志上。

湖南是儿童文学的重镇,作者众多。为了扩大作者队伍,受杂志社的委托,我赴长沙召开了作者座谈会。那次在长沙饭店举行的座谈会,谢璞来了,谭谈来了,梁瑞郴、于沙、李少白、汤素兰、邓湘子、谢乐军、皮朝晖……来了,大腕云集,星光熠熠。那是我第一次与谢璞先生见面。我是新化人,新化有一段时间归属于邵阳,谢璞先生是邵阳洞口人,两人算得上是同乡。因为老乡的关系,彼此的距离一下拉近了,一见如故,畅所欲言,亲密无间。他大我40岁,自称是我的"老文友","厚谊难忘",两人是货真价实的"忘年交"。会后,他跟谭谈向与会的其他作家表达了这样的意思:湖南的办刊人,要学习小刘这种工作的劲头。这话辗转传到我耳里时,我知道,这是他们对一个在外面打拼的家乡人的激励与鞭策。

1997年,我将在花城出版社出版的散文集《七色花》寄给了谢璞先生,请他指点。很快,他就给我回了热情洋溢的信。他在信中写道:"近期我通读了《七色花》,很赞同陈模先生(北京市委宣传部原副部长)的公正评价。我认为这一册好书有两大特点:一、语言朴实而富有诗意,孩子们会开卷受益。二、内容很容易感染小读者的心理并能促使其向上发展,如一束淡淡甜汁的甘蔗。"他的鼓励像一阵长风,使我的文学之帆鼓得饱满。

我和他不常见面,但因为心相近,共同语言多,老想着见面。他多次邀请我去他家做客,我因为工作忙,一直未能如愿。有一次,他去北京出差,行前问我是否也去北京,如碰巧,能见面聊天,那该多好。虽不常见面,但通信不断,彼此心里常相念。每逢春节,我总能收到他寄来的贺年卡。贺年卡上,满是美好的祝愿……与他交往,我感受到了他的真诚、善良、质朴、谦逊、纯粹与热情;与他交往,我不仅感到轻松与愉悦,而且他的鼓励让我获得了前行的力量;与他交往,也是学习的过程,学习他的"为人之道"……

他在写给我的信中说:"心田漫涌春阳,必有吉神相随……为孩子们服务的文学事业,无可怀疑,它是播种阳光的事业。"给别人播种阳光,自己心里得充满阳光。我想,他的心田里一定漫涌着春阳。我,还有许多作者、读者,通过他的作品,通过他的为人,感受到了他播洒的明媚而温暖的阳光。如果我们把从他那里收获到的阳光再播洒出去,那应该是对他最好的纪念。

您一直在我们心中

刘芳

苍天在哀思
电闪雷鸣
整整一晚上
黎明前
春风把平溪江边的
一片片花瓣采撷
纷纷去陪伴
那颗璀璨的文学明珠

《呼唤》里的斑鸠
依旧在树枝上
喑哑地咕咕咕咕着
曾经给予小鸟重生的
慈祥老人
愿您一路走好
小鸟们陪您遨游
碧蓝的天空

《珍珠赋》是时代的烙印
传遍了祖国的大江南北
那是您在歌唱
那是祖国迈向繁荣富强的篇章

您也是洞庭湖里的珍珠
莹光熠熠闪闪发光

洞口作协追悼会上
大家在追忆您
生前的点点滴滴
一次次潸然泪下
抽噎不止
您不是亲人
胜似亲人

我们浑身酸软四肢无力
生命有恒文学无恒
语言表达不了我们的哀伤
泪水掩盖不了我们追寻您的方向
您一直在我们心中
矗立在最神圣的地方

雪峰之巅最闪亮的珍珠

——怀念谢璞先生

林涛

2018年3月7日早上,我习惯性地打开手机,浏览朋友圈信息。突然,林目清一首《大师,走好!——沉痛悼念谢璞先生》的诗歌,把我惊呆了!一行一行读下去,眼泪,淌满了我的脸颊!一代文学大师,一颗雪峰山之巅最闪亮的珍珠,生命的时钟,永远定格在了2018年3月6日14时23分!

谢璞先生是洞口文学事业的开创者和奠基人,先生的逝世,是洞口文学事业的巨大损失!作为洞口的作协主席,我的第一反应是,先生家乡的文学界不能沉默,应该尽快为先生做点什么。我把目清的诗歌存为电脑文档,马上给其他几位骨干作家打电话约稿,约定中午12点前交付。

8点35分,县文联主席文立中来电。他征求我的意见——洞口文学界如何悼念谢璞先生?我很欣慰,也很感动,在谢璞先生去世后,文主席第一时间与我想到了一起!这足以证明,谢璞先生在家乡人民心目中的地位和影响。我向文主席建议,洞口文学界举办一场"谢璞先生追思会"。他当即表示赞同,说:"我马上赶到你办公室面议此事。"

半个小时左右,我与文主席敲定了活动方案。地点:裕峰花园酒店一号会议室。参与人员:在县城的骨干作家及先生的部分生前好友,特邀先生出生地高沙镇文联派代表参加。时间:当日下午3点。由我主持会议,文主席做活动小结。

接下来,我们分头行动,立即着手会议准备工作。

中饭后,约稿陆续发送到了我的电子邮箱。我含着热泪,赶紧在《雪峰文艺》微信公众号编辑《纪念谢璞先生专辑》。

13时57分,《纪念谢璞先生专辑》第一辑正式发布。一天之内,留言37条,点击4197次。一时间，网络时空气氛凝重，泪雨纷飞！

15时，谢璞先生追思会如期举行。会标采用黑底白字，会标下方居中喷绘了先生遗像。与会人员胸佩白花。高沙镇文联和省政协原委员、高沙文史博物馆馆长、书法家曾传国先生敬献了挽联。会场气氛，庄严肃穆。

廖军、谢乐勇、林力博、张声仁、欧阳宗岩、谢小红、曾洪源、谢正龙、袁自远、宁小华、张华龙、刘芳、唐可省、曾传国、钟艺、肖乐泉、袁立平等人心情沉痛，噙着眼泪深情回顾了与谢老的生平往事，寄托了一腔哀思！

洞口作协副主席、洞口一中语文高级教师谢正龙声音哽咽，一字一句，背诵了谢璞先生散文名篇《珍珠赋》片段："离开渔船，走上堤岸，只见千百条水渠，像彩带似的，把天边无际的田野，划成棋盘似的整齐方块。那沉甸甸的稻谷，像一垄垄金黄的珍珠；炸蕾吐絮的棉花，像一厢厢雪白的珍珠；婆娑起舞的莲蓬，却又像一盘盘碧绿的珍珠。……洞庭啊，洞庭！在你这里，天上、地面、水下，处处闪耀着珍珠的异彩，你就是镶嵌在我们伟大祖国土地上的一颗大珍珠！应该挑选天下最鲜艳的油彩，来描绘洞庭的珍珠，因为每一颗珍珠，都沐浴着生养万物的雨露阳光，每一颗珍珠，都是洞庭碧波上开放的瑰丽花朵！"

追思会上，我也讲述了关于谢璞先生的美好记忆。

第一次看到谢璞先生的大名，是我读小学4年级的时候，我从学校阅览室里借得了一本《血牡丹》。书中有趣的童谣、熟悉的洞口方言，让我一下子有了亲切感，看了几页就放不下了。至今，我还记得里面的一首童谣："一根竹子四打开，一打簸箕二打筛。簸箕把糠簸出去，筛子把米团拢来。"年少的我，第一次感觉到了文学的魅力，感觉到了作家的伟大。那一刻，谢璞先生用他优美动人的文字，为我打开了文学圣殿之门，点亮了我心头的作家梦！

机缘凑巧，上初中时，我的语文老师刘柏青是一个文学青年，偶尔在报刊上发表作品。他的办公桌上，经常摆放着套红印刷报纸杂志名称的编辑部来信。一天，刘老师如获至宝，高举着一封信件在课堂上宣布："这是著名作家谢璞先生的回信！你们看，他的字龙飞凤舞，多么飘逸！"然后，还在黑板上模仿了谢璞先生信中"往事如烟"4个字。接着，刘老师眉飞色舞、如数家珍地讲述着他跟谢璞老师的故事。通过刘老师，我才知道谢璞先生是我们洞口人，才知道他的代表作《珍珠赋》被选入中学语文教材。（现在，我才知道，谢璞先生是我省第一个作品被选入教材的当代作家。）从此，我对谢璞先生更加仰慕，梦想能像他一样，当一名读者喜爱的作家。

1994年底，我在《湖南地税》杂志创刊号上发表了散文《采岩菌》。十分有幸，谢璞先生的一首诗，发在同期副刊头条。这是我第一次让自己的名字与谢璞先生的大名一同亮相。

1999年春，我赴长沙参加《湖南地税》杂志举办的通讯员培训班。谢璞先生应邀为我们上文学课。这是我第一次见到谢老。他提着公文包，不紧不慢，走进培训室，一脸笑容，满面春风，眼睛始终望着学员们。走上讲台，我们全体起立，鼓掌欢迎。先生微笑着，还以深深的鞠躬礼。坐定后，他语出惊人："同学们，我不是老师，不会讲课。我要跟大家分享的，是我与文学的故事。愿意听的，随便听听，如果累了，不想听，可以伏在桌子上，放心打瞌睡。"随即，发出一串愉快的笑声。

简短而别开生面的开场白，赢得了学员们雷鸣般的掌声。课堂气氛一下子生动起来。

谢老给我们讲他的《珍珠赋》，讲他跟同事在南京被扒手偷走证件和钱物后，因为《珍珠赋》的名声，南京大学热情接待了他们，并邀请他为大学生做演讲，从而避免了流落街头。讲他的《一滴茅台》发表在《人民日报》，为他的母校洞口三中教师改善了住房条件。讲他的《呼唤》，谈人与自然的和谐共处，谈人性的美。先生精彩的讲述，让我们进一步认知到，文学是尚善的事业，可以改变人心，改变命运，改变环境，改变世界。

在3个多小时的讲课中，他的讲话经常被学员们自发的掌声所打断。自始至终，没一个学员打瞌睡或离开课堂。

2000年秋，我与同事去长沙出差，顺便给谢璞先生带去了一筐家乡的雪峰蜜橘。谢老的侄儿、著名儿童文学作家谢乐军先生请我们吃晚饭，把谢老也特意请来了。席间，谢老谈笑风生，让大家乐不可支，开心不已。

我的印象中，谢老简直就是一个幽默的相声大师、一个可爱的让人愉快的老顽童。

我清楚地记得，先生喜欢吃醉虾。把活蹦乱跳的基围虾，放进透明的敞口玻璃器皿中，加上黄酒、冰块，盖上盖子。待虾子醉晕过去，安静下来，再揭开盖子，好好品尝。谢老一抓一大把，放在盘子里，那些醉虾还在微微摆动。剥开虾皮、蘸上调料，谢老吃得津津有味。

我一下子不适应生吃的口味，尤其不习惯芥末那种强烈的刺激，只好待在一旁，做一名看客。打心眼里，我对谢老又多了另外一份佩服。

谢璞先生生在洞口，长在洞口，又在洞口工作了好些年。他的足迹，踏遍了故乡的山山水水，他的心里，装着家乡的一草一木。

我的家乡罗溪，全县最边远的一个瑶族乡，那里有美丽的山水，有神秘的风俗，有淳朴的乡亲。

早年，谢璞先生在朋友的陪同下，攀登过高登山，拜谒过普照寺，曾在山顶的青石上，用毛笔题写过诗词。这些，一度成为当地百姓的荣耀与美谈。

十几年前，谢老应邀回家乡参与文学采风活动。他重回罗溪，听瑶家山歌，喝瑶家熬茶，品瑶家米酒。瑶乡日新月异的变迁，令谢老感慨万千，十分欣喜。回长沙后，他写下散文《醉在瑶乡》，发表在《湖南日报》。

几年前，时任县作协主席的周伟，经常跟我们谈及谢璞先生，说很想找机会请谢老回家乡讲学。念及谢老年事已高，身体状况不是太好，担心一路劳顿，会让他受不了。所以，最终没有向谢老发出邀请。

如今，先生已去，这个心愿，成为所有洞口作家和文学爱好者永远的遗憾！

洞口作协举办的谢璞先生追思会，是先生逝世后，全国最早的集体悼念活动。《雪峰文艺》推出的《纪念谢璞先生专辑》，也是全国最早的关于先生的纪念文本。

3月7日，《湖南日报》记者陈薇在采写的《著名作家谢璞离世》这篇报道中，关注并引用了我们编发的纪念专辑中的一些内容："3月7日，湖南省洞口县作协自发为这位深受家乡人民爱戴的作家举办了追思会。""他的'海哥'和'竹娃'，还在雪峰山里踏青；他的友人，还期盼着在'五月之夜'与他共饮家乡的米酒。"……

谢璞先生是国家一级作家、国务院颁发的首批突出贡献政府特殊津贴专家。他担任过湖南省文联执行主席、湖南省作家协会名誉主席。著有长篇小说、散文集、中短篇小说集、儿童文学集、长篇童话等29部。《二月兰》《竹娃》《五月之夜》和《珍珠赋》等入选《中国新文艺大系》《中国新文学大系》和《中华人民共和国五十年文学名作文库》等选本。先生的艺术成就，令人叹服。

谢璞先生，是洞口文学永恒的丰碑，是洞口文学永远的旗帜。先生离去后，给洞口文学形成的空白，在相当长的时期内，都无法得到填补。

斯人已去，风范长存。谢璞先生伟大的文学成就和高尚的思想品德，是洞口人民丰厚的文化资源和宝贵的精神财富。洞口文学界，一定要珍惜这一文化品牌，争取县委、县政府鼎力支持，早日设立并启动面向全球华人的"谢璞文学奖"，进一步繁荣洞口文学事业，服务地方经济建设，以告慰谢璞先生的在天之灵！

大师,走好!
——沉痛悼念谢璞老师

林目清

他从小小的平溪江
放着木排走来
湘江,洞庭湖
因他而焕发光彩

他从蜜橘飘香的雪峰山
唱着歌谣走来
岳麓山,梅溪湖,因他
增添了这块土地的秀美

一曲《珍珠赋》
唱美了三湘四水的蓝天
一株《二月兰》
栽下了湖南人永久的春光
还有那些
从他嘴里吟出的童谣
构筑了中国几代人
许多童话的世界

今日长沙阴霾沉沉
拨云不开,日坠海底

似有地心震波
山洪倾来之声
心惊轰然间
他，驾鹤仙去

一个老人
为历史写完了属于自己的春秋
篆刻了属于自己的夏冬
留下了他人生的四季
春，激励我们砥砺前行
夏，鼓励我们继续奋发
秋，教会我们如何收获
冬，启迪我们的智慧与思索

他是一个文人
曾是一个开启民智的先生
当过记者，任过编辑
创办了《小天使》
主办过《小溪流》
一路走来，码着文字
装裱着书屋
践行在文学之路
成为湖南文坛的一面旗帜

他是一个作家
他用爱写遍了祖国的山水
他是一个男人
与病魔做斗争一千五百多天
他是洞口籍作家
成了洞口人的骄傲
他是湖南作家

成了湖南人的骄傲
他是中国作家
成了中国人的骄傲

大师仙去
湘江泪滚
岳麓山泣涕
梅溪湖沉陷
呜呼哀哉
万民同悲
天地默哀

璞 玉 永 恒

——沉痛悼念谢璞先生

林丽英

蓼水呜咽，资水呜咽
湘江呜咽
楚湘大地的江河齐声呜咽

疾病碾压过二月的兰花
凋零就是盛开
三月的小溪流
琴弦喑哑
一路踉踉跄跄
五月里的月婆婆仓皇失措
失手打碎珍藏的茅台
一滴琼浆喂养了一块璞玉

小天使头戴白花走来
低垂着哭红的双眼
竹娃惊闻噩耗
哀恸之下
把串串珍珠撒向哭泣的大海

在文字的旅途中
一个卓越的感叹号变成句号

汗水书写的艰辛
泪水记录的悲欢
在时光的隧道发光散热
充满了彩色和梦幻
它们是生命中最华美的篇章

您,是三湘四水永久的故事
您,是湖南文坛永恒的春天
您,是洞口文学永远的旗帜
您,活在我们心里
我们,永远记住您

雨 一 直 下

宁光标

雨一直在下
细洒慢淋瓢泼
一天几天
没有停歇

云在堆积
空气浓酽得划不开
它伸出千万双手
轻轻抚摸疼痛的夜

桃树伫立在河边
紧闭湿润的双眼
颤抖
哭泣
把花瓣撒落一地

雨一直在下
大地一片凉意
目及之处
却是万树梨花

鹤化耄耋

鹃啼三月

您去了

陪伴您的是永恒的春天

您没有去

留下了《珍珠赋》《二月兰》

怀念您,在每一个春天

——怀念谢璞先生

宁小华

这个春天
万千的花默然开放
想起您的笑脸
我含泪微笑仰望湛蓝的天

您走的那一天
仿如昨日
白云素洁青山庄重
风过处
似闻歌颂
花儿次第而开
是生命纷呈的姿势
一朵一个样子

这个季节总会落雨
雨水并不凛冽
却裹着万千情思
您在哪里
我在平溪江头遥望
见您从《珍珠赋》中走来
我眺望雪峰山麓翠绿的山野

任《二月兰》在心中绽放
身边走来一群学生娃
捧读着您的《竹娃》
琅琅读书声
您听到了吗?

在这个春天
熏风吹醒了小草的嫩芽
油菜花金黄着春天的梦想
泥土芬芳生命的气息
您就在那里
您一直会在那里
在乡关深处
在我每一次的仰望里

您是我们可亲可敬的
文学之父,您的微笑
永远绽放在家乡的春天里

永恒的微笑

——忆谢璞老师

欧阳宗岩

"须当醉卧桃花雨，堪负人间三月天。"草青花红，没有哪一个季节有春三月这般给人愉悦。可是今年，在这乍暖还寒的三月天，却云浓雨沥，"万里浮云卷碧山""寒雨连江夜入吴"，叫人频生郁闷。三月才来了六天，谢璞老师——"一个纯粹的文学大师"永远离开了我们。

3月7日一早醒来，微信里跳出谢璞老师往生的信息。我的眼眶一下子湿润起来，他那可亲可敬的微笑在我的脑海里挥之不去。当天下午，县文联在裕峰宾馆举行"追思会"。大家心情无比沉痛，念叨着他的爱，他的情，他的好。

虽然我和谢璞老师的交际屈指可数，且只见过一面，还是在30多年前，20世纪80年代他讲我听的文学课堂里。可就这一面，他那信口拈来的妙语，那胜过蒙娜丽莎的微笑，便深深地、深深地刻进了我的脑海。

在追悼会上我说道，我是读着《珍珠赋》长大的，不仅中学时读，师范时还唱。谢老对家乡文学爱好者的提携和关爱是无法用词句来形容的……

情到深处泪无声。言说至此，我突然有些呜咽，眼睛不停地眨巴起来。我用力地注视着主体墙上的谢老，他正用那特有的微笑看着我。那具有独特魅力的笑容，从青年到中年到老年都未曾改变，是那样亲切，那样令人着迷。想起去年八月，一位欲加入中国作协的退休教师拿着自称为代表作的那部长篇叙事诗来找我，告诉我书中唯一的序言乃是未曾谋面的谢老所写，说谢老竟读出了作品里的"忧郁"和"凄美"。当天中午，我去回访，便见到了那并不陌生的蓝色的字体。那整整五页的序言，难道只是些文字符号吗？不！那是一位文学大师对一个从未晤面的老年崇拜者的关怀！

我提高了声音，继续说道，谢老无论是对家乡的青年人还是老年人，都倾注了满满的无私的爱……我有些激动，有些语无伦次。谢老为我、为我们留下了许许多多的好作品，我们唯有在今后的时光里多读、多写，才能告慰谢老对我们的教导和培育。

会后，电视台的记者跟我说："你的发言蛮好，我想播放出来，却只拍摄到你的侧面，可否补个镜头再说一次？"我未加考虑地委婉拒绝了。这并非我谦虚推托，因为我不是演员，表演性的做作只会使那情、那语、那姿态变得不自然，这是会留下笑柄的。可经他这一夸，我才猛然记起发言时因太激动而遗忘了与谢老最有意义的一次交往。

那是2008年，我受命组编"洞口文艺·老干部文艺作品专集"。特邀主编周伟主席建议设立"名家特稿"栏目，向洞口籍的名家约稿。我欣喜地采纳并报领导首肯。大约是国庆节前，谢老的《种花老人赋——纪念先生周立波百年诞辰》便到了我的案头。我一口气连读了三遍，全身的每一个细胞都充盈着欣喜。那年的最后一天，我给谢老等大师寄了专集和贺卡，元旦后办好财务手续，再各汇了稿酬。这篇千字美文它不仅提高了专集的整体魅力，而且，文后所附的"作家感言"更是启迪我们为人为文的真言："任何时候，我不违心地褒贬，我把每一件新作品都当作诗来写，以悲悯的心肠来写生活、写人物。对于善与真与美的人物，我精心描绘，对于社会的种种弊端，总喜欢以啄木鸟的精神来批评。我重视现实，能冷静地剖析社会形形色色的阴影，但我始终向往光明、正义，倾吐我对善与真与美的爱恋。"

真是读君此段话，胜读十年书！怀揣作家梦的我，因为家庭的变故和拖累以及公务的束手和乱心，灵感尽失，已得过且过了很长时间。但自这一天起，我的创作便一发而不可收，犹如得了不绝的法力，作品出现了量与质的飞跃。即使在2014年丢失U盘无法寻复数十篇文稿的前提下，28万字的散文集《流年记忆》仍能于去年顺利出版。付梓前，有人建议找谢老写序。我虽生发过一丝高攀携扶的心思，更多的却是高山仰止的心怀，因而稍加犹豫就放弃了。

我相信，每一位获益于谢老的文学人，不论其因缘的深浅和渠道的多寡，都将永远膜拜在他那积极向上的精神、公道正派的情操和忘我爱人的德泽之下。

"落英缤纷香犹在，化入泥土也芬芳。"硕果永存的谢璞老师，其躯体虽已不在，但他那高尚的灵魂、那慈善的微笑却永远不会消逝。宇宙的主宰许是担忧谢老寂寞，正发悲天情怀，已让洛夫、李敖、湘海三位老师前往天国与其相聚。谢璞老师正领着三位大咖围坐一桌，吟诗作赋北窗里，天国文坛开新象。我等后学还有啥好悲伤的呢，各自做好分内事，努力多出精品佳作吧！

此生谢幕，大璞归真

——怀念当代著名作家谢璞先生

沙金

昨天晚上临睡前，有文友在家乡作家群发信息：3月6日下午2点23分谢璞先生走了。当时我心里一惊，恐此消息有误。今天早上起来打开手机，朋友圈和微信群有许多有关谢璞先生逝世的追思文章和消息，至此，我才敢相信这是事实。

20世纪六七十年代出生的人，想必大家都记得，中学语文课本里曾有一篇名为《珍珠赋》的散文，这就是我的家乡——洞口当代著名作家谢璞先生的代表作。谢璞先生是洞口高沙人，20世纪八九十年代，文学是人们的精神高地，也是很神圣的，此时，也正是谢璞先生创作的高峰期。当时，高沙的蓼水潮文学社是湘西南最大的民间文学社团，发展会员500多名，团结业余文学爱好者上千人，这与谢老先生的影响不无关系。

那时，作家在一般人眼里是高不可攀的，家乡能出谢璞这样的大作家，而且是我的同姓宗亲，自然是让我十分崇拜和引为自豪的。我读书时，喜文科轻理科，且偏科严重，之后也成为了一名文学爱好者和追求者。记得上数理化课时，我经常偷偷地在看文学书籍，有时甚至在抄写整本的侦探小说。

参加工作后，我时常把自己的习作寄给谢璞先生看，请他指点。谢璞先生十分热心，乐于扶植文学新人，每次都及时给我回信，给予我勉励，并多次嘱咐我要多读中外文学名著。可是，我对那些文学名著，特别是对外国文学名著不感兴趣，很少看。由此，导致我的文学修养欠缺，写作水平提高不了，在文学上终未能成器。

1989年秋天，我在省城某高校脱产读书。一天，我和几个同学骑单车结伴去谢璞先生省文联的家登门拜访。这是我第一次也是唯一一次面见先生。

谢老先生纯朴厚道，为人热情。当我敲开门报上自己的名字时，他"噢"了一声，连说："我记得，我记得。"随即招呼我们进屋。

谢璞先生家里摆设十分简单，比我们老家农村家庭好不了多少。给我印象最深的是客厅里摆放着一张我们老家那样的四方木桌子，坐在桌子旁的长凳上，我仿佛觉得这不是省会大城市著名作家家中的客厅，而是乡下某个亲戚家的堂屋。谢璞先生了解到我们几个都是文学爱好者，便勉励我们要多看书，多看名著，这样才会吸取到更多的文学养分。

后来，由于工作原因，尤其没有按谢老先生"多读名著"的要求去做，我的文学之路没有起色，在迷惘之中一度放弃了，辍笔十余年。后才又重拾信心，在文学的路上踉跄前行，不求成名成家，唯愿我手写我心，抒发真情实感而已。

2017年1月，我在整理家乡作家的资料时，特意推出了《洞口有哪些作家？看了吓你一跳》公众号文，谢璞先生理所当然地排在首席位置。后来雪峰读书会派会员代表去谢老家看望他，我本计划同往，以再次面聆先生的谆谆教诲，后因外出而错过这次机会，使我此生与先生只有一面之缘。

想起谢璞先生以前在信中对我的勉励，金玉良言，难能可贵，便想再重读学习一番。故今天吃过早餐后，我就在书房翻找那些信件。然而折腾了一上午，却没有找到。虽搬过好几次家，记忆中好像是特意留下保存的，可一时又不知放在哪里。憾惜中，一个人陷坐于沙发，冥思回想，先生音容宛在，直到下午两点才起身去做中饭吃。

此生谢幕，大璞归真。虽然家乡一代文豪去世，但在故乡这方神奇的土地上，我相信作家队伍一定会人才辈出，他们担负着新时代的使命，一定会用生花妙笔谱写出一篇篇、一部部佳作，将家乡这条沾着雪峰山水灵气的文脉永续流传。

谢璞：我也是高啊市人

唐可省

我和谢璞老师算得上是高沙镇上的街坊邻居，虽然他家在兴隆街，我家在长裕街，但两家相距不到200米。高中时代，在洞口三中图书室，我借阅过谢璞老师的著作《二月兰》。

"二月兰是开在黑墨油浸的泥土上的。"

"湿湿的两眼看着这朵二月兰，心里却感到了我们乡下的土地是这么迷人！"……

书中的文字之美深深触动了我的灵魂。心中对这位街邻十分仰慕，好想成为他笔下的一朵二月兰，长久盛开在家乡黑墨油浸的泥土上，永久、永久地芬芳着。

从此，我爱上文学。

认识谢璞老师，是在1986年暑期由洞口县文联举办的家乡作家联谊会上。这次联谊会邀请了十多位洞口籍的作家，给40余位洞口文学爱好者讲课。谢璞老师也在邀请之列。那时，我刚高中毕业，跟着本镇搞摄影通讯的滕治中参加了听课。在听课空隙，我找准一个机会，鼓起勇气走到谢老师面前介绍自己，我说我是高啊市人。

"我也是高啊市人！"谢璞老师大声而爽朗地回答我，一边用双手紧紧搂住我的两个臂膀。谢老师如此亲切，让我始料不及，不知所措。

高沙镇，自古商业发达，同时有着深厚的文化底蕴，旧时称市，即高啊市。高沙人一直称高沙镇为高啊市，至今不变。

在20世纪80年代，文学是非常神圣的。对于早已成名成家的谢璞老师，我们文学爱好者是顶礼膜拜。但想不到已走出高沙镇多年的谢璞老师还是一口高沙土腔，一口高沙土话。对于家乡作者，他没有一点架子，没有一点距离。

谢璞老师问我是哪条街的,父母叫什么名字。我据实回答后,谢老师连连说认识。回家后,我问及父母,父亲说,他和谢璞老师的胞兄谢虎臣曾在黄桥一起教过书。父亲大谢老师5岁,母亲大谢老师3岁,都是看着谢璞老师一点点长大的。

会上,我向组委会上交了一首诗歌,组委会把它推荐给了来讲课的市文联副主席、石江籍的黄永和老师。后来黄永和老师又把它推荐给了当时的《资江文艺》杂志并发表了出来。这是我第一次发表文学作品。

1991年,我和高沙一班文学爱好者谢乐勇、袁源、邓洁明、袁姣素等创建了洞口县蓼水潮文学社,得到了谢璞老师的关心和支持。谢老师亲自担任文学社顾问,并为《蓼水潮》文学报题刊名、题词。

谢璞老师很重情义,对他的文学启蒙人袁沙雁老师非常尊敬,经常抽空去看望。1995年4月的一天,谢璞老师要来洞口三中看望袁沙雁老师。袁老师就提前到我家,要我去他家陪谢老师一起吃个饭。那天,袁老师准备了谢老师喜欢的米酒。我因为不喝酒,就负责把壶,为二位老师热酒、倒酒。当时,我家刚遭遇火灾,我沦为灾民,勉强靠借贷新建了房,压力很大。谢璞老师鼓励我,困难只是暂时的,好好工作,克服困难,并且不要放弃文学梦想。

1996年暑假谢璞老师又来到洞口三中,在袁沙雁老师家里吃饭时他提议说,叫那个"可省"过来聊聊吧。袁老师立即打我家的电话,我正在火柴厂上班,母亲接电话后,来厂里告信。我马上向生产科长请假,工作服也没来得及换就去赴宴。这一次,谢璞老师表扬了《蓼水潮》报。当时《蓼水潮》报已扩大成四开八版,在湘西南民间一带产生了不小的影响。谢老师就版块安排、版式技巧等方面提出了一些指导性意见。

1997年开春,迫于生存压力的我萌生了出去打工的念头。我打电话给谢璞老师,谈了我的处境和打算。谢老师非常赞同我出去闯荡。谢老师说,哪怕是闯得头破血流也是值得的,因为人生贵在拼搏。谢老师的一席话,让我信心十足。

2002年底,在北京、广州等地闯了5年的我终于提起话筒,有些心虚地给谢老师打电话。因为在广州这些年,我已放弃了对纯文学的追求,我写的东西不再是纯小说纯散文了,而是当时在南方极为流行的通俗文字。这种文字故事性强,但文学性弱。由于稿费高,最高的稿费标准已达千字千元,一般的也有千字二百元，所以作者们趋之若鹜，市场显现繁荣状态。除了我之外，高沙还有四五个作者，都在写这种稿，并以稿费养家糊口。

电话里，谢璞老师首先关切地询问我现在的经济状况，我说："我每月稿费收入约万元，已准备在广州买房子。"然后我又有些自卑地向谢老师讲述我写的文体，以及心中的困惑。出乎意料的是，谢老师并不反感这种文体。他说，通俗文学也是文学，各种文体百花齐放是好事，并建议我扩大写作面，多尝试小说的写作，创作出有特色的作品。谢老师最后着重说了一条，不管去了哪个城市，都要留个联系电话或者地址。

怎么也没有想到，这次通话，竟成了我们最后一次通话。因为，我从一个工作换到另一个工作，从一座城市漂到另一座城市，为了生计，颠沛流离，四海为家。我并没有按照谢璞老师的要求去做。特别是2008年我带着儿子去闯北京影视圈，2012年又心血来潮改行行医，更是放弃了写作，我觉得辜负了谢老师，没有脸面再给谢老师打电话。

2015年初春，因父母年迈需要照顾，我回到久违的高沙。我联络旧时文友，恢复了蓼水潮文学社，其后又创建了高沙镇文联。其间，我几次想给谢璞老师打电话，但因听说他身体不适而放弃了。

虽然和谢璞老师没有联系，但谢老师对我一贯的支持鼓励，成为了我做任何事情的精神动力和支柱，不管是写通俗文字也好，闯影视圈也好，悬壶行医也好，还是如今回家乡做文化公益事业也好。

这是一种温暖的感召，让我在寒夜独行时也不觉孤单和胆怯，并学会了用自己的爱心去帮助需要帮助的人。

2016年10月，高沙镇获得省散文创作基地称号，县里领导和谢璞老师联系，请谢老师回来参与授牌。听说谢老师爽快地答应了，我以为这次可以见面，但后来谢老师还是因为身体原因没能参加活动。

谢璞老师对高沙、对洞口的文学作者非常关心和支持，洞口县能成为文学大县，与谢老师的关怀是分不开的。可以说，谢老师是高沙文学、洞口文学的奠基者和引路人。他点燃了家乡文学的火把，照亮了黑暗，也照亮了希望的前程。如今，谢老师笔下的二月兰，已开满了家乡黑墨油浸的泥土，散发着芬芳。

打开《湖南文学》，版权页编委栏中就有两名编委是高沙人——谢璞老师和姜贻斌老师。这两位老师同时也是湖南省作协名誉主席。两个省主席，这让高沙的文学爱好者、洞口的文学爱好者是多么的骄傲和自豪啊！前年高沙镇文联成立图书馆，我们特意单独设立了谢璞作品专柜和姜贻斌作品专柜。谢璞作品专柜收集了谢璞老师出版的图书20多本和一些手迹、相片。读者通过阅读谢璞老师的作品，可以走进他丰富的精神世界，学习他的为文和为人。

　　谢璞老师走了。他的音容笑貌永远活在我的脑海中。"我也是高啊市人。"这一句话，三十多年来，如雷贯耳。

追梦路上谢恩师

吴国斌

认识谢璞老师，源于1997年由长沙市团委组织主办的"长沙市青年文学讲习院"的学习活动。当时，有来自长沙市各界有志文学写作的中青年，为求文学梦，汇集一堂，聆听省内乃至全国知名作家水运宪、于沙、蔡测海、唐浩明、谢璞、何顿及湖南大学、湖南师大的罗成琰、徐麟、叶幼明、赵晓岚等多位知名专业教授的讲课。他们授课的时间一般安排在休息日或晚上，不论多忙，他们都按时参加。通过这个短期培训班的学习，我们这些有志文学创作但又未进过文学科班深造过的爱好者，登上了有文学名家、大师亲切关怀指导的大雅之堂。我们如同急需乳补的羔羊得到了哺育，更像久旱得到了甘露。通过这次学习，我学到了写作的基础知识和写作技巧，真乃一生中的幸事啊！

授课老师中，谢璞老师年岁较长。他主讲的课题是"谈散文创作"，讲课时间安排在5月10日那天傍晚。他提早就来到了位于长沙市青少年宫的课堂，他有着一副笑容满面、慈眉善目的面容，交谈中他也是平易可亲，无半点名家大师的架子。

谢老师作为一位长者，一切举止行为均有礼有节，温顺随和，我们相处交流起来都无拘无束。讲课时，他从文学写作的基础知识、题材选择、构思技巧等方面不厌其烦、深入浅出、绘声绘色地娓娓道来，绝无半点名家大师的傲气，我们全场学员屏息聆听，深感受益匪浅。至今几十年过去，大师的指教仍在心中、耳边回旋，这也为我们后来写作水平的提升打下了坚实的基础。在此期间，我曾去过大师所居住的省文联的府上拜访过一次，他仍是热情接待，相见如亲。真难得他一代文学大师的高风气节，让我终生难忘。

一日之师，终身之恩。对于他的辞世，我深感悲痛。为了缅怀恩师，为了最后一次瞻仰恩师英容，我参加了大师的追悼会。面对恩师祥容，内心顿觉伤感无比。只愧因个人谋生职业的条件所限，后来的日子没能与恩师多加联系探望，只能在恩师驾鹤归西之际，作文纪念，以表哀思。

我不是从事文学创作的专业工作者，却能在追梦文学的路上，有幸享受过谢老师这样名家大师的亲切指教，甚感一生受用。

恩师，一路走好！

春分时节最忆君

向民胜

生离死别，刹那即一生。

惊悉谢璞老师驾鹤仙去，心为之恸。

空悲切，唯文诉衷肠。

最初"认识"谢璞老师是在我大学期间阅读过的各种选本里：《二月兰》《竹娃》《珍珠赋》……知道他是赫赫有名的大作家，还是《小溪流》杂志主编、省文联执行主席，我作为中文系的学生、文学爱好者，非常敬仰他。

我与谢璞老师真正相识是在我刚参加工作的那年冬天。感谢湘少社分配我做文学编辑，这对爱好文学的我来说，是莫大的幸运，不仅仅因为喜欢这个岗位，更重要的是我可以以一个文学编辑的身份去拜访更多的大作家，包括敬仰已久的谢璞老师。

当时，谢璞老师正在创办《小天使报》，四处奔波，非常繁忙。我预约了好几次，他才好不容易抽出空来接见我。

第一次见到谢璞老师是在他的家里。正值冬季，每天下着蒙蒙细雨，刮着寒风，很有些冷。没想到谢璞老师会走到楼梯口来迎接，简直让我受宠若惊，一股暖流直涌心头，赶紧双手相握："您好，谢老师！"

"欢迎我们的小向大编辑。对不起，让你约了好几次。"谢璞老师不停地道歉，毫无"高官"、大作家的架子。

这是一套装修很简朴的小三居室。客厅里摆放着一张很旧了的木沙发和一张四方木桌，在木桌下是燃烧得正旺的火炉，还有几把农村常见的木椅子。我非常惊诧——谢璞老师的住房与我想象的落差很大，一个堂堂省文联执行主席、著名作家的家竟是如此简陋……谢璞老师急忙热情地招呼我烤火，说天气太冷了，别冻着。

谢老师说的是一口带着浓郁洞口口音的普通话，偶尔有我听得不太懂的字词（也许是我太紧张了），他就会笑着重复，并谦虚地向我解释自己的普通话没说好，还要努力学习。

我说毛爹爹在北京说的也是湘潭话，引得谢璞老师畅怀欢笑。

这次拜访，我没有工作任务，纯粹是一个文学爱好者为了"高攀"大作家、省文艺界的高官，满足一下我渴望已久的"好奇心"和"虚荣心"。我们谈文学创作，聊编辑生活。谢璞老师不仅是著名大作家，还是优秀大编辑，担任过《小溪流》杂志的主编，创办了《小天使报》，为湖南文坛、中国文坛培养了无数优秀人才。说起编辑工作，他如数家珍，令人叹服，难怪一见面就喊我"大编辑"，这是他对编辑职业的敬重，也是对我的期盼。不知不觉中，我们欢快地聊了两个多小时，喝了很多浓茶。记得刚坐下时，谢璞老师递给我一支香烟，我说我有过敏性鼻炎，不能抽。他直夸我是好青年，懂得保护好身体。其间，他摸过几回香烟盒，抽出香烟又放回去，两个多小时没有抽过一支。这也许是我不懂抽烟人的苦，犹如白天不懂夜的黑。后来，在跟同事聊天中才得知，谢璞老师是个烟不离口的"老烟客"，竟然为了我，他人生第一次忍住了两个多小时不抽烟。

我很感动，心想我有何德何能，让谢璞老师如此"戒烟"两个多小时，虽然，我知道他是文学界有名的"爱才"之人。

后来因为工作、创作，我们接触的机会逐渐多了起来。

"小向，你要做个大编辑、大作家。"这是谢璞老师每次见面都要跟我说的话。我一直默默地铭记在心，借谢璞老师的吉言，我的编辑工作小有成绩，但文学创作还有很长的路要走。记得谢璞老师在编辑审阅我的散文《擒鳅乐》时，语重心长地对我说："小向，湘西是首歌，出人才，有沈从文大文豪、孙健忠主席，我认为应该还要有你，你可以把这首歌巧妙地写进你的作品里……"

我知道他在给我传授宝贵的创作技法——民族的才是世界的。

因此，散文《擒鳅乐》在谢璞老师的精心指导下，隐隐有了些"歌"的影子，于1993年4月25日发表在了《小天使报》上，收获了掌声。后来我还陆续发表了几篇"歌"味渐浓的文章。

湘西的确是首歌，一首很美的歌，目前词已写好，曲还未谱，我会好好努力的。

窗外，春分时节，阳光正暖，枝头上的鸟儿在声声啼鸣。

我再次轻轻地翻开《珍珠赋》，深情地诵读着！

生命有限，精神不朽

——沉痛悼念谢璞先生

谢林涛

前天晚上，有师友告诉我谢璞先生的不祥消息。昨天傍晚，该师友又步行几里路，特意到我的小书店来，欣喜地告诉我，谢璞先生的病情已有好转。不料，今天早晨打开手机，家乡作家群的朋友们，竟在纷纷悼念谢老！

生养谢老的小山村，与我的家乡，相隔不足两公里。我很小的时候，就无数次听人说起过谢老。人们对他的作品，对他的一些逸事，总是津津乐道。他的出名，他在文学方面的卓越成就，让家乡所有人感到自豪。

我在洞口三中求学时，谢老来学校做过一次文学讲座。那时我是学校蓼湄文学社成员，很庆幸能近距离聆听谢老无私传授他的写作经验。事隔三十年，我还依稀记得他讲座中说到的一个细节。有一次他在汨罗屈子祠参观，站在屈原塑像前，天下着蒙蒙细雨。当他看到雨水在屈原面孔汇集成一条条小溪时，他内心瞬间触动：那是屈原流下的数千年不干的忧国忧民的泪！

谢老忠告我们这些后辈，一个写作者，既要有敏锐的洞察力，也要时刻记得对社会有一份自己的担当。我当谨记。

2018年3月6日下午2点23分，谢老轻轻地走了，享年86岁。愿他在天堂安息！

悼念谢璞兄

萧尊凡

噩耗传来,我惊恐欲昏,想不到谢璞老兄与世长辞了!想不到,前年我写的充满兄弟情的《有缘梦里常相见》竟成了"悼兄文"!想不到,一个问好的电话,嫂子却告知我,你老兄患顽症,已住马王堆疗养院,现在是卧床不起,药石不灵。怎奈我也因病不宜出门,想去省城看望老兄,也只是心有余而力不足,只好托我在长沙工作的孙女前去了却我的心愿。我的红包上写着"祝老兄早日康复",渴望着、等待着重逢老兄聊古叙今;赠送的拙作《我的追求我的爱》,意在期望老兄指点迷津。想不到这一切均成泡影,叫我怎么不伤心!伤心泪成河,往事如泉涌……

20世纪50年代末,我刚从武师来到洞口三中,一场暴风雨将学校的一段围墙给推倒了。为了保卫学校,懂事的共青团员们自发组成了一堵保卫学校的"铜墙铁壁",夜间轮流站岗放哨,使学校即使在夜间也平安无事。我以《共青团员》为题,礼赞了青年人。爱做好事的唐煜老师主动让他的老朋友谢璞给我看稿。看后,谢老却说:"基础好,有发展前途!我愿意认识认识这位姓萧的朋友!"

见面认识后,"梦里见"就多了起来,特别是我陆陆续续读了谢老的《这边风雨》《姊妹情》《竹娃》《珍珠赋》《一滴茅台》《二月兰》《五月之夜》《爬窗》之后,我对他文学才华的敬佩,可谓与日俱增。

"文化大革命"后,我将我写的一个中短篇小说《组织问题》寄给了谢老,答复是"小说究竟如何写,值得探讨,我建议你多读名著,古今中外的都要读"。他给我列出了30多本经典名作的书名,给了我深刻的启发。

后来我调到了县城学校,有缘多次聆听谢先生的文学讲座,我们的关系就慢慢亲密了起来。后来,我邀请他去五中做一次文学讲座,他居然说,校长有请，恭敬不如从命，不过，有三点要求：不要给红包；不吃饭；时间紧，要解决车辆交通问题。我说，这些我会恰当处理的。两个小时题为"我愿做个打气筒"的讲座使我们师生受益匪浅、铭刻在心。我代表全校师生向谢老致以了衷心的感谢，可谢老说："一家人何必讲两家话，不必客气，这是我的责任。"在返回县城的车子上，我说，自己为文，缺乏章法，太直露，缺少文采。可谢老笑着对我说："校长，你太谦虚，其实，为文者各有风格，各有所长，各有所用，我看到你在《湘江文学》上的《爱……》和《邵阳日报》上的《爷爷奶奶爱蔚蔚》，都有一个很好的主题，与时下有些文章不知所云形成了鲜明的对比……"再后来，我在谢老主编的《小天使报》上发表了《开车子》《懿宝》等几篇小散文，那份感谢之情总是火热热地暖在我的心头。

有一次，我在县人民大会场见到了谢老，我从衣袋里掏出一张几年前的《湖南日报》说，今天清理报纸，想不到我又一次读到了你在这张报上的《问道长安》，谢老深情地笑了，说："谢谢你的真情！"

谢老早已是国家一级作家，当了省文联执行主席也不骄人，平易近人、热情如故。前年，他的《谢璞自选文集》出版后，他第一时间内把他签了名的书特意单独邮寄给我，真是让我受宠若惊！那天晚上，我们又在梦里相见了。

去年，我曾向谢老请教《是谁中断了我们的爱情》一文中的议论是否需要。他说，没有适当的议论就没有倾向性。他鼓励我说："你写得恰如其分，颇见功底。"后来此文发表在了《中国散文家》杂志上。

我恭请谢老给我第一个集子《坎坷弯弯路》写序言，他在电话里说："从你介绍的情况来看，我就知道你需要我写序言，我早有思想准备。"今年，我的第四本集子《人间正道是沧桑》问世后，我又拟在第一时间给他去邮寄，可那天，我在省地矿局工作的堂弟回来了，我就改变了主意——由老弟带去长沙，不是比邮寄更快吗！我说："老弟，请你带两本书给省文联的谢璞和肖为两位先生，他俩都是我的好朋友。"此后，堂弟回来，我就问他带书的情况，他竟然说，由于时间关系还没到位。我大失所望，我的心掉进了冰窟窿。但也只好哭脸装作笑脸，说："我原想在第一时间里赠送的希望成了泡影，真对不起我的老朋友呢，连个电话也不好打呀！可我，还得拜托老弟你亲自去一趟八一西路文联，不然，你又会让我和我的谢老兄'梦里见'呢！"

不错，不论亲情、爱情、友情，总少不了"梦里见"，而友情总是"梦里见"多于"零距离"的面见。我们中国人都传统地看重"友情","桃花潭水深千尺,不及汪伦送我情"就是一例……所以"梦里见"是友情的花朵。有花才有果,实在是好事。就拿我和谢老来说,有一次,谢老来信说:"明年春季,我会回洞口的,那时候,我们有机会细聊古今,漫谈天地,最好同时喝着你自制的真实的故乡米酒……"我想,用血粑下酒才够滋味,如果还能送他几个,或许能激起他的灵感,写出美文来,岂不美哉!于是,从初春开始,我就天天盼着与谢老兄相见,见面三分亲嘛。可是,过了清明节,我们还是只能在梦里见,我就电告谢老说,我家没有冰箱收藏,给他准备的血粑馊了,老了,变味了,问他怎么办?谢老也在电话中说,他正为出版自选文集搞校对,聊述古今的事,只能延至暑假进行。我只好选了四个没变味的血粑邮寄给谢老,喜得他在电话里对我说:"你的信上说,'四个血粑意在你一家四季平安健康、四季发财',依我看,这何止是血粑,分明是老朋友您诚挚的心情、真实的心绪、殷切的心意!难怪,你我常在梦里见。情到深处便有梦嘛。等待吧,暑假一定见。"

暑假相见那天,我还是把老伴临时准备好的血粑托盘而出,实现了我们俩"把酒话血粑,细聊古今事"的愿望。这事,倒激起了我的雅兴。我把与谢老相见,以血粑下酒叙谈作为红线,串联起友情、亲情、爱情、国情、民族情,写成散文《把酒话血粑》参与了全国散文学会征文赛并且获奖。这是我们水乳交融的友情的结晶,是我俩友情史上的丰碑!

古人云"君子之交淡如水,小人之交甜如醴"。真正的友情,就在于一个"淡"字,淡泊名利,淡中见真情,淡中见真心,金子有价,真情无价,真心、真诚才是高境界。我与谢老的友谊,常常让我们泡在甜蜜的幸福中。"梦里见"成了我们的习惯,是我们友情的常态,若瓜熟蒂落、水到渠成一般必然。正是"情到深处必有梦,有缘梦里常相见"。

而今,老兄已登仙境,但愿梦里常相见。老兄为国家一级作家,著作等身,硕果累累,光耀中华。老兄这一去,文坛上空少了一颗文曲星;幸福的家庭少了一柱支撑;为弟的少了仁兄的关怀,遗憾终身!怎奈月有阴晴圆缺,人有生老病死,此乃自然法则。愿老兄放心走吧,为弟的和你的子孙后代都将在新时代,挥泪继承先人志,誓将遗愿化宏图,在各自的岗位上,为实现中国梦作出自己应有的贡献。

愿老兄在地下安息!

播种万万里，风流后来人

仙山老翁

近日拜读了国家二级作家、中国长征精神研究院创始人罗范懿先生的《播种阳光文学的恩师——深切怀念谢璞老师》一文后，我的心里不由得泛起一阵涟漪……

说句老实话，我对谢璞老师既熟悉又陌生。

他虽然是我省著名作家，在文学界有一定地位和影响，但我对他的印象还停留在初中课本里他的代表作《珍珠赋》。

自己由于地处偏僻，接触书刊少，又要忙于农活，加之自己虽然也爱好爬格子，但自知天生愚钝，在写作上不可能有所作为，也就没有刻意去搜寻谢老师的作品了。因而我对他只是一种朦朦胧胧的感觉。而作者的这篇怀念文章正好填补了我这个山野农夫对谢老师认识上的空白。

虽然此文只是简单地介绍了谢老师对作者本人的关心和提携，并没有提及谢老师的方方面面，但谢老师的形象却因此在我脑海中变得丰满、立体起来……

你看，谢老师是个头上光环炫目的文学巨匠，但他却没一点架子，没一点故作矜持、见人高一等的神情表露，而是像一个和蔼可亲的园丁，精心浇灌、呵护每一棵幼苗茁壮成长。在他眼里"每一粒种子都可长成大树"。

作者当时只是一个爱好文学的愣头青，但谢老师却独具慧眼："看到了一粒文学的种子，尽管这颗文学的种子体能还较弱，他依然把它捧在手心拍落尘埃，爱惜地吹了吹……"冬种春收，作者凭着一股人生在炼的韧劲，硬是创作出了400万字的作品，成为了与叶永烈、二月河齐名的中国传记文学作家。硕果固然是作者努力耕耘的结果，但同样离不开谢老师这个文学老人的营养灌浆……

但这篇文章真正让我心潮起伏、让我揪心之处还是谢老师的"号啕大哭":

"谢老师精神颓唐,吊上液体就像颗干瘪的老种子。因中风严重,师生俩无法对话,我们本是无话不说啊!他很想说出来让我听懂,可他发出来的声音我又根本没法听懂,此种情状,急得谢璞老师突然号啕大哭……"

男儿有泪不轻弹,只是未到伤心处。病危的谢老师在哭什么呢?作者不是谢老师的儿女、孙辈之类血亲,哭的肯定不是骨肉相连的那份不舍;哭的也当然不是作者自谦"小苗没有像预见的那样长成大树"的假想。那么,谢老在哭什么呢?其实一看前面那段文字就可找到答案——

"在我发起文化长征前夕,正值省作代会期间,谢璞老师在芙蓉宾馆的房间里,为我细讲了'触舻千里'的童话和典故,并且告诉我如何处理好大事业和小家庭的关系……尤其是他作为一位著名作家,当拿到我送给他的人民出版社再版的《人的价值学》——一本描述我怎样'不务正业'的习作时,竟然激动不已,要我立即耐心为他讲讲。他爱不释手,说一定要细细读完它……"

谢老师一生用自己的文字和愿望构建了一个个充满正能量的美丽的童话世界。他明白净化社会大环境的重要性,所以,他理解和支持作者"不务正业"之壮举。虽然作者在文中没有细说,但是我想,谢老师和作者一样对当今社会因资产阶级思想泛滥而导致的世人道德滑坡、价值观错位、信仰缺失等种种恶果,产生了深深的忧虑。

是的,人是社会的主体,也是构建童话世界的主体,人心一旦遭到扭曲,那么整个社会乃至世界将会停滞不前甚至是倒退,那么自己苦心经营的童话世界也将不可避免遭到洪水猛兽的肆虐,这是多么可怕的事情啊!

所以,谢老师这个具有强烈忧患意识和社会担当精神的作家前辈义不容辞地站到了作者身边,站到了"天将降大任于斯人也"的文化长征战线上!

而《人的价值学》这部哲学专著正是作者两次重走二万五千里长征路后,对"人为什么活着""人生的价值是什么""人应该怎样活着"等系列大问题展开深入思考和艰苦探索后的思想结晶。

它第一次将人的价值"一分为二",将满足人的私欲的"物生价值"和奉献社会的"人生价值"区分开来,而且对两分法进行了较为详尽的阐述和认证,从而得出"人生 + 物生 = 人物,人的价值 – 物生价值 = 人生价值"的

"人生方程"运算原理,这正是此书的社会价值和学术价值所在。

不难想象,"要好好看完它"的谢老师在看完这部《人的价值学》后,无疑在内心产生了震撼和共鸣,他肯定也想与作者就人的价值的"和分"概念原理、"和差"运算原理与"和谐"转化原理进行交流;也肯定想与作者一起探讨人生价值学与儿童文学的连理关系;也肯定想与作者分享中国长征精神研究院在长征路上矗立80多座长征故事纪念碑的喜悦……这一切一切的话语,谢老师都迫切想与作者唠叨唠叨,可是此刻,师生四目相对,两手紧握,可病魔却折磨得他发不出声来,谢老师怎能不心急如焚,又怎能不号啕痛哭!

此处无声胜有声。谢老师的人格魅力和精神闪光点在其无言的"哭"中表现得淋漓尽致。正如作者所说,谢老师是个阳光满满的播种者,一生都在默默地播种阳光。

播种万万里,风流后来人。这是谢璞老师这位老党员、老作家、老园丁一生都在躬身践行的阳光事业,也是谢老师和包括作者在内的所有文化长征人的共同誓言和终身目标。文化长征万万里,是一项永无止境的"播种工程"。

我们只有接力、携手为世界的美好大同播种阳光,为青少年的健康成长播种爱,才是我们对谢老师最好的、永远的怀念。

我想,这也是作者罗范懿先生写此文的真正含义吧!

七绝悼谢璞先生

向荣柱

久闻谢璞先生大名,他是我们母校洞口三中的学长,是当代的文化巨匠,他将一生的心血倾注于文坛,其笔名为"春晖",代表作有《二月兰》等,我作为崇拜者闻此消息已是黯然泪下,特吟诗一首寄托哀思:

> 雾障春晖二月兰,
> 伤心落泪洒文坛。
> 升天巨匠为仙请,
> 玉帝将来也创刊。

"小兄弟"的大文友

杨福久

走上业余文学创作之路以来的40年里,我结识了诸多的国内外文学大家、名家,留下了许多的美好记忆。这其中,叫我"小兄弟"的著名文学大家谢璞老师便是令我终身铭记的一位。

我与谢璞老师相识是在18年前的初冬,那是第一次相见,亦是最后一次相见。有些偶然,有些意外,又有些惊喜中的手足无措。但他老人家对"小兄弟"般文学新人的一贯厚爱,对"文友"的一贯挚爱,对文学的一贯热爱,使我感到了必然,受宠若惊中又有了一丝的安稳。当时他老人家那慈祥的面容、亲切的笑声和热情的话语,都叫我时常记起,久久难忘。

那是2000年11月中旬,中国寓言文学研究会两年一度的年会在湖南长沙召开。我的寓言作品《"缘木求鱼"新版》获得全国"第四届金江寓言文学奖",应约参加会议领奖。来自全国各地的老中青代表济济一堂,文学气氛十分浓郁、热烈。主席台上,除了寓言文学研究会的领导,还有湖南省的著名文学家和文学界领导。我看见一位慈祥的老先生一直微笑着,稳重地端坐在主席台上,很是与众不同。注视着他老人家,我想起了自己写过的寓言《装满水的瓶子和空瓶子》,心想这老人家一定是很有才学的大家,如同"装满水的瓶子",越是满腹经纶、学富五车、才高八斗的人才越谦虚,才越"不晃荡"。我这么想着,便越发注视着他老人家。也许是会议代表才三十几位吧,他老人家竟然将慈祥的目光落在了我的身上,还朝我微笑了一下。我身边的一位代表见了,问了句:"知道那老人家是谁吗?"我摇摇头。他小声介绍说,这是很有名气的谢璞先生!历任湖南省文联副主席、执行主席,省作协副主席、名誉主席;省儿童文学委员会主任;《小溪流》杂志主编,《小天使报》创始人、主编;中国作家协会首届儿童文学评奖委员会评委;中国作家访问缅甸代表团团长；国家一级作家；享受政府特殊津贴专家；湖南省政协第七届常委；中国作家协会四、五、六届代表大会代表。他已出版20多部作品，小说《竹娃》获全国儿童文学创作奖；短篇小说集《忆怪集》获1982年全国优秀儿童文学读物奖；《雀疑》获第三届散文奖；童话《丁香梦》获1990年陈伯吹儿童文学奖；散文《湖的呼唤》获全省第二届报纸副刊评奖一等奖；中篇小说《信誓旦旦》获1981年湖南省文学创作奖；散文《珍珠赋》曾入选国家教委审定的全国中学语文课本和大学文科教材；《二月兰》《竹娃》《五月之夜》和《珍珠赋》等入选《中国新文艺大系》《中国新文学大系》和《中华人民共和国五十年文学名作文库》……

我听了，牢牢记住了他老人家的名字——谢璞！

会议休息期间，谢璞老师从主席台上走了下来，到我面前停了下来。我忙站了起来，还没有开口，他老人家先微笑着说话了："祝贺你啊，小兄弟！"同时伸出手来，我忙伸手握住他老人家的手，同时说道："谢谢谢老师！"他老人家的亲切和热情，使我特别感动和感谢，同时心里一个愿望油然而生——请老师写句话作为纪念和激励，同时也觉得自己有些唐突和得寸进尺强人所难。然而，眼前的这位大家没有一点儿的犹豫，接过我的本子，坐下来，便笔走龙蛇，竟然写了两页！开头便是"杨福久小兄弟"，落款是"文友谢璞"，还有"年月日"和地点。我如获至宝，连声道谢。从此，我有了一种亲切的激励，一个努力的方向，一份长久的记忆。

我珍藏着，铭记着，努力着。"文学是改善人性的阳光，为人类文明而苦苦追求文学的创造，是大幸，大幸也。"谢璞老师一句话点明了文学的另一种意义，为了人类文明，吾辈应当"苦苦追求文学的创造"，这是责任，是"大幸"，光荣而责无旁贷，应当为之努力再努力。老师也对我殷切希望："愿你天长地久地守护文学！！并祈丰收，大丰收！""天长地久"，两个惊叹号！足见老一辈文学大家对文学的挚爱和对年轻文学新人的厚望，我们没有理由不"天长地久地守护"，没有理由不去努力再努力。于是，从那以后我的业余文学创作步入了"自觉"努力的阶段，除了寓言创作，童话、诗歌、小说、戏剧、散文、论文、谜语、漫画、摄影、书法等也有所涉猎，写作的数量和质量也相应提高。2009年我加入了中国作家协会，出版了童话、寓言、散文、科技、体育等文史书籍29部、与人合作3部，在国内外390余家报刊（广播电视台）发表作品7500余篇（幅),200余篇作品被选入100余种课本和专集，获全国"金江寓言文学奖"、全国戏剧寓言奖、中外童话大赛成人组唯一一等奖、全国寓言创作"金骆驼奖"、全国"新世纪之声"征文一等奖、"中国新时期人文科学优秀成果"一等奖、"中国当代学术前沿经典文丛"一等奖等百余项。2010年退休后，我依然记着谢璞老师"天长地久地守护文学"的教诲，在铁岭市创建起"铁岭市老文艺家协会"，会员发展到400多名。在开展市内文艺活动的同时，开展了全国性的文学创作评奖活动，湖南的作家也参与并获了奖；创建了小作家基地和小学生文学社，完全义务，分文不取，从抓学生作文入手，提高学生写作能力，在全国各地报刊推荐发表了近百篇学生作品；捐献自己的书籍，将自己公开出版的万余元图书捐献给家乡的学校、乡、村和市少年儿童图书馆，将6000余元的图书捐献给小学生、学生家长和书店。

多年来，我深深感到，谢璞老师是我这样的"小兄弟"的大文友！自己能够在文学上有所进步，和谢璞老师的教诲与激励是分不开的。"为人类文明而苦苦追求文学的创造"依然是自己今后的努力方向，我将继续不懈地努力下去⋯⋯

一次相见，一世兄弟；一纸教诲，一生受益。"小兄弟"我特别感谢大"文友"谢璞老师。

三月祭

袁姣素

三月是春天的词阕,
有布谷鸟的叫声,
青色的藤蔓,
有唐宋明清招魂的经幡。

那些被诗人唤醒的花草,
裹挟着云雷,
在倒春寒里匍匐,蔓延。

你是谢家佩戴的璞玉,
温润如水,光泽四方;
是大自然养育的珍珠,
根植洞口,赋唱神州。

你在三月的眉头永离病痛,
在惊蛰之后魂归故里,
你累了,
你走了。

你仍然爱着人间的诗意,
在桃花即将走红的时候,
用三月的天水,

染碧群山。

你是遗落人间的玉,
在二月兰的芬芳中蓝紫,
在竹娃的梦里呢喃,
在海哥的心弦弹唱,
在五月之夜回旋。

悄悄然,
带着丁香入梦,
轻轻地走,
留下一曲珍珠赋,
千古传唱。

谢璞老师，您一路走好！

杨嫩葳

我看了谭谈主席写的《总想对人说——含泪说谢璞》的文章，我简直不敢相信自己的眼睛，我的眼睛湿润了。

退休十五年了，我就像手机一样移动在广州、海口、衡东、长沙，在长沙时也是匆匆忙忙办完事就南下了。前天去看望了王驰部长和袁化纯主任；昨天又去看望了未央主席和杨老师，他们都告诉我谢璞老师的身体不怎么好了，我想这次也一定得看看谢璞老师才南下。想不到这么快谢璞老师就"走"了！

怎能不叫我悲痛！我是1976年上半年调入湖南省文艺工作室（省文联），那时我只有二十七八岁。直到1977年，才见到了重返文联的谢璞老师。谢璞老师说话总是很幽默，所以现在还记忆犹新。他一个人先来文联，当时大家都不富裕，我和刘云辉会计去看谢璞老师，他穿着旧衣服，每天在食堂吃饭。后来他爱人和四个孩子也来到了长沙。他对我俩说，大儿子生下来时身体不大好，希望他健康长大，取名谢乐健；生二儿子时是防汛的时候，所以叫谢乐汛；最小的一个孩子不知怎么怀上了，就像大自然一样来到世界上，取名谢然子。我们听了哈哈大笑。还有一次，他报账时，还不熟悉签字报销的程序，我们要他找谁谁谁批，重复几次后他生气了，说："我不报销了！"谢老师就是这样直爽、刚毅的人。

在我爱人生病期间，谢璞老师带着他儿子谢乐健来我家看望，和我爱人聊天。我们非常感激！

谢璞老师，您一路走好！以此悼念我最尊敬的谢璞老师。

谁在诵读《珍珠赋》

张继忠

三月,是多雨的季节。

戊戌年的三月,比雨水更多的是泪水。

左眼流的是悲伤,

右眼淌的是沉痛。

一串串泪水汇成思念的河流,汇成"浩瀚的洞庭湖"。

泪眼蒙胧中,一位儒雅英俊的汉子乘着渔船,在碧波万顷的湖上打捞珍珠。

一只名叫"双飞燕"的渔船,在比小河还宽的渠道中缓缓前行。站在船头上的汉子,望着洞庭湖畔珍珠缀成的崭新世界,激情如浪涛汹涌澎湃。

珍珠般的文字在笔底蹦蹦跳跳,跳进稿纸的方格,跳上报刊,跳上语文教材,跳进千千万万读者心中。

今天,这位在生活的大海上打捞珍珠的人,化作了夜空中一颗光华夺目的珍珠。

当千万双泪眼仰望《美妙的夜空》的时候,我在夜的深处,打开着一本泛黄的中学课本,走进无边无际的田野。

"那沉甸甸的稻谷,像一垄垄金黄的珍珠;炸蕾吐絮的棉花,像一厢厢雪白的珍珠;婆娑起舞的莲蓬,却又像一盘盘碧绿的珍珠……"

是谁在深情地诵读?

是那个扎辫子的语文老师在范读;是一串串稚真的声音在齐读。

是《竹娃》和《芦芦……》在吟诵;是《海哥和"狐狸精"》在吟诵;是《从摆子寨逃出的孩子》在吟诵;是《打败了烦恼》的孩子们在吟诵。是读着《珍珠赋》长大的我在背诵,是读着《屋檐下的大世界》度过青春少年时代的我在背诵，是中年仍然爱读《小狗狗要当大市长》的我在背诵。

是一颗颗珍珠般光华熠熠的星星在背诵。

"珍"文"珠"语，赋我前行

——追忆开启我文学写作之门的谢璞老师

朱能毅

我是在2018年3月10日，才惊悉谢璞老师在长沙驾鹤西去的。

这位为我们留下《珍珠赋》《雀疑》《留在泰山的"鸽子"》《二月兰》《忆怪集》《竹娃》《海哥和"狐狸精"》《小狗狗要当大市长》等大量散文、小说和童话的当代著名作家走了，令我痛心！

初次读谢老师的名篇《珍珠赋》，是在1972年12月，机会有点偶然。我一个亲戚家的孩子那年读初一，他的语文老师在11月底的《湖南日报》上看到《珍珠赋》后，便用钢板、蜡纸刻写，再油印出来，作为作文教材发给班上学生学习。亲戚的孩子带回家朗读时，被我发现了。作者谢璞老师虽然还不熟悉，但该篇里"汉寿县有个大队"即我县周文庙公社养殖珍珠最早最多的龙口大队，于我，油然有种亲近感。在那文学作品奇缺的年代，我是一口气看完的。谢老师以一腔激情收束全篇的话，好多年仍在我脑海回响："洞庭啊，洞庭！在你这里，天上、地面、水下，处处闪耀着珍珠的异彩，你就是镶嵌在我们伟大祖国土地上的一颗大珍珠！""每一颗珍珠，都沐浴着生养万物的雨露阳光，每一颗珍珠，都是洞庭碧波上开放的瑰丽花朵！"如此美文，入选中学语文课本，并选入《中华人民共和国五十年文学名作文库》，编者实在是慧眼识"珠"！

我初次遇见谢老师是在1974年6月，在汉寿县业余作者里我算是幸运的了。那时，常德地区群艺馆在汉寿县文化馆举办曲艺创作学习班，首次邀请谢老师来汉寿讲课。那天上午开讲前，主持学习班事务的县文化馆干部冯生敏做介绍时，只是说"谢璞老师是省里的作家"，并不像现在动不动就在作家前冠以"大""著名"等修饰词。谢老师从手腕上解开表链，将手表摆放在讲桌上，呈45度正对他本人。他右手中指第二节有一层厚茧，那可是常年握笔所致啊。他温和地看着我们，幽默地说："你们冯老师真慷慨，一下就给了我3个小时。"此话一出，我们这群20岁左右、初见专业作家的小青年的紧张情绪，一下子烟消云散了，都轻松地笑了起来。谢老师并没有讲当时盛行的"三突出"创作手法，而是以莫泊桑的短篇小说《羊脂球》为题，分析了它的题旨和写作技巧，让我们茅塞顿开。至今想起来还汗颜的是，由于首次听说国外名著，更不知道莫泊桑，加上有时听不懂谢老师的洞口乡音，我竟然把"羊脂球"听成"羊指油"记在本子上。随后，谢老师也讲了酝酿写作《珍珠赋》的过程。次日中午，我和另一名作者找到谢老师住宿处，谈了自己准备写的一个短篇小说的素材。他问我："有小情节没有？"（我当时还不明白就是指细节。）我回答说："没有。"他想了想，又说："要准备充分了再动笔。"愧对老师的是，文学悟性不高的我，一直没能写出那篇小说。

我第一次上省文联谢老师家请教，是在1985年10月。那时我读了他发表于当年7月11日《文学报》的散文《呼唤》，文中，他记述了自己救治一只美丽斑鸠并与其同忧共乐的经过，叩击着我的心扉。那次我还带去了散文稿——取材于桃源县翦姓维吾尔族的《第二维乡走笔》。谢老师坐在不大的客厅兼餐厅里，仔细看了我的稿子，说："写常德第二个维吾尔族乡的作品不多，你很会抓题材；这个'翦'字就比'蒋'字要好，为作品里人物取名字，也得讲究美，注重韵味。"谢老师还语重心长地说："写散文，不要把一页稿纸写得满满的。"他并非仅指散文这种体裁，更并非是批评作者"节省"稿纸。这句睿智之语本身便留有"空白"，让我时常回味，并尽力付诸创作实践。现在我想说明的是，"翦"字是600多年前，明朝洪武皇帝朱元璋钦赐给南方维吾尔族先祖的姓，并非是我所取。谢老师当然知晓这段历史，他的用意在于鼓励我这后生。

谢老师的指教与肯定，坚定了我向文学大刊投寄的信心。当年年底我将该篇稿子改毕，便斗胆向中国作协《民族文学》月刊寄出，最终被通知留用，经过一年零六个月漫长"留用期"的等待后，终于在1987年第6期发表，填补了常德市在该刊上稿的空白。

读到谢老师《留在泰山的"鸽子"》，则是在1987年9月。该作发表于那年第8期《散文》月刊。1990年春节过后，我再次去长沙看望谢老师，聊起他对泰山日出那一刻的细致观察与独到描述。谢老师说，散文写景也要饱满厚实，而且，一篇作品还得有点新意。

是的，别人在泰山"无字碑"上面摩抚写描，谢老师却勾画了一只无形有神的"鸽子"，为自己所爱的亲人、朋友、日月星辰、飞霞芳草、甘露萤火，留下了美好的祝愿，也为这篇美文注入了血脉精魂。

老师的教诲让我悟出了散文写作的门道，实在是受益终身！

1993年春季，我第三次去看望谢老师，他正在客厅翻阅一本新收到的散文选集。他说："这部集子好，不是收进了《珍珠赋》我才这么说。"我侧过头去看了看，里面有鲁迅、巴金、刘白羽、杨朔等众多现当代名家的代表作。我至今清晰记得，谢老师在首篇《秋夜》的右上角，用钢笔批有"常读常新"四个字。

那年谢老师已当选第七届省政协常委，我也以业余作者身份当选汉寿县政协委员。我向他告知了此事，他问："我参加省政协会怎么没看见你？"我说县级委员没有资格来省里开会。他一笑："履行政协职能在哪都是一样的。"那次长聊中他还说："我都快退休了，还提半级干什么？"而且，这句话他前后说了两次，平静语气里，似乎含有某些感慨。

前几天，我特意托人去老家寻找1987年第8期的《散文》，不料已被亲友当作废纸卖掉。惆怅之余，只好要孩子网购了一本《游踪四海》，是2011年1月百花文艺出版社出版的精美散文集，收入了《留在泰山的"鸽子"》。该集子的内容介绍中说："每一篇文章都优美而浪漫，让人馨香恋怀久久不忘，折射出心灵深处的感悟与思维智慧的闪光。"

如果这也属广告语的话，我甘愿接受，我想看过该书尤其是谢老师这篇佳作的读者，心里也自然明白。

斯人已逝，风范长存！对老师，唯有绵长的怀念……

您走好！谢璞老师

——忆与谢老的一次短暂交往

曾新国

记得是1998年的深秋，《环境保护报》为保护白沙井免遭人为破坏，致力宣传碧水蓝天的需要，拟刊用我的《珠海赋》及关于白沙井的几篇文章造势。因此有机会与谢老幸会于造化塘的环境保护报社。

那是一个月明星稀的晚上，谢老听完报社负责人曾副社长、王副社长等人关于历史古迹白沙井的保护的专题汇报后，积极表态，他作为文化界人士，保护历史文化责无旁贷，他会主动邀约一批文化名流参与到这项极有意义的文化活动中来。

吃罢晚饭，谢老兴趣盎然，踏着月色，在环境保护报社曾、王两位副社长及好友、资深编辑肖金鉴（谢老发在该报名篇《雀疑》的责编）等人的陪同下，穿大街、过小巷，步行数里，饶有兴致地亲临白沙井考察，品饮白沙泉水，酝酿构思佳作。不久，在《环境保护报》的白沙井专刊上，就发表了他的有关这晚踏月访井活动的美篇佳作《我的月亮女神》一文。

不久，他接受我的恳求，为我的《珠海赋》进行评点。于是，就有了《力的颂歌》，通篇措词婉转客气，多有溢美奖励之词，让我喜不自禁。每每提及或读及此文，总是扬扬得意于言表。我准备将谢老此文作为不才的散文集《踏浪行吟》的序，并拟在正式出版后携书登门拜访求教。

数年奔波江湖，再无缘聆听教益。谁知今日在病榻的我，得到的却是先生驾鹤西去的噩耗。悲从心来，不胜唏嘘。自此天各一方，哪能再恭听教诲？只能待有文问世之日，再泣拜于灵前。

哀哉！谢老，您走好！

（卧于病榻，根据记忆整理，若有不实，罪过，大不敬也）

2018.3.9于湘雅二医院

春雨霏霏忆谢老（三题）

张声仁

清晨起床，习惯性地打开手机，邵阳市文联张千山主席的一条微信，令我心头猛然一震：谢璞主席逝世！我的脑子，一下子转不过弯来……这不可能吧？！过了一会儿，县作协主席林涛打电话来，说谢老昨天下午仙逝，特邀我去参加作协组织的谢璞先生追思会。这是真的了！我后悔今年春节在长沙，没有去看望正在住院的谢老。怀着愧疚之心，匆匆写出了《我不相信》那首小诗，发到县作家群里，表达我对谢老仙去的心情。

在下午的追思会上，我谈了与谢老的几次相见与未相见的缘分。

回到家里，翻看他老人家帮我发表过的一些习作，心，久久不能平静。谢老的音容笑貌，仿佛就在眼前……

难忘那碗鸡蛋面

1988年秋天，实习归来，班主任老师对我们说："明年你们就要毕业，四年寒窗不易，虽然国家包分配，上头说可以自己去联系一个满意的单位。去找亲戚朋友或者有名气的人介绍，也许可以心想事成。"

找谁呢？我当时搜索枯肠，也没想到一个合适的人。自己是家族的第一个大学生，没有一个亲戚在党政机关。有个老乡在湘潭大学子弟学校当校长，说过可以帮忙让我留校教书。我那时心高气傲，不想教书，只想进党政机关。想来想去，没有头绪，感到很郁闷。

我有一个特点，只要烦闷，就喜欢找一本自己喜欢的书消愁。无意中，我看到堆放在床头的那排书，有一本书的书脊上，有个熟悉的名字：谢璞！我的眼睛一亮，一个大胆的想法产生了：找谢璞主席去！我在中学读书背诵过他的《珍珠赋》，到大学后，能够见到的谢璞先生的文学作品，我几乎都读过。我迅速把我特别喜欢的《二月兰》《五月之夜》，还有那《一滴茅台》，连同非常熟悉的《珍珠赋》，在脑海里默念了几遍，立刻买好去长沙的车票，登车而去。

到长沙，已是夜晚，我找到已经参加工作的一个高中同学，住在他那里。同学知道我的来意后，答应陪我去省文联拜访谢璞先生，求他推荐，找工作单位。

第二天清早，我们转车几次，终于在7点左右赶到了省文联宿舍。问了门卫，我们按他的指点，来到了谢璞先生的家门口。我伸出去的手，几次想敲门，又缩了回来。此前，我从未与谢先生见过面，他是个大领导、大名人，会不会接洽我们呢？犹豫了好久，还是我同学胆子大，他帮我轻轻地敲了三下门。一会儿，一个穿着简朴的中年妇女打开了门，她微笑着问我们找谁。我结结巴巴地说找谢璞主席，问这是不是他的家。中年妇女热情地说，是的是的，快请进屋说话。

我虽然在学校也见过像贺敬之那样的大官，听他讲过课，但走进这么大的领导家里，又是素不相识的人，难免怯场，脸红，手脚也出了汗。中年妇女好像看出我的窘态，连忙叫我们坐下，然后从那个大茶壶里给我们倒了凉茶。我一口气喝完那一大杯凉茶，然后说明我的来意。我的塑料普通话立即露出了马脚，她笑着问我，你是黄桥铺的吧？然后她就用家乡话介绍，说她就是谢璞先生的爱人。我大吃一惊。她说你们来得不巧，早来一天就好了，老谢前天带领一个采风团，到张家界去了。

我一听谢主席不在家，脸上露出了失望的表情。谢夫人好像看出我的心思，连忙安慰我。说农村伢子考个学堂不容易，找个好单位理所应当。她无意中问了我们一句，说吃过早饭了吗。我心直口快，说还没有。她立即说："你们坐一下，我去煮面条。"我的同学瞪了我一眼，好像说我真不懂事，两手空空来求人帮忙，还要吃人家的饭。那个时代，买米买面，都要粮票，是定量供应的。我意识到这一点时，谢夫人已经进了厨房。

趁着谢夫人进厨房的时间，我开始打量这个显得拥挤却很干净的客厅。客厅的正中央，摆着一张油漆有点剥落的四方桌，桌子的四方各摆着一条长木凳。这与我们农家的摆设几乎一模一样。这哪里像我想象中的大领导家的摆设呢？正在胡思乱想之际，谢夫人端出了两大碗满满的面条。麻油和葱花的香味扑鼻而来，一下子，我的口水差点掉出来。我还从来没吃过麻油葱花面呢！她热情招呼我们快趁热吃，莫等糊了，不好吃。我也许饿了，没有搅拌，就风卷残云般吃了起来。突然，两个荷包蛋从碗底被我划拉了出来。我抬了一下头，看到谢夫人正笑眯眯地望着我，她问我还要不要加点剁辣椒。我说好的好的，便拿着碗去桌上的钵子里舀了一点点。

很快地，一大碗面条被我彻底地消灭。谢夫人笑问我还要不要再吃一点，我的一个饱嗝替我做了回答。谢夫人笑着说，嗯，吃得大概还可以。不知何时，谢夫人已写好了个小纸条，那上面是谢璞主席办公室和家里的电话号码。那清秀的字，让我对这位和和气气的主席夫人，更加刮目相看！她的字写得这么飘逸呀，了不得！后来我才知道，谢师母曾经是位非常敬业的优秀教师！她对我说："老谢要过几天才回长沙，你到时打他电话，我也帮你跟他说说。今后不要称主席、主席的了，生分，叫老师，老谢喜欢家乡晚辈这样叫他。"我应着好的，好的，就起身告辞了。

一晃，30年过去了。我虽然吃过许多美味的面食，但从来没有哪碗面条像谢师母做的那碗令我难忘，令我吃得香，吃得回味无穷。

我聆听大师的声音

我终于见到仰慕已久的文坛偶像谢璞先生了！

那是一个我回到家乡几年，参加工作后的日子。洞口三中，丹桂飘香。洞口现代文学的开创者和奠基人、洞口文坛的旗手谢璞先生，回到了自己的母校！这消息，像长着翅膀在洞口迅速传播。许多慕名而来的文学爱好者，老的，少的，男的，女的……络绎不绝，从四面八方向三中赶过来。他们要一睹著名作家的风采，聆听他风趣而又幽默的声音。

本来，此次重返母校，谢老只是想看望一下母校的老师们。但经不住校长和广大师生的恳求，谢老答应为学弟学妹们讲讲话。

地点是在大礼堂。同学们各自带着凳子，井然有序地坐在规定的区域。两千多名学生，像开春的阳雀子，叽叽喳喳，无比兴奋。谁的心中不自豪呢！这位全国著名的大作家，是自己的学长！大家对语文教科书里的《珍珠赋》，那早是耳熟能详。在那个时代，洞口三中的莘莘学子，有一种无需老师提醒的默契，对自己学长的这篇名作，个个都能津津乐道，倒背如流。现在，自己的学长，就要来讲课了，能不兴奋吗？

我那时住在三中。知道谢老要来，极想凭近水楼台之便利，拜访谢老，当面向他致谢,感谢当年谢师母在家里为我煮鸡蛋面的一饭之恩。在向单位领导请假后,我在校园里,兴奋地等待谢老驾临。

来了!来了!负责接待的校长和工作人员,还有县里的领导,笑容满面地簇拥着谢老向礼堂走过来。我的岳父岳母,当年就住在礼堂的入门口。平时,礼堂这扇门是关着的,那几个平方米的入口,因住房紧张,就成了我家用餐的客厅。人多,有时会把通往礼堂的这扇小门打开,大家从客厅进入。

那天,谢老就是从我家的客厅,走进了礼堂。在通过客厅时,谢老握住了我岳父的手,连说打扰了,打扰了。他们是熟识的同龄人,没有过多的寒暄。岳父向谢老介绍了我,我拘束地伸出手,握住了谢老那双有力的大手。

终于得见大作家了!我虽然已参加工作几年,仍抑制不住内心的激动,准备好的一大堆感谢话,不知跑到哪里去了。短暂握别,谢老从学生方队最后走向前去,礼堂里一下响起雷鸣般的掌声。

校长简单的致辞后,谢老开始了他的讲演。他首先站起来,向台下深深鞠了一躬,说:"台下坐着我许多当年的老师,在师长面前,哪敢说是讲座,就是向母校师长汇个报,与年轻的师弟师妹们谈谈心。"

谦恭的开场白,被热烈的掌声长时间打断。从小学到大学毕业,我不知听过多少讲座,参加过多少次大会,哪里有一次像这样别开生面呢?

谢老那流利的高沙方言,爽朗的笑声,像一条清澈的溪水,缓缓流进每一个人的心田。

他的话,那么语重心长。他说要学会为文,先要学会做人。人品好才会文章好。手中有支纯洁的笔,一定要写出干净的文字。这干净的文字,来源于生活中的真善美。要睁开一双纯净的眼睛,到田野里去,到大山里去,到生活中去,努力去发现真善美,认真地去讴歌真善美。人间的真善美,无处不在。年轻的学弟学妹们,不要怕吃苦,不要怕流汗,要舍得花力气。有努力,有奋斗,一定有乐趣,有收获,有快乐!这样,才不会让青春白白溜走,让红颜日渐老去……

两个多小时的讲演,在掌声和欢笑声中结束。谢老走下讲台,与老师们一一握手致谢,向同学挥挥手,用笑声与母校告别。

《一滴茅台》的传奇

在袁沙雁老师的客厅,我不止一次聆听到了沙雁翁对《一滴茅台》前因后果的讲述。沙雁翁那惟妙惟肖的神态，那绘声绘色、眉飞色舞的样子，至今仍然历历在目。

那时我住在洞口三中，共同的文学爱好，使我们成了无话不谈的忘年交。每到周末，我总要有事没事地到沙雁翁家去串串门，聊聊天。沙雁翁是谢璞老师的体育老师，但古道热肠的沙雁翁却一身文艺细胞，是湖南省作协会员。他以自己的勤奋写作，影响着谢璞老师。谢老师每次回洞口，都要抽时间去母校三中看望沙雁翁。

有一次，也就是1982年，谢璞老师回洞口三中看望沙雁翁。袁老师对谢老师说："每次都是你请我吃饭，这次要破个例，你就到我家吃顿便饭。"谢老师爽快地答应了。但提出一个要求，不能大操大办，几样小菜，有点家乡酒就行。

很快地，袁师母就把几样精致的小菜端上了餐桌。那是一张破旧的小四方桌，是几块木板拼成的桌面，裂着缝。沙雁翁就铺上几张报纸遮挡着，这哪里能逃得过谢璞老师那敏锐的眼睛？谢老师说要去为袁老师买张新的，沙雁翁笑说："不用，这不比当年师生在地上蹲着吃饭强多了吗？"

在阴暗低矮的小平房里，午宴开始了。那次，沙雁翁特地从老家带来了一坛米酒，用来招待已是省文联执行主席的大作家，自己最得意的学生。

师徒对饮，不善饮酒的沙雁翁，三杯过后，已是红光满面。突然，天空下起了瓢泼大雨，在昏黄的灯光下，师徒二人笑谈依旧，频频举杯。突然，从天而降的一滴雨水，透过屋瓦的沙眼，咚的一声，响亮地滴进谢璞老师的酒杯。那淡黄色的雨滴，在谢老师的杯中，明目张胆地炫耀。沙雁翁连忙找来一个新杯，要另外倒酒。谢璞老师马上说："不要换，不要换，这是一滴从天而降的茅台啊，可遇而不可求呢！"说完仰起脖子一饮而尽。谢老师看到沙雁翁满脸愧疚，劝道："您教我书那时，不是经常讲腊瓜腊瓜，呷呱壮巴吗？我怎么能暴殄天物呢？"一直在多年后，沙雁翁向我说起当时情景，还显出一脸惭愧的样子。

愉快的午餐后，谢璞老师回了长沙。

后来不久，爱看报纸的沙雁翁，在《人民日报》上看到了自己学生谢璞发表的《一滴茅台》。同一天，县委书记也看到了谢璞先生这篇为改善教师居住条件鼓与呼的散文。他立即召集常委会，要大家认真读这篇文章，然后各自发言。很快地，拨专款的决定做出，财政做好了预算，修建洞口三中教师宿舍，立即动工。

谢璞先生再次回三中看望沙雁翁时，袁老师已经能够在不要为屋顶漏雨而愧疚的新房客厅里，满心欢喜地接待自己的学生了。

杨柳春风惠泽长

——忆伯父谢璞先生

向辉

2018年3月7日上午，刷朋友圈，一条信息跃入我的眼帘：著名作家谢璞先生逝世。我心头一惊：这是真的吗？我反复看了好几遍，泪珠在眼眶里打转，我敬爱的谢璞伯伯离开了这个他无比眷念的世界了。我旋即找出您的著作、您给我的毕业寄语端详着……

第一次见到您是1987年的一个春光明媚的日子，当时您在第一师范的教室里做文学讲座。在水泄不通的教室里，我认真地聆听着您畅叙着关于文学的瑰丽。那亲切的话语有如汩汩清泉滋润着一粒粒渴望的种子。您说"文学即人学"，即用生动、准确的语言描写人的生活，塑造人物形象。您用生动的语言深入浅出地诠释着，并就《二月兰》《五月之夜》《珍珠赋》《竹娃》等作品谈了自己是怎样观察生活并进行创作的。"写不吐不快之感"，您说作为一个初学写作者如果能将心中那种不吐出来就不快乐的感受写出来，那就是好文章，因为有真情实感嘛。感人心者，莫先乎情。您就您的处女作《一篮子酸菜》谈了您是怎样写"不吐不快之感"的。您还风趣幽默地说"我可是提着一篮子酸菜走进文学这个神圣的世界的"。

台上，您妙语连珠口吐莲花，描绘着文学的胜景图。

台下，学子们如醉如痴，在美妙的文学世界里徜徉。

春风化雨，润物无声啊！

而后我在给父亲的信中兴奋地谈到谢璞先生您到一师进行文学讲座的事。父亲在回信中告知，20世纪70年代初期，他在您的家乡青龙公社工作时，两人就是好朋友了，时常一起喝酒，一起谈论人生。父亲还在信中说，其时您的生活条件极为艰辛，在地上摆几个土砖，搭上几根松木，然后铺上木板，再铺上些稻草,这便是床了。可在如此情况下,您仍然其乐融融地坚持写作。他还说下次来长沙,一定带我去拜访您。

父亲的信让我对伯父您有了与别人不一样的了解,您乐观豁达,即使身处逆境也深爱着这片热土,且矢志不渝地耕耘。当然,父亲的信让我有了一份深深的期盼。

盼望着,盼望着,父亲终于来长沙了。1987年10月的一天,父亲带我去八一路省文联大院拜访您,我既兴奋又紧张。兴奋的是可以零距离接触仰慕已久的文学大师您,紧张的是那时的我于文学可以说是一个不折不扣的门外汉。我能说些什么?问些什么呢?

我的担心完全是多余的,您和伯母的热情有如秋日的阳光,让人心里暖烘烘的。老友相见,自是一阵寒暄,伯母则在厨房里忙碌开了。

伯母端出可口的饭菜招待我父子俩。用餐时,您笑眯眯地对我说:"我与你父亲是老朋友了,年长你父亲,叫我伯伯就行,听说你也挺喜欢看书,写写东西,这很好……"您的一席话拉近了我们之间的距离,我也放松了许多。您告诉我,要想写好文章必须做到"三多",即"多读书""多观察生活""多动笔"。多读书肚子里才有货,所谓"腹有诗书气自华";生活是创作的源泉,只有读懂了社会这本大书,才能写出好作品来,正如陆游所说"汝果欲学诗,功夫在诗外";好作品是写出来的,不是清谈就能获得的,切忌眼高手低,学好书法是要"墨磨人",要写好文章何尝不是如此。

我咀嚼着您的话,心头似乎敞亮了许多,似懂非懂地点着头。

"春风又绿江南岸",1988年4月的一天,我带着一些诗稿去拜访您。您就我的《流星集》做了点评。您说《燕子》诗句反其道而行之,有新意,读来令人思索。(燕子你是温暖的使者吗/为何寒寂的冬日看不到你的/身影)您说《石榴》一诗,写出了石榴的自信与无畏,还真有点"苔花如米小,也学牡丹开"的意趣。(石榴从不感到自己的弱小/敢和六月的太阳/一起开放)。

您的肯定让我心中荡起一缕缕自信与愉悦。

后来,《流星集》在您主编的《小溪流》1988年第11期上发表。这可是我的处女作,捧着散发油墨清芬的样刊,望着变成铅字的诗行与姓名,我陶醉了。此时,一颗信念的种子已悄悄在我心中萌芽,潜滋暗长……

时至今日,一晃三十年矣,我先后在《儿童文学》《中国校园文学》《少年文艺》《小溪流》《小学生导刊》等几十家报刊发表各类儿童文学作品近千篇（首）；多次在国家、省市征文中获奖；有四十多篇（首）作品入选作品年选以及其他选集；出版了儿童诗集《一棵树是一个童话》、童话集《猩猩照相馆》《咪咪鼠的快乐新年》。并于1998年7月加入湖南省作家协会，2014年9月获得文学创作二级的高级职称。些许成绩的取得，无不凝聚着您的关爱。当我们惊羡于花之鲜艳、果之清芬时，请不要忘记，是叶给予了最真诚的祝福与呵护。

1989年6月，在毕业前夕，我拿着毕业簿请您给我题词。您看了我的自我赠言"生活是一场大劫难，我在这劫难中苦苦追寻，可追寻的依旧是迷惘"后呵呵地笑了笑，您说生活其实是很美好的，我们要用乐观的态度去看待，可不要少年不知愁滋味，为赋新词强说愁哦。

我听了，脸火辣辣的，恨不得变成一只蚂蚁找个地缝钻进去。

您掏出笔，苍劲有力的字跃然纸上："站在坚实的地壳上，承受沛雨甘霖，壮大身心，而孜孜不忘，为了人民的利益，努力播种阳光。"

伯父您这短短的一句话里，内涵可深着呢。一则曰深入生活，读懂社会这本大书；二则曰吸收营养，获取正能量，茁壮成长；三则曰始终要把人民的利益摆在第一位；四则曰在平凡的岗位努力工作，播撒真、善、美。

这是一个长者对晚辈的谆谆教导，也更体现了一个艺术家的人生态度，它有如春阳，"阳春布德泽"；它有如春雨，"润物细无声"；它有如春风，"杨柳春风惠泽长"……

殷殷寄语，暖人心肺；殷殷期待，山高水长。

您的寄语，时刻鞭策着我。当我颓丧，感叹"悲守穷庐，将复何至"；当我哀伤，悲吟"江郎才尽"；当我受挫，慨谓"人生不古，世风日下"……您的寄语有如穿越雾霾的明灯，让我重新振作起来，放下包袱，继续前行。1989年自湖南第一师范毕业，我扎根月溪山区教育达二十多年，于三尺讲台用知识的甘霖浇灌祖国的花蕾。我辅导的学生作文在全国获奖、发表的达一百多篇。教之余，自己也不敢懈怠，满腔热情地为孩子们写作，因为身后有一双慈爱的眼睛在关注着我，那是伯父您啊！

"子在川上曰：逝者如斯夫！"转眼就进入了21世纪。2006年6月，我与谢然子准备一道前往山西太原参加一个笔会。动身前在长沙，我再次聆听了您的教诲。

您说："文学创作是一个马拉松，贵在坚持。"

您说："文学创作既要深入其内，又需出于其外。深入生活才有内容，展开想象才能别致。"

您说："凭真实的爱憎去思索，写不吐不快之情，倾不吐不快之美。"

……

谈论完写作后，您指着一盆置于中华人民共和国地图前的兰草娓娓而叙。兰草取之于家乡雪峰山，而盆中之石是去台湾做文学交流时在日月潭捡的。寓意是对家乡的思念，对宝岛台湾的思念，相信台湾这个游子一定会回到祖国母亲的怀抱。您的赤子之心溢于言表，您在我心中是何等崇高，刹那间站立于天地之间，须仰视才行。

临行，您赠我您的新著《芦芦……》，并在扉页上题签"向辉小老乡文友存正"。

长者风范，谦和之心令人感动。

您还说："出书时，我可以给你作序。"

我虽出版了几本小册子，可私下里认为质量还不够，所以一直不敢唐突。今日思来，抱憾终身。

而今，您离我们而去，我再也见不到您慈祥的面容，听不到您爽朗的笑语了。其实，您的笑容永远铭刻在我心中，您的笑语永远响在我耳畔。我抬头望了望，窗外，春雨淅沥，远处的雪峰山翠色欲流，平溪江水缓缓流动。云天高处，您那和蔼的身影出现了，正在向我深情地微笑呢。

此时，一曲哀挽在心中唱响：

　　雪峰无语留翠远

　　平溪有情涌泪多

谢璞伯伯，您一路好走，天堂里有美丽的童话。

感同身受，深表哀思

——纪念谢璞老师

刘小文

谢璞老师走了。我的内心异常沉重，道不尽的悲伤，为此寝食难安。

谢璞老师，我只见过一面，便知他是个好人，是个值得敬仰的好作家。

二十年前，是个遥远的日子，是个没法抹去的日子，也是个耐人寻味的日子。那年，涟源市教育局钟伦全先生与龚守礼先生来了，他们要去省文联提《小天使报》，却不知省文联在哪里。钟伦全先生是我的一个远房亲戚，也是杂志社的发行伙伴，我搞发行，自然由我带路。

省文联在哪里我知道，小天使报社在哪里我不知道，《小天使报》当时很有名，出门一打听，知道的人挺多，传达室的阳大姐抢先告诉我怎么走，怎么走，仿佛是她外婆家。

我们是随车去的，一路很顺利，小天使报社在一楼，走进省文联大院就看到了。编辑部只有两个人，一个男的，一个女的，男的个高，像姚明；女的个矮，像我妹妹。见我们来了，两人全部起立，个高的对个矮的说："去，快去买点水果来。"个矮的便不知所措地跑出去了，几分钟后就跑回来了，沮丧地说："外面没有水果买。"这细节给了我很深的印象，仿佛回到了涟源老家，仿佛这小女孩就是我，她忘带钱了。偌大的一个长沙，不可能没水果买。个高的是谢璞老师，个矮的是谢然子。我与谢璞老师只说了几句话，而且是站着说的，他告诉我们要开一个关心下一代的专栏，我提到了家长歧视残疾儿童的事，说家长见客人来，便把残疾小孩塞床底下，怕给自己丢脸。谢璞老师听了就火冒三丈，说话的声调也提高了八度："这哪行，得狠狠地批，这文章你也可写啊！"我与谢然子没说话，她一下子不知闪哪去了。

不久后，《小天使报》被我们接管了。那个专栏也没开了。这是我不愿看到的，也认为是不道德的。《小天使报》过来了，谢然子也过来了，彼此一见面，大惊。没想到，她是谢璞老师的女儿。她说，我好面熟，可怎么也想不起来在哪见过。我冲着她笑。

我与谢然子，只一起开了个会，刚开始，她在省文联那边处理一些遗留问题，没过来省作协这边上班，几个月后，我便离开了杂志社。两人保持着断断续续的联系。这么多年不冷漠也不热烈，不打搅，却互相惦记。她敬重我，我看重她。

去年年底，从她口中得知谢璞老师病了，住在马王堆医院。我想去看他，却被然子拒绝了。她说谢璞老师心情不好，老发脾气。我只好作罢，我理解谢然子此时此刻的心情。因为我有过相同的经历，太累了，需要一个人好好静静。不想把太多的人请进自己生命里。

前不久，然子在请保姆，我帮她联系了一个，想想不靠谱，只好放弃。我误认为是为谢璞老师请的，她累坏了，想找个人替替手。结果我猜错了，是为她老母亲请的。过后几天，我便在她朋友圈看到了谢璞老师病逝的消息，这下我就犯难了，郁闷了。去也不是，不去也不是。然子拒绝我去看谢璞老师，同样会拒绝我去悼念谢璞老师。我想安慰她，可我不敢，我佯装不知道，可越装越难受。一日，谢然子"踩"了一下我的QQ空间，这下，我就轻松多了，然子终于挺过来了。我开始用自己的方式，独自纪念着谢璞老师。我为谢璞老师画了一张像，发朋友圈后，然子道了声谢，并在她朋友圈转发了。这下我又发现自己错了，我怎么这么笨呢。我恨不得扇自己几巴掌。

我没法原谅自己，便连夜写下这些文字。

每次走过八一路

章仙踪

我有幸和谢璞老师做交流，是在20世纪90年代办一本教育杂志的时候。那次通过谢乐军老师介绍，我找到了位于长沙市八一路袁家岭的谢老师家里。

我已经记不清谢老师家是在省文联的哪一栋房子、哪层楼，只记得是一间老房子，楼层不高，屋里的书很多。当时谢老在省文联供职，说老实话，那时我才搞清楚，文联原来不等于作协。之前我一直认为，文联、文艺联合会，不就是作家们的一摊子事吗？那次我才清楚，文联除了作家协会外，还包括音乐、美术、戏曲等种种协会或分会。

那次的采访是成功的，主要是因为谢老待人亲善，没有架子，就是邻家大伯的样子，随心所谈。主题呢，无非是我办的一本学生刊物，因为要扩大发行，所以要找社会名人进行采访，请他们谈些有益于青少年成长的话题和故事。那时不太讲"励志""正能量"这些词，现在来看，当时谈的应该就是这样的主题。

采访名人，写的稿子刊在自家的杂志上，当然也给谢老师寄送了期刊（大约也没有给稿费，文章算是记者的功劳了），这事就结束了。

这也是我唯一一次登门拜访谢老。

从此，每次路过长沙市八一路的袁家岭，心里总有个小小的念想，那就是，这里住着个大名人，叫谢璞，我曾经采访过他，他曾是省文联的大领导。心里那一丝丝温暖的感受，一直都在。

之后，我应该至少有两次与谢老相遇在省会的活动中。一次好像是在湖南省少儿图书馆，省委宣传部的领导在场，进行一个关于读书的活动，有不少作家特别是儿童文学作家到场。谢璞老师是我有过交往的熟人，加上谢乐军老师也在，所以又与谢璞老师进行了简短的对话。我这人怯生，这性格越往后越甚，总是在"遇人不熟"的情况下，能少见一个人是一个人，能少说一句话是一句话。那次我拿了一个采访本，请谢老为我所在的媒体的读者题字，谢老仍然没有架子，一派乐呵呵样，也欣然给我的采访本进行了题词留念。那次的活动，我还获得了一大堆花花绿绿的本省儿童文学作家系列的丛书，我将谢乐军老师、谢璞老师的书本挑了出来，其他的书多数送了人，这两人的书，则留在手头，有机会就翻一翻。

再有一次，还是谢乐军老师牵线，将一个叫"爱满三湘"的作家进校园活动，介绍给我所在的湖南教育网一起来做，我也以教育报记者的名义，忝列为活动中的讲师团成员。这次活动的内容，后来留在了湖南教育网上，报道里说：

"2010年4月16日，由湖南教育报刊社、湖南教育网牵头组织的'爱满三湘·记者作家进校园'活动启动仪式在长沙市育英小学举行。谢璞和贺晓彤、李少白等作家与爱读书的孩子们亲密接触，共话读书故事。"

本网总编辑黄国圣主持启动仪式。他讲完袁枚和宋濂的读书故事后表示，湖南教育网里面聚集的主要是老师、学生和教育干部，他们上网是为了工作，为了学习，为了读书，为了写诗歌写小说，为了讨论读书的体会，是一家绿色网站、低碳网站，是非常适合老师和孩子们健康上网的网站！

报道生动地再现了谢璞老师在讲座中对现场的学生们所说的话。谢老发挥他讲故事的优势，说他自己以前是个任性好玩的孩子，后来接触到了鲁迅、冰心的书，还有《鲁滨孙漂流记》等好书，才知道了书里世界的美妙，知道了大千世界的神奇与伟大，这才成为了一个作家。

谢老还说，人的脸啊，很像一个笑字，高尚的人，就会笑容可掬，笑口常开，而读书会使人高尚，使人走向自由和文明。

今天回头看看这些话语，想想当时谢老在讲台上笑容可掬的情景，仍能强烈感受到谢老那随时随地，无处不在，为孩子们说道理、做表率的可爱样子。

但是……

是的，这个"但是"多么叫人心痛。2018年3月6日，谢老突然离开了我们。……

细究起来，世间人们，相识相交的情况其实是非常有意思的，有的人一天见两三次，过不久可能就会忘诸脑后；有的人几年十几年不见，但这份记挂依旧还在。

  在我相识谢老的这20多年间，我们见面也就是三四次，平时并不敢打扰。虽然多年不见，但每当我平日里走过袁家岭时，尤其是每年都会多次到当地一家青山书店看书淘书时，心里便会涌起一丝浅浅的温暖，因为我知道，谢老就住在路边附近的省文联。近年来，这单位也仿佛没有挂门牌，其中的某栋旧的楼房里，楼层不高，屋里堆满了书籍，高尚的谢璞先生的笑容可掬的模样，就在那里，一想起，便仿佛能见到。

心香一瓣祭恩师

——沉痛悼念谢璞老师

欧阳恩涛

上午9点43分，我在办公室习惯性地打开微信，在魏源文化微信群中看到陈冠雄老师发的一条信息："获悉谢璞先生仙逝，甚为悲伤！从一个乡村小学教师成为全国知名作家，他的散文《珍珠赋》、小说《二月兰》《无边的眷念》等都产生过广泛的影响。他的作品总是充满诗意，倾力讴歌真善美。他为人正直善良，很重感情。'文化大革命'中他也被下放到了乡下。在那特殊的年代，我在家里很不像样地接待过他一次，他便总记在心里，多次当众谈及此事，弄得我很不好意思。先生的辞世，无疑是文学界的重大损失。谢璞先生，我尊敬的朋友，您累了，在天堂好好安息吧！"我连忙留言，问谢璞老师是哪天去世的。陈老师回复说他是从湘潭老文联主席杨振文处获悉的，他稍后与杨主席联系后再告诉我。我连忙打电话给湖南省文联组联处的肖双良处长，向他询问情况。肖处长告诉我说谢璞老师是2018年3月6日下午在长沙逝世的，追悼会将于3月10日上午在长沙明阳山殡仪馆举行。

放下电话，谢璞老师的音容笑貌浮现在我的脑海中。2017年，我在湖南省文联家属楼谢璞老师的家里拜望过老师，当时老师已经病重了，每天都要靠药物维持，没想到老师这么快就仙逝了。

我初次听到谢璞老师的名字是在2008年的寒假，我在隆回县作协主席胡光曙老师家里看到谢璞老师的一些著作，胡老师告诉我谢璞老师是洞口人，我国当代著名的作家，并要我有时间的话一定要去拜访谢璞老师。再次看到谢璞老师的名字是在2014年下半年，谢璞老师在全国劳模、中共十五大党代表欧阳恩成老师的请求下，为我家乡的《十里山童谣》一书作序，谢璞老师在序中希望十里山的孩子们争做践行社会主义核心价值观的楷模，好好学习，早日为实现中华民族伟大复兴的中国梦贡献自己的智慧与力量。

第一次拜访谢璞老师是在2015年3月，我拿着《爱山的孩子——欧阳恩涛文学作品选》的书稿去湖南省文联，想请谢璞老师作序。在湖南省文艺评论家协会副主席兼秘书长陈善君老师的介绍下找到了谢璞老师的女儿——在《创作与评论》杂志任编辑的谢然子老师。中午我同谢然子老师一起来到湖南省文联家属楼谢璞老师家里。谢璞老师见来客人了很热情地接待了我，并亲自倒茶、拿出水果招待我。我向谢璞老师自我介绍后拿出《爱山的孩子——欧阳恩涛文学作品选》的书稿给谢璞老师，并说想请谢璞老师作序。听谢然子老师说，谢璞老师身体一直不怎么好，我心想谢璞老师会委婉拒绝我的请求。想不到谢璞老师一口答应作序，并说等看完书稿后再写序，到时要谢然子用电子邮件发给我。我连忙说感谢感谢。由于谢璞老师中午要休息，我和老师简短交流后就与老师告别了。

三个月后，谢然子老师打电话给我说谢璞老师已经将《序》写好了，要我将邮箱告诉她好将《序》的电子稿发给我。收到谢璞老师的《序》的电子版后，我连忙打开邮箱拜读，一篇一千多字的《序》呈现在我的眼前，谢璞老师在《序》的开头就写道："读了欧阳恩涛同志《爱山的孩子》，觉得它是值得珍惜的一份成果。稚嫩，却闪烁着作者心灵的美质。"并在最后"祝愿欧阳恩涛同志从多方面继续努力充实、提高，今后能写出更多更美更新的佳作"。老师写的不仅仅是一篇序言，更是一位老作家对一个年轻文学爱好者的殷切期望。拙著《爱山的孩子——欧阳恩涛文学作品选》于2015年10月由羊城晚报出版社出版发行，10月底我拿着新书再次来到谢璞老师家，谢老师依旧勉励我从多方面继续努力充实、提高，希望今后我能写出更多更美更新的佳作。此后，我每次来长沙出差、开会或者办事，只要有时间一定会去谢璞老师家看望老师并向老师请教学习，同时每次也都衷心地祝愿老师健康长寿。

而今谢璞老师已仙逝，我失去了一位德高望重的恩师。千言万语，难表寸心，只有祝愿恩师到天国安息，再当大作家、大诗人、大学者吧！

人民作家谢璞

曾杰

谢老是我们家乡人的骄傲。

小时候就听说我们家乡出了一个全国有名的作家谢璞。只要有一点文化的大人，在教育不听话的孩子时都会拿谢老做榜样，所以，儿时的我眼里，谢老是文化的代名词。

我家里穷，小时候也没看过谢老的作品。后来去了谢老母校上高中，才有机会读到他的作品。那有名的《珍珠赋》，我看了好几遍。那时的学校图书馆里，他的作品是最受欢迎的。有时候一本书要好几天才能借到。那几年里，他的散文，他的小说，我都读过。那些人，那些事，那种语言，都让我感到亲切。阅读中，我又了解到了他的人生轨迹，同样让人惊叹，让人崇拜。

后来长沙的校友会回校给优秀学生发奖学金时，我听了他的演讲，更加证明了他在家乡人心中的地位。可那时的我不够优秀，没能拿到奖学金。

那天做演讲的有博导、特级教师，还有谢老。博导讲的是经济学理论，请原谅，他讲了什么，我什么都不知道，也什么都听不懂。只听主持人讲，他是中国首届孙冶芳经济学奖获得者，也是享受国务院特殊津贴者。台下一直是闹哄哄的。因为大家和我一样，听不懂。后来谢老上台了，台下鸦雀无声，时而响起雷鸣般的掌声。他的童年，他的成功之路，无不让人惊讶。给我的感觉用一个词——天道酬勤来形容最贴切不过。

那时的我也在暗暗地想，有朝一日，我也要做一名出色的作家。

生活的无奈，一直到了今天，梦终究是梦。生活是残酷的，我知道，文学承受不了生活的压力。我在社会的最底层，感受不到文学可以让人消除饥饿，只是在想，在梦，但我衷心感谢谢老给了我一个美丽的文学梦，一个充满希望的文学世界……

文学艺术界之挽联(辞)选萃

惊悉著名儿童文学作家、我的好朋友谢璞老师逝世,特表示沉痛的哀悼。这是中国儿童文学界的重大损失！我失去了一位好朋友,全国小朋友也失去了一位慈祥的、乐呵呵的、优秀的儿童文学作家爷爷。请转家属节哀！

（文化部少儿处原处长、副司局级巡视员 宗介华）

惊悉谢璞同志病故,万分悲痛！他不仅属于湖南,而且属于整个中国。谢璞的去世,是中国儿童文学的重大损失！谢璞永垂不朽！

（中国作协儿委会原副主任樊发稼敬上）

我的第一本儿童小说书集就是老师写的序。他写得热情直率中肯。深深感激！

谢璞老师千古！

（樊家信）

小说散文,著作等身,乡土乡情香四海；
寓言童话,名篇叠翠,美文美德惠千秋。

（胡英与省文联部分老同志）

久立文坛爱国爱民精诚创作
笃耕墨海求真求美坚毅不移

（舟挥帆）

蓼水呜咽作家泪,
蓼湄校园学子归。
文美人朴如真璞,
百年岁月写春秋。

（付大伟沉痛哀悼谢璞老前辈千古）

沉痛悼念谢璞先生

珍珠吟长赋,璀璨中华文典;

牛府唱贵婿,辉煌楚地舞台。

(学生黄正民敬挽)

他留下珍珠一样的文字,也留下了无边的眷恋,谢璞老师一路走好。

(刘舰平遥寄哀思于海口)

沉痛哀悼谢璞老师!

谢老是我的恩师,他的作品是我的食粮,他的人品是我的典范,他的精神是我的楷模。

慈祥可敬的中国好人谢老先生千古流芳!

(李少白跪拜)

生命谢幕文章不谢,

归真返璞童心存璞。

(李军率《小学生拼音报》百万小读者沉痛悼念谢璞老师)

《珍珠赋》是当年给我留下最深印象的几篇课文之一。谢老的作品是珍珠,人格是珍珠,是文人学习的榜样。谢璞老师永远活在读者心里!

(中国作协 彭学明)

一篇珍珠赋,一束二月兰,一团姊妹情,几度雪峰春晖,高山流水成眷念;

一脉小溪流,一群小天使,一缕丁香梦,几番洞庭秋月,旧雨新晴慰先生。

(湖南省人大外事委主任 石光明)

沉痛悼念谢璞先生千古

（一）
杳然璞玉归大地，
留得馨兰报春晖！
（二）
空谷兰开人去后，
文坛星陨月明时。
（三）
云鹤失声，簇簇牡丹凝血泪
蓼溪含恨，颗颗珍珠染冰霜

（王祯辅敬挽）

悼念谢璞、龚湘海、洛夫先生

上联：谢了戊戌百花，三湘春风祭河洛。
下联：璞出壬申冬玉，四海学子尊老夫。

（文学爱好者王洪斌敬挽）

心地真淳如璞玉
文坛熠耀有珍珠

（谢子元）

哀悼谢璞学长仙逝

驾鹤享遐龄，十卷弘文讴盛世；
思君悲五内，双行热泪悼英魂。

（学弟袁仁赐敬挽）

六十年情谊，一朝永诀，老泪滂沱，悲痛难抑！你那赤子情怀无私厚爱，是朋辈的楷模，后学的典范！你毕生酿制的琼浆，早已誉满三湘，必将永驻人间，常溢芬芳。

（周建明）

泰岳其颓大雅云何诗卷长存山河壮
哲人已逝风光霁月瑶池迎返太白君

（挚友朱日复敬挽）

沉痛悼念谢璞老师！

是他引领我走上儿童文学之路，是他和洪老一起介绍我加入中国作协！是他亲临益阳参加我的作品讨论会，是他热情给我的作品集作序，是他不顾劳累参加我的作品集的首发及捐赠仪式……我的成长的点点滴滴都离不开谢老的关怀和帮助！永远怀念恩师谢璞老师！

（卓列兵跪拜）

沉痛哀悼谢璞老师逝世

谢意永驻心头，忆相识三十四度春秋，为乡贤义重情深，万缕春风曾惠我；

璞玉长传世界，览留存数百万言文字，称名士才高德劭，三湘翰苑尽怀君。

（张千山敬挽）

沉痛悼念谢璞老师千古

醉墨来蓼水，自有勋劳垂国史；
昆仑耕玉田，终怜心血赋珍珠。

（学生刘谋联敬挽）

悼谢璞先生仙逝

20世纪，著名作家谢璞曾深入周文庙公社龙口大队采访，写出了著名的《珍珠赋》。

巨星陨落撼苍天，
悲恸文坛顿改颜。
珠赋熠熠存史册，
何时梓里款先贤？

（周运曙）

一卷小溪流，韵印心田，令我初知文字美；
三春悲雨降，魂依苍昊，教人长识至真心。

（赵金尧 挽）

敬挽湖南省文联原执行主席、著名作家谢璞先生

文海探骊，笔底起波澜，看李硕桃丰，春天又读《珍珠赋》；
书山蕴玉，砚边抒锦绣，赞行高品洁，泪水浇滋《二月兰》。

（赵志超）

谢璞先生是我尊敬的长者和尊敬的儿童文学家。他是那个时代的一个高度。他的音容笑貌永在。

（著名儿童文学评论家 孙建江）

文坛泰斗谢璞先生千古

追思前辈之初，琢璞蓼湄。倩巧思，妙手展彩笔，华章乡土与荣。
梅馥八旬安可仰？尤感先生之德。启蒙后学，沐化雨春风，聆讲堂宏。
论胡天不吊，兰谢二月何胜寒！

（戊戌正月三十日后学曾传国敬撰书于高沙）

谢氏精英，文学骄子，业绩斐然，心痛不已！

（彭志安）

清风品格巍峨绵长存天地
雪峰精神高山仰止励后辈

（长沙市雪峰读书会沉痛悼念洞口籍湖南省文联原执行主席谢璞老前辈敬致挽联）

集句挽谢老

人事有代谢；
璞玉无纤瑕。

（曾伟子）

悼谢璞老师仙逝

惊雷炸响九天落，
人间顿失一弥陀。
重忆当年坐春风，
也思神合乘飞舸。
往事件件成历史，
眼下桩桩皆挽歌。
至圣颜回美谈事，
留与汗青不为多。

（洞口一中肖和平敬挽）

午餐时间，将微信群里转发的噩耗告诉母亲，母亲沉默许久，说，多好的一个人啊，就这么走了。

20世纪70年代初，谢老从省里下放绥宁，在母亲工作的黄土矿公社，与母亲同一个工作组。谢老为人谦和，平易近人，空闲时间喜欢逗乐小孩，口袋里时常装上几粒纸包糖。谢老懂草药土方子，有一次我高烧不退，到医院治疗好几天都无济于事，把母亲急坏了，最后还是谢老用草药给治愈。在缺医少药的年代，谢老的住房总是有看不起病的老百姓来求药方，有时门庭若市。

90年代，父母到长沙，特意拜访谢老，三人忆往昔峥嵘，话各自的家庭琐碎，愉快地聊了一个上午，谢老还特意问父母，你们的那个胖子儿子呢？工作了吧？从事什么工作？这也是三位老人最后的一次见面。

父母常教导我们，滴水之恩不能忘，看望先生之意我早有，只是，每次到长沙，各种应酬的酒气，让我把此念抛到九霄云外去了，遂成终身憾事。

如今先生西去，璞玉归真，三湘沉默。母亲不懂文学，自然也不晓得先生在中国文坛的影响和地位，她说，先生是一个好人，祝愿好人一路走好……

（绥宁作家肖世群）

悼谢璞先生

沉云绕岳麓，
重雾锁平溪。
哀讯不期至，
悼歌已无辞！
谢幕惜太早，
璞玉归桑梓。
仙鹤自兹去，
逝亦留风骨！

（胡扬平）

璞玉闪光照心头
——致谢璞老师

一代名师驾鹤游
一生文坛献春秋

吟唱人民长跋涉
病魔缠身还在走
璞玉闪光照心头
徒辈跋涉不停留
讴歌人民主旋律

(杨大挺)

缅怀谢璞先生组诗

回乡
小车一路去高沙,
云淡风轻紫燕斜。
最是乡愁忘未得,
几回梦里听弹花。

二月兰（新韵）
前有南元非等闲,
春晖文采震乡关。
雪峰云涌珍珠赋,
蓼水波吟二月兰。

敬茶
蝴蝶翩翩二月花,
才华情动映红霞。
归乘黄鹤瑶池会,
遥敬桑园谷雨茶。

名动乡关

名动乡关笔润风，
挥毫墨忆蓼溪东。
文山书海博今古，
一曲高歌代代雄。

（王定维）

怀念谢璞先生

撷珠采露哺芳英，
文美卷秀昌黎敬。
风云舒卷年少性，
胸怀慷慨桑梓情。

（谢乐勇）

沉痛悼念谢璞老师

珍珠辉满三湘水，
文苑香彻二月兰。

（傅秉黎敬挽）

童心一颗千万秋。谢璞老师是洞口县乃至邵阳市当代文学的开拓者，是洞口文学一面光辉的旗帜。我们崇敬和记取的首先是他的品德和精神，在当前文坛的境况下，这一点尤其重要。然后是他对文学的敬畏和忠诚、对文学与生活关系的清醒认识和把握，这是我们要为之效法的。一个纯粹的谢璞文学大师去了，一个纯粹的谢璞文学人永存湖湘大地。

（著名编辑、作家　欧阳常贵）

亲属追思

老 男 孩

谢岱曦

　　我是爷爷谢璞的长孙，我姓谢，名岱曦，名字写起来比较费劲，有四十多个笔画。"岱"是泰山的别称，"曦"是早晨的阳光，据说是爷爷为了纪念当年去泰山采风看日出而给我取的。小时候我一直不明白爷爷为什么给我取这么复杂的名字，因为到现在我都一直很痛恨签名。多年后我问过爷爷名字的由来和背后有没有特殊的含义，他并没有直接回答我，而是和我讲起了那次爬泰山的经历。

　　"会当凌绝顶，一览众山小"，太多的诗词、文章都告诉我们登顶五岳之首绝非易事，而他丝毫没提及那次为了看日出登泰山的艰难，而是绘声绘色、手舞足蹈地向我描述了登泰山遇到的自然奇观和心情随着天气一波三折的欣喜。随着年岁增大，后知后觉，我慢慢领悟到他可能是想告诉我：哪怕生活充满了苟且，人生不如意也可能十之八九，但就算为了期待那一份小美好，依然可以怀着一颗火热的赤子之心，诗意地栖居在这大地上……而他的一生不正是如此吗？

　　爷爷走后的"盖棺定论"，爷爷单位的领导、好友都对他做出了极高的赞誉，是对爷爷这一生的工作成绩和文学成就做出的肯定。很多的通讯稿、讲话稿也都把他定位在"高高在上"的人生导师、好干部、文学大师……但这不是我眼里的爷爷。虽然我们爷孙相处的时间不长，但我看到的是一个极为内敛、含蓄，甚至有时还带点孩子气的老男孩。和他接触过的人应该都深有体会，与他交流，他的言谈、举手投足，你丝毫不会察觉一个文学大家或者领导给你带来的那种强大的能量压力，反而是一种最温暖的亲和力，润物细无声。这可能就是一种境界，达不到一定高度，就很难如此低调。而作为孙辈的我，不知道是否可以用余生的努力、奋斗、修行来越过爷爷这座高峰，但既然沐浴到了曙光，便只顾风雨兼程。

　　听——小朋友的心间有股小溪涓涓细流；

　　看——珍珠还徜徉在洞庭湖闪烁着异彩；

　　小狗狗依然梦想着能当大市长；

　　二月兰快开了……而您却先走了，"谢"幕了人间，离开了我们，或许另一个世界的小天使正在等您"璞"写新的童话呢！

怀念叔父谢璞

谢乐军

二叔，您怎么就匆匆走了呀，没等我见上您的最后一面！2018年3月6日中午，我在安化出差途中接到电话，说您不行了，血压骤降，心律紊乱，正在抢救中。我立马改变行程往长沙赶，心里为您祈祷，二叔，一定要闯过这一关，一定要等着我回长沙……没想到，车才开了不到一个小时，噩耗传来了，二叔已经驾鹤西去。这如晴天霹雳，击得我双眼发黑，脑袋嗡嗡直叫，眼泪顺着脸颊扑簌簌流下来，一直流到了长沙……

二叔，您实在太累太苦了，痛得我肝肠寸断。2009年春天，我们一起去江西瑞金采风，您引以为豪地对我说："我还从没上过医院，不知道医院的门朝哪里开。"自从2014年乐健兄、您的长子突然病逝后，巨大的悲痛轰然把您压垮了。在家里担心影响二娘的健康，不能哭，还得安慰她，照顾她，好不容易您找时间偷偷跑到晓园公园，放声大哭了一场。您说，从此心里的石头落地了，也好受多了。后来我才知道，这是您怕我们担心才说的一生中最为痛苦的"谎言"，其实您一直没有放下，也不可能放下的。接着，您就小病小痛不断，血压升高、血糖升高、双腿浮肿……一次次住院，每周三次血透，把您折磨得精疲力竭，苦不堪言。但病痛还是没把您击倒，没人见过您悲观，您不拒绝文友们的来访和各种要求，仍绘声绘色地与大家畅谈文学与人生，为作家加油鼓劲，还整理出版了《谢璞自选集》《夜郎西舅》和《谢璞的文学世界》等近百万字的作品。2017年7月，残酷的中风把您彻底击倒了，住院长达7个多月，您坚强地与病魔抗争，想重新站起来，为右手能动能握笔庆幸，希望出院回家过年，希望与来看望您的亲友一起喝酒庆祝，还让我打听做肾脏移植手术……这些愿望都还没实现，您怎么就说走就走了呢？

二叔，您走了十多天我都不敢动笔写您，因为一触碰回忆的大门就关不住泪眼，无法控制住悲痛的情绪。我16岁在偏僻乡村教书，迷茫、孤独、无助。记得那时有部电影叫《被爱情遗忘的角落》，主题曲有这么几句："谁知道，这个地方，爱情已经把它遗忘……"歌唱到了我的心坎里，每次都听得泪流满面。我并不是渴望爱情，我向往的是外面的世界，就是顺着长满杂草的弯弯山道走到几里开外的镇上去看看也行。是您寄来的书刊和信件，点亮了我的心灯。我酷爱绘画，您说，把画画好了，以后叔侄俩可以合作，我写文章，你画插图。您的这句话，我久久记在心里，让我对美术更加痴迷。因为您，我每年寒暑假都要去长沙看看。您当时住的是省文联大院里的一套小三室一厅，四小孩子，住房紧，我每次去了，大哥乐健就在客厅铺一张床，您摸摸床问是否好睡，并会挑一些书刊放在我床头，要我多看看书，书看完了再找您拿。每次回家前，您就带我去自己的书房，把准备好的一大堆文学期刊任我挑选带走。我20岁生日，您和父亲专程带我去县城照相馆照了一张合影，留下了十分珍贵的回忆。到长沙工作后，我的每个生日您都记挂着，前些年都提前打电话来，约时间与我聊上几个小时。近些年您行动困难了，也一直没忘记这件事，会及时让乐汛带着礼物来给我庆生。

　　二叔，我每次出版了新书都会第一时间送给您，与您分享快乐。您说过，创作就像生孩子，看到自己的作品完成了或发表出版了是件最快乐的事。去年年底，我带着孩子将新出版的《魔术老虎智慧童话》带到您的病房，给您讲在上海举办新书发布会的事，您把书看成了宝贝，双眼放亮，连说了几个"好"字，赶紧要求把病床摇起来，要我一本本翻开给您看。您是我的文学启蒙老师，可以肯定地说，如果没有您我不可能走文学这条路。我童年的理想是当画家，也有过将军梦。上小学时，二娘在农村，您每年都回去住一段时间，在乡下读书写作，一有空就叫上我和几个堂弟堂妹听故事，讲您刚刚完成的作品，也讲一些名著故事，听得我们十分着迷。您的《阳雀怨》《芦芦……》等作品我们应该是第一读者吧。因为有了美妙的童年，扎实的故事底子，我后来才成了善讲故事、特别受欢迎的教师。孩子们经常缠着我听故事，讲着讲着，觉得有些故事不完美，不够有新意，就边讲边修改，或直接创作……我把口头创作的一些特别受孩子喜欢的故事，自己也感觉不错的写了下来，试着向少儿报刊投稿。我的第一篇童话《留金桥》发表在上海《好儿童》，这时，您是湖南省作协副主席兼任《小溪流》的主编，我欣喜地把样刊寄给您，很快就收到了您的回信，您鼓励我继续努力，也可向《小溪流》

投稿。这时，我创作的激情被彻底点燃，日夜奋战，两三天一篇童话或故事，轰炸式地将稿子砸向《小溪流》《童话世界》等报刊，接连发表了《大兔王的奇遇》《摆子星王》《没有身份证的白天鹅》《挨打保险公司历险记》等童话，从此就停不下来了，一直走到了现在。

二叔，我每次去看您，您除了要听我讲工作的事和家乡的情况，还要我讲讲国内外形势、大事，您在病中仍关心着国家的发展与命运，仍牵挂着九十多岁的大嫂和家人。当您突然离去，我才知道每一次见面都是那么的珍贵！与您在一起的时候，总以为时间还很多。我领着爱人和孩子春节前去看您时，我说的话，不知道您还听得见吗？您想与我们说什么，但说不出话了，您艰难地举着右手比画着，比画了好几次，我们认真地看、反反复复琢磨，都没猜出什么意思。我们知道，您牵挂的事情太多，二娘身体不好要人照顾，孙女桉桉临近大学毕业需找工作，儿子女儿的幸福、所有孙子孙女外孙女的学习成长，还有您文集的出版……您都放心不下，您都还来不及去完成呀！

亲爱的二叔，想对您说的话实在太多太多，您还能听到吗？

二叔永远活在我们心中

——怀念敬爱的二叔谢璞

谢晓梅

敬爱的二叔,您离开亲人们已经十三天了,您老人家在哪里?亲人们都在想念您!我对不起您,您老人家躺在医院半年多,我一直很想回来看看您却没有达到愿望,幸亏大连去年十月份回长沙代替我去医院看望了您老人家,对我有点安慰。

我去沈阳九个年头了,每年清明节前回长沙的第一站就是探望您,您老人家像父亲一样热情、温暖、高兴地接待我们,问寒问暖,个个问到,和我们一起喝酒、吃饭。我们孙儿出生时,您和二娘送了大红包,孙女出生时,您委托然子妹妹打电话祝贺,再三叮嘱然子妹妹问地址,要寄礼金,因你们年老体弱我拒绝了,后来听说您老人家生气了。

我和大连每年的生日您老人家都记得,在长沙的时候您每年和二娘都会带着红包和礼物亲自登门来庆祝。我们退休去了沈阳,您没有忘记,年年如此,亲自打电话祝福。去年大连生日,您躺在病床上还让乐汛弟弟拨通手机,您亲自说话祝福!

您老人家一生创作,硕果累累,为繁荣国家的文学艺术作出了巨大贡献!二叔呀!我从小受到了您的良好教育,您崇高的品德影响了晚辈,您老人家德高望重!您对上敬重、对晚辈慈爱、对朋友热情关心。您的一切一切都是我的榜样!我一定要教育好我的子孙,继承您的优良传统,为国家多作贡献!

亲爱的二叔呀!我们这次回来,您走了,您知道吗,我心如刀绞,再怎么呼唤您,您也不理我了,以后再也见不到您了!只能是梦中相见了……您老人家在九泉下一定要保佑亲人们个个平安、健康、幸福!二叔,您老人家一路走好，天堂没有痛苦！

二叔永垂不朽！

化作春泥更护花

——怀念二叔谢璞先生

尹慧文

有一个流传很广的段子：某某的语文是数学老师教的。对于我来说，我的作家梦还真是被数学老师点燃的。而点燃这一梦想的火种，则来自于著名作家谢璞先生的儿童文学名篇《竹娃》。

我的家位于洞口县青龙乡贤竹村。那年，我在贤竹小学上五年级，一位叫谢扬金的老师是我们学校的校长，也是我们班的数学老师。有一天上自习课，谢校长突然来到我们班的教室讲台，高高扬起手里拿着的一本杂志，抑制不住兴奋地说，要给我们读一篇好文章。而且，这篇文章的作者，是一位很有名气的大作家，他的名字叫谢璞，他的老家就在我们青龙乡一个叫大田院子的村庄！

我们乡里也走出了大作家？小小的我们一个个都惊呆了，那神情，不亚于现在的小朋友听说神秘的外星人就跟自己住在同一个城市。

在我们的一片惊讶声中，谢校长翻开那本还散发着油墨清香的杂志，带着十分骄傲自豪的口吻，开始为我们朗读其中的《竹娃》。

"竹山湾是个好地方。"

尽管时光已穿越三十多年，至今我依然清晰地记得谢校长刚念起《竹娃》这个开头时就已深深陶醉的模样。

那天，谢校长念得声情并茂，我们也一个个听得如痴如醉。一个长大后也想当一名作家的梦就这样在我的心里悄悄萌芽了。

其实，在此之前，我曾做过"高大上"的科学家梦。也是被这位谢校长激励的。我的三叔尹光初是新中国成立后我们乡第一个考取北京大学的人，毕业后响应党的号召，到远离家乡的黑龙江省农科院从事生物工程研究，从他的来信中，我们知道了基因工程、遗传工程这些深奥的科学术语。有一年，《黑龙江画报》的封面上刊登了三叔进行科研的大幅照片，谢校长拿着那期画报，在全校大会上进行宣传，号召我们向三叔学习。于是，我心里也暗下决心，一定要好好学习，长大后也像三叔一样当一名科学家。

而这一次，听了谢校长念的《竹娃》，像有一股魔力似的，我更向往作家梦了。后来，一直自诩为文学爱好者的我，与谢璞的侄儿谢乐军相识、相知并牵手，谢璞也就成了我敬重的二叔。我也由此步入了写作"谢家军"的行列。

二叔对晚辈们的教育和熏陶是潜移默化的。他崇尚的是赏识教育，当我们取得一点点微不足道的成绩时，他也总是十分开心地加以表扬，并鼓励我们继续加油。1997年我写的童话《会唱歌的被子》获得了第七届冰心儿童文学新作奖，应邀赴北京钓鱼台国宾馆领奖。二叔十分高兴，称赞我这篇童话表达了爱的主题，非常好，并且说，冰心先生一直倡导爱的哲学，爱是伟大的、神圣的，是生命之花的开放，是人类精神世界中不可或缺的。爱，应该成为我们写作的根本出发点，把人性中最崇高最美好的爱，反复加以歌颂。二叔的这一番话，成为我以后创作的指路明灯。

二叔不但自己辛勤创作，给晚辈们做出表率，还默默地关注着晚辈们的成长。2011年春节，我们一家三口去给二叔拜年。他欣喜地告诉我说，前不久在《文艺报》上看到了有关我的评论，我急急忙忙到网上去搜索了一下，才发现真有这事。在《文艺报》2010年12月29日第3版上，刊发了侯颖写的《古老童话与现代生活——读尹慧文童话集〈吉米的鲸鱼〉》一文。真得好好谢谢二叔，不然我还蒙在鼓里哩。

《文艺报》点评的这部童话集《吉米的鲸鱼》共收录了《穿错衣服的忙碌先生》《爱漂亮的小汽车》等60余篇短篇童话。这部童话集的显著特点是对我们日常司空见惯的生活现象进行了丰富加工和变形，从而营造出一幕幕让读者意想不到、忍俊不禁的想象空间。那天在聊天中，二叔对我的创作独特之处给予了肯定，同时，他提醒我要注意更好地省视自己作品的不足。他说，真正优秀的儿童文学作品，不仅要追求童话的故事性和游戏性，更应有意识地表达作家对人生的思考和感悟，给读者以启迪。二叔的一席话，给了我无尽的启迪。

二叔是位热爱生活、充满爱心的人。我的婆婆近些年因年事已高，身体虚弱，每到冬天时饮食起居尤其不便。二叔在为我的婆婆担忧的同时，总是安慰我们说，等到春天来了就好了，春天万物复苏，老人家也会重新焕发生机的。因此，每年的春天，都是在我们的热切盼望中姗姗来迟。然而今年3月，春天已经来临了，这位喜欢春天的二叔却轻轻地离去了！把二叔从灵堂送往悼念大厅的那天，春光明媚，花香袭人，亲人们和殡仪馆的礼兵们护送着二叔的灵柩在园区内缓缓地绕行了一圈。在病房里蛰伏了好几个月的二叔，终于又一次沐浴着暖暖的春光，又一次闻到了新鲜的花香，又一次感受到了万物的欣欣向荣。

敬爱的二叔，虽然您的身影已经离去，但我们宁愿相信，您只是扑向了您热爱的那片大地，扑向了您向往的青山绿水间，化作饱含芬芳气息的春泥，护佑着芬芳四溢的花海。

五古·悼谢璞先生

魏斌

高沙出谢璞,蓼水赋珍珠。
少年爱文学,弱冠入京都。
文学讲习所,博览万卷书。
回乡履职后,赤子心如初。
胸藏大宇宙,为民鼓与呼。
足迹遍四海,从来道不孤。
办刊办报日,心血画蓝图。
笔乃金箍棒,书即黄金屋。
湖湘一人杰,中华伟丈夫。
君今离尘世,长歌以当哭。

长大以后，我才读懂您
——悼念三外公谢璞

尹兰英

小时候，
妈妈说您是家族最大的官，
在我的脑袋里，
您就是成功和理想，
长大以后，
第一次来到您长沙的家，
看到您住在一楼的老房，
看到您的书房没有您的书籍宽敞，
我才知道，
您不是官，
您就是一个文学的仆人。

小时候，
家人说您是最和蔼的亲戚，
不论大事小事，
找您的人您从来不推托，
长大以后，
那一天听您说，
刚刚给一对家乡慕名而来的陌生夫妇，
写了一个去医院帮忙的便条，
我才知道，
您不是我们的亲戚，

您是家乡那一片热土的
亲人!

小时候,
家乡的人说您是神,
幸运之神,
文学之神,
荣誉之神,
长大以后,
看您在桌边咪点小酒的陶醉,
听您在耳边叨唠创业的规则,
聊您在亲人旁边惦记的故事,
我才知道,
您不是神,
您就是那斑斑点点的苍老老人,
您就是那从泥土来到泥土去的泥人。

小时候,
大家说您的成名作是《珍珠赋》,
我看不懂其中的奥秘,
长大以后,
听到您的声音变老,
看到您的脚步变慢,
目睹您失去至亲的痛,
深叹您病瘫卧床的难,
经历了一切,
却
从未见过您的皱眉,
从未看过您的泪水,
从未听过您的埋怨,
唯有微笑,唯有阳光,

唯有坚强，唯有那不熄不灭的希望，

才知道，

让您成名的不是那一篇赋，

而是您自己，

您就是那一粒，

历经人生百味奔向太阳的珍珠！

小时候，

您送给我一支笔和一只手表，

您谆谆教诲，

说笔杆子可以走天下，

说珍惜时间可以成大业，

我听不懂，

长大以后，

直到昨天您离去，

我才知道，

您送给我的笔，

正在用来写您，

您送给我的手表，

正在我的时间里定格您的光阴。

最后一次探病，

您说等您病好了，

一定请大家喝酒，

您说您家里有很多好酒，

长大以后，

我才读懂您，

您爱的是酒，

您爱的是炙热，

您爱的这活生生的生活。

而您，一直活着……

如父、如师、如友

——怀念表叔谢璞先生

王铭祥

2018年3月7日晚上9点左右,乐军表弟突然从长沙来电,转告谢璞表叔去世的噩耗!一听到后,我犹如五雷轰顶,一时回不过神来,十几秒时间拿着手机不知如何应答!

"喂,喂,听得到吗?"电话里乐军在不停地追问。我猛地醒悟:"听到,听到,表叔昨晚去世了?!怎么就去世了呀!"我全身突然感到一股凉意,眼前一片模糊,仿佛夜晚航行在大海上的船只,感受到前面灯塔光亮的突然熄灭!

是啊,谢璞表叔就是我心目中的灯塔,一直指引着我人生的航程。

放下电话,我的心情非常沉重,无力地躺在沙发上,表叔那慈祥如父的面容、睿智如师的眼神、亲切如友的话语不由得浮现在我的脑海……

我们谢王两家虽不是血缘亲戚关系,但因父亲与谢爷爷的师徒关系,两家却胜似血亲!谢爷爷是洞口远近闻名的弹棉师傅,父亲十七岁就跟着他学手艺。20世纪三四十年代,谢爷爷带着父亲在高沙古镇开弹棉作坊,两家在一个屋檐下共同生活了二三十年。谢爷爷像对待亲儿子一样对待父亲,父亲与谢爷爷的儿子虎臣、谢璞等也就成为了情同手足的兄弟。1949年新中国成立后,谢爷爷带着全家回了青龙乡粹口村老家安居,父亲则留在高沙继续从事弹棉工作。从此两家虽各在一方,却相牵相挂。因我出生得晚,一直到读书的时候都未曾见过谢爷爷和谢璞表叔。

记得6岁那年,父亲带我到镇上的学校报名读书,一路上对我说:"铭祥啊,现在上学读书了,可要认真发奋呀!要向你谢璞表叔学习啊!"

"谢璞是谁呀?"我偏着头好奇地问。

"谢璞是你谢爷爷的二儿子，我的好兄弟。他从小聪明好学，爱读书、会读书，尤其写得一手好文章，现在是全省很有名的大作家，他在高沙蓼湄中学读书的时候就经常投稿了。一天，他带着你哥哥贱贱去理发，贱贱年少不懂事，问了理发师傅很多稀奇古怪的问题。后来谢璞就把这一经历写成了《贱贱理发的故事》，发表在县报上，我们街巷的人读了后都说写得好极了！"父亲带着自豪的口气告诉我。

"是吗？谢璞表叔这么厉害！那我以后也要当作家，像表叔一样，也把你们做的事、讲的话都写进文章里！谢璞表叔长得怎么样呀？是不是很神气的那种人？"

父亲说："以后你见到就知道了。"

从那时起，谢璞这个名字就深深地印在我的心灵里，我总觉得他是个很神的人！

第二年夏天的一个下午，我放学走在回家的路上，快到我家附近的时候，看到一个穿干部服（那时当地人把中山装叫干部服，即干部穿的服装）模样的人，提着包裹和一个圆滚滚的大西瓜朝我家走去。与我家紧邻的李三爷突然从门口迎上去说："这不是谢璞吗？大作家，我们的大作家回来了！"

"李三爷，你好啊！我不是大作家，还只是个小学生呢！"谢璞热情地握着李三爷的手说。

啊，他就是谢璞！还说自己是小学生，小学生不就跟我一样吗！我心目中的大神人怎么这么普通！我在心里嘀咕着。

父亲听到外面的声音，从家里走出来张望。一见到父亲，谢璞就高兴地迎上去："五哥呀，我想死你们了！快有几年不见了，你们可好啊！这次我到洞口来出差，特意来看望你和五嫂呀！"

我也像看热闹似的跟着进屋。父亲一眼看到我，就把我拉到身边说："铭祥，这就是我给你说起的谢璞叔，是我们弹匠家走出来的大作家！快来拜师傅！""呵，这是铭祥小侄，上几年级了？看你这背书包的样子，就像个好学生嘛！"表叔拉着我的手，把我背上的书包取下来，然后拿过一条小板凳，要我坐在他的身旁。那神情又亲切又和蔼。我听了表叔表扬我的话，心里好舒服，因为很少有人说我是个好学生。这样，我很快就喜欢上了谢璞表叔。

表叔又问了我学校的情况，比如：老师是谁？班上有多少人？坐在第几排？是与男孩子还是女孩子坐一桌？这些问题我答得飞快。当问到我的考试成绩时，我的回答结巴了："六……六十多分吧！"

接着表叔又问我说："喜欢游泳吗？"

我骄傲地说："喜欢得很！开始我还不会游，老呛水，多游了几次，我就会了，现在都可以扎进水里摸鱼了！"

"是吗！"表叔摸着我的头很认真地说，"你真厉害！其实，读书就像游泳，只要方法对头，读起来也就又轻松又快乐的哟！你用学游泳的方式去读书，包你成绩全班第一！"

我点着头，感觉表叔讲的话又好听又好懂。在他的表情里，比父亲经常严厉的面容多了对我的信任和鼓励，让我感到不是父亲胜似父亲的温暖和惬意。

1973年我高中毕业回农村当了农民，一度心情郁闷，情绪低落。那年清明，父亲带我到青龙粹口老家扫墓挂青，一起又去看望了谢爷爷。谢爷爷说："谢璞前不久到家里住了两天，问到了铭祥表侄的学习情况，他要铭祥不要荒废了学业，可学着写点文章。"听到这话，我心中一热，一股暖流注入心田。原来表叔还一直在关心着我的成长！自此回家后，我也不再郁闷，拿起笔杆开始学习写一些新闻和小故事之类的文章。很快就得到了回报，县报和县广播电台陆续发表了我的稿子，后来我的文章又被《湖南日报》、湖南广播电台和《华南民兵》等报刊电台选用发表。表叔知道后，多次来信肯定我的成绩并指导我多读些写作方面的书。他的鼓励和指点是我当农民期间仍能坚持学习的动力源泉。

1978年，国家全面恢复了高考制度。上大学是我多年梦寐以求的心愿。"文化大革命"中的工农民兵学员是靠推荐上学的，由于父亲是老实巴交的手艺人，所以我也无缘成为推荐对象。看到身边的同学一个个被推荐上了大学，心里好生羡慕。恢复高考的消息发布后，我激动不已，很想一试，但由于我们是"文化大革命"期间的高中生，学知识的时间少，很多功课都没有学过，所以，我对高考也产生了畏难情绪，严重缺乏信心。

一天，粹口老家来人带信给父亲，说谢璞在老家住几天，要父亲带我去见他。第二天，父亲带着我步行三十余里赶到粹口老家，拜见了谢爷爷和谢璞表叔。一见面表叔就说："铭祥呀，机会来了，国家恢复高考了，凭着你的聪明和学识，应该是水罐里捉乌龟了吧！"

我惭愧地说:"我是很想上大学,但我是'文化大革命'中读的高中,那时的地理、历史等课程都未开过,而理科的数理化功底也很差,只怕考不上!"

表叔听了我的话,若有所思地说:"高考好像作战,不能打无准备之仗。不过也不要退缩,要敢于面对,树立信心,积极备考。"接着表叔建议我主攻文科,要我把历史、地理的书找来突击补火,不懂的再去请教老师,重点内容记下来反复背。

"文学史方面的知识由我来给你补,我们要像战士攻堡垒一样把它攻下来!"表叔坚定的话语、有神的目光,顿时给我增添了几分信心和勇气。

当天下午,表叔就在屋后凉爽的竹林里,摆上桌椅。他说要实行现场练兵。表叔给我出了一道作文题,要我在60分钟内写出来。我按照表叔的要求,一个人在竹林里构思作文。60分钟一到,表叔就在我身后微笑着说:"时间到,可以交卷了吗?"俨然一个严厉的考官。

表叔接过我的卷子认真地看起来。我在一旁看着他严肃的面容,心里怦怦直跳,觉得自己肯定写得不像样。

十几分钟后,表叔的脸色变得开朗,他微笑道:"铭祥,还不错,你这文章可以打70分!再在语言的生动性、用词的准确度方面用点功夫,考试过关应该没有问题!"

接着表叔要我坐在他身旁,指点我文章构思谋篇和运用修辞手法的方法及技巧。表叔耐心细致地指教传授,让我茅塞顿开,收益良多。

第二天,刚吃完早饭,表叔就叫住我:"铭祥,把钢笔和本子拿出来,我们得抓紧时间补功课,要打胜仗可得准备充足的粮草啊,我来给你讲文学史方面的重点知识,我讲你记。"

那天整整一个上午,表叔从文学的产生到文学史年代的划分,从各朝代的政治历史背景到各时期的名家名作,从先秦汉魏到明清现代,他一边讲我一边记。表叔那渊博的知识、清晰的思路、惊人的记忆力让我敬佩不已。他把中国文学史的各个要点给我一一讲解,像久旱的甘露滋润着我荒芜干裂的心田。

离别时,表叔又交代我应如何抓住重点复习,讲究方法记忆,努力做到事半功倍,同时又出了三道作文题要我回去练习。面对表叔如此细心的指点,看到他那充满信任和期待的目光,我感到浑身一股暖流在涌动,全身充满自信和力量！

1978年，我终于成功地考上了大学，实现了我梦寐以求的心愿。如果没有表叔当年父亲般的激励，良师似的传授给我知识，也许我永远与大学无缘！

大学毕业后，我走进了行政干部行列。表叔也常来信关心我的工作，勉励我当好人民公仆，尽心尽意地为老百姓办事，做群众欢迎的好干部。同时也叮嘱我要发挥自己中文专业的特长，多写些正能量的文章。

一次我为洞口一个文学青年的散文写了一篇评论，发表在《迴龙洲》文学报上，表叔看到后，马上给我写了一封信，对我进行肯定和鼓励：

铭祥侄：

你的《读西伯利亚寒流》已读到，观点鲜明，文辞简约，令人欣慰！今后有机会可多写点文章，为精神文明添玉！

6月14日《人民日报》上发表了我的短篇小说《爬窗》，请你看看并希望听听你的意见。

8月份可能会回洞口采访，到时候再叙谈。

盼望你写封回信给我。

表叔：谢璞

接到表叔这封来信，我无比激动！表叔当时是省文联执行主席，省作协的副主席，工作、创作都忙不赢，然而，他却用贵如黄金的时间来读我发表在小报上的文章，并且还专门给我写信谈了自己的读后感。

表叔看到我在写作上取得一点点成绩，就为我高兴，加以肯定和鼓励，并把自己的作品交给我来写评论，那口吻完全是一种文友之间的交流，在我这个小小的晚辈面前，他竟如此的谦逊，没有一点大作家的架子！表叔的襟怀是多么的博大和宽广！

……

回首与表叔交往的情景，我辗转反侧，夜不能寐，他那亲切的面容在我脑海中久久不能离去！是呀，表叔在我心目中永远是一个崇高的偶像，一座不灭的灯塔！他的人品和作品永远充满无穷的魅力，永远指引和启迪着我们晚辈和后人！

三湘四水失英才　芙蓉文坛陨巨星

——追思岳父谢璞

郝泽军

把您送走一周了，耳边还时时回响着凄婉的哀乐，看着大家对您的追思，我，还没缓过神来。

这几天，思绪很乱，您的形象忽远忽近，时而清晰，时而模糊。我没觉得您走了。

2018年3月6日，我正在郑州开公司年会。下午，就要再进会场的我，接到了您走的电话，一时间，我只想回去，急切地要去见您，于是，冒雨，连夜奔向长沙。其实，整个春节我都在长沙，刚回来上班。

您，真的很随和。作为有些传统思想的我，观念里，翁婿关系，多少还是有些若即若离的。您，在我的记忆里，是位慈祥的老人，朋友式的亲人，在您面前，我没有拘束。我喜欢和您聊些国内外时事，您时而微笑，时而惊愕，时而愤怒，时而频频点头。而我，只管眉飞色舞地侃侃而谈。每次与您的畅谈，我都很享受，完全忘记了，您，是文学大家，曾是领导干部，曾点燃过那么多人的希望；忘记了，您是我年少时读过的《珍珠赋》的作者。

您，真的很谦卑。2005年底，我初次到家拜见您二老，这时的我，还不知道您从事的职业。您讲，听明子说我上过军校，后来又研究生毕业，一直在企业从事管理工作，还喜欢文学。当听到文学二字时，我激动了！我兴奋地告诉您，我喜欢诗歌、散文，喜欢莱蒙托夫，喜欢白朗宁夫人的十四行诗，喜欢杜牧，喜欢徐志摩，喜欢……边吃饭边聊天，那天，我们都很开心。临走时，您送我了一本书，当我看到书上您的名字和照片时，才知道，我是如何的冒失！而您，始终是那么的随和，您，始终保持着诚挚的微笑，并没让我感到压力。后来，一直到您走，我再没敢与您聊过文学。

您，真的很随性，很留恋童年的记忆。2006年夏天，我和明子第一次陪您二老自驾旅游，先回的洞口老家。您要去湘西名山云山。一路上，您讲了很多儿时的事，聊到您儿时陪奶奶去云山莲花寺（现在叫胜力寺）。聊着聊着，车开到半山腰没路了，天也快黑下来了，山上竟然还没有电！我们说，下山吧，您却说，难得来一趟，住下！为此，我们需要把车停下，摸黑走到山另一侧的山坳里才能到宾馆。一路上，您精神矍铄不让搀扶，到达云山宾馆时已是月明星稀了。店家很热情，点上了蜡烛，那餐晚饭，您吃得很好。饭后，您没有倦意，要我陪着赏月。盛夏的山里很凉爽，很静谧，也很热闹，热闹得只听见蛐蛐的叫声。半月，挂在山顶，您，只是静静地抬头凝思，我一直没敢去惊扰。那时，您也许回到了童年，您，想奶奶了吧。

2013年，我们带着孩子又陪您去了云山，同样是摸黑住下，甚至在惊雷滚滚大雨瓢泼中，在云雾中渐次移步至山脚边的店家屋檐下，一家人围桌吃农家饭……那一次，我彻底被大自然的壮美震惊了，被您的诗情画意和浪漫情怀点燃了。您说，您还想去……

您对生活有很多感悟，美好的事物，总能被您发现，而我们却做不到。我们去南岳，到南山牧场游玩，您吃着至今我再也没见过的野菜，您说，大自然很慷慨，馈赠到处都是，但又很稀有，要珍惜。我们一路向南，到广西，又翻过猫儿山回湖南。山路真陡，下山时刹车片发烫，急需降温。车上水不多了，于是我到外面寻找，只见路边刚好有一线泉水，还有人顺着水流架了个引水竹槽，并在旁边放了个接水杯。我没想那么多，取来就用，很快刹车冷却，重新上路。回来的路上，您，多次喃喃自语，世上还是好人多啊……

后来，我们又陪您二老去过井冈山、南昌、景德镇、庐山等地，一路上，您都很兴奋，讲述着新中国的不易，感叹着青花瓷乐队的美妙。庐山，是您的最爱。白鹿洞书院、庐山花径、美庐、庐山会议旧址，您看得很认真。您说，还要我陪您来，我答应了……

您对孩子的爱，很深沉。2011年，我到郑州工作，2012年，明子和孩子随我一起来郑州定居生活。记得接她们母女那天，您鼓励我们要好好工作，好好生活。那天，您话不多，我知道，您有太多的不舍。送我们时，妈妈在哭，您，一直送到我们在视线里消失。那天，一路上明子都在哭，我也没话，心，很沉重。

随后的几年，我工作很忙，少有陪您二老旅游的机会。云山，在那儿；

庐山，在那儿，我们想再陪您去，可是，您在哪儿？

您，是不是自己云游四方、纵情山水去了？或许，是大哥陪您一起去的，明子说。我相信，在那个世界，您依然会有新的感悟，一定还能吟诵出更多优美的华章。只是，要记得我们啊……

窗外，雨，淅淅沥沥地下，思绪，再也收不住。好似又回到了多雨的江南，一时，我竟忘了身在中原……

岳父大人，您，一路走好！

想念岳父大人

谭登高

夜,实在太深、太沉了,我强迫自己钻进被窝,却辗转反侧难以成眠。我的岳父大人,您慈祥的声音就在耳旁,和善的笑容就在眼前。我很庆幸自己能成为您的女婿!更庆幸自己能陪伴您度过那么多开心的时光。岳麓山、湘江边、橘子洲头、梅溪湖……您带着我领略美丽的长沙,跟我谈生活琐事、人生世故、天地万物,更多的是,谈您的文学。

"登高,你书读得不多,但理解能力很强。"我知道,您是在鼓励我。岳父大人,我真的很喜欢您写的文章。

进入您的客厅,我总会抬头去看何满宗老师为您抄写的《汨罗江的鱼》。您的很多文章,我都反复地阅读,越读越有味道。这种味道让我享受,让我开悟!但我更享受您的声音,更喜欢您看着我说话,和大家说话。可现在只能回想了,只能是一种永远也实现不了的奢望了。

眼泪,让枕头变得冰凉。我翻身爬起,从书柜中捧出您的作品,但是今天,总是读不下去。我怕控制不了自己,怕泪水弄湿了书本。我拿出了纸笔,想写些东西,又断断续续,难以成文,写不下去。

我太不争气了,多想您教训我、骂我、打我。可您从没打过我、没骂过我、没教训过我,哪怕一句语气稍重的话语都没有说过。记得那次,我跟然子闹别扭,本以为您不知道,跟您告辞说我有事去,说完就开门往外走。您匆忙来追我,一把把我拉了回来,跟我说:"登高,你是我的爱郎……"明明是我修养不够,而您非但没有半点责怪,反而给了我更多的仁慈和关爱。

前段时间,由于各种原因没能服侍床前,是我今生最大的遗憾!女婿登高万分愧疚!

岳麓巍巍安然在,依依湘水不复回。

岳父大人，您走了，把所有的美好都留给了我们，我们将不负您的期愿，将日子好好地过下去。您，走好！

那一枚老茧

谢然子

2018年3月10日上午,我送走了我最敬重的父亲谢璞。我会永远记住这个日子,从此,父亲与我分别住在了两个不同的世界;我也会永远记住3月6日14时23分,久病的父亲在这一天终于获得了解脱。

4年前我的大哥因病走了,当时,我是痛哭流涕,甚至有种绝望升起。父亲走了,我痛哭了好几场,同样是那么伤心,那么不舍。可是,心中却多了一份轻松的感觉。这绝不是因为我可以不用再去医院照顾父亲,而是为我的父亲感到轻松。自从2017年7月父亲中风住进医院之后,他从来没有露出过笑脸,反而,有领导、好友、学生前去探看时,我偶尔看到了父亲从未有过的号啕大哭,哭声中所传达出来的,是那种断翅的悲凉。父亲病了,无法起床了,甚至话都说不清楚了。中风后和中风前,人完全不在一个水平线上了。这种苦、这种痛,我能够深深体会。身体是革命的本钱,是真的,没有健康的身体,什么都免谈。在医院期间,父亲独自忍受着病魔的折磨,我多么想替他去分担啊!我特别要感谢为父亲治疗的医生们,正是他们,让父亲多延续了一段生命。我不敢看父亲病重期间的照片,每张映出的,都是父亲被病痛折磨的那份苦痛,而在灵堂的父亲,虽然睡着了,但面容是那么慈善、安详。

在记忆中,父亲除了去上班,就是坐在写字桌前,用笔在纸上抒写他的传奇人生。当然,一杯浓茶、一盒香烟是桌上必不可少的摆件,桌上的烟灰缸里总是装着水,然后,被烟头塞得要爆。小的时候,我最爱抚摸一件东西,就是父亲右手中指边缘的一枚茧。破茧成蝶,是人们常爱说的一个成语,我傻傻地想,新的人生、新的成绩,甚至新的辉煌,都将在破茧后再次呈现!曾有几次,我试图剪掉父亲手上的那枚茧,可那枚老茧硬度堪比钻石。尖利的剪刀对于它，就像一阵微风，它纹丝不动，依然故我。

记忆中，家庭事务及我的学习和成长，都是母亲在操着心，父亲工作加创作完全腾不出空，可是，父亲还是狠狠地"教训"过我："你怎么这么懒！你极具写作天赋，可以不断写出新的、好的儿童文学作品来，但你却让时间白白浪费掉！"是的，写几篇儿童文学作品我不费劲，写出来的作品，都还能在刊物上发表出来。感谢父亲，这是受您的遗传。但我心灵不够强大，很容易受各方面的影响，创作的激情时常被冷水泼灭。特别是在结婚生子后，我手中那支笔，硬生生地被我雪藏了！想来，真是汗颜。心中有追求，怎可如此不求上进？对不起了，我的父亲。

父亲一生勤奋，著作等身，性格热情开朗，乐于助人。他的仙去，留下遗憾、不舍！人有所思必将有所改，有所改必将有所成！我要向勤奋、善良、豁达、事有所成的父亲致敬！父亲，我长大了，我会一步步成熟起来。就请您为我点上一盏明灯吧，我相信，有您永远伴随我前行，我一定会在创作道路上为自己加油、鼓劲！

昨晚，我梦见您了

谢然子

父亲，您已经离去43天了。一直以来，我都没有梦见过您，我也一直觉得您还在我的世界，并没有离开我的生活，还和我们生活在一起。

昨晚，我梦见了您，是第一次梦见您：您是健康时的模样，穿着一身白色的衣服。但是，回忆起来，我所梦见的您，并不是您身体的全部，而是您头部的影像。好像是我推开门，我就看到了您，您也看到了我，您用您的眼神和我在说话，而非是用行动或者言语……您的眼神和我说了什么话，我没有记忆了。

我与人交往，一般都会看对方的眼神，我坚定地认为，眼睛是不会撒谎的。与您在一起的时候，我也喜欢看您的眼神，在您的眼神中，我看到过责备、鼓励、赞赏；看到过开心、难过、忧愁、失望；看到过热情、开朗、大无畏，更多看到的，是坚强和宠辱不惊。

您是我们全家的骄傲，是我们家乡人民的骄傲，更是您自己的骄傲。您出身平凡，在86个岁月中，您用自己不断的努力，为自己创造了一个个奇迹，这一个个奇迹，记录了您的不平凡。太多的事，没有毅力、没有勇气、没有远见的人，是做不到的，甚至可以说，是想都不敢想，更不会去做的。

可以说您是靠自己，完全靠自己来描绘自己一生的蓝图。爷爷是个农民，不认识字，奶奶是个家庭妇女，信菩萨。经常听您和母亲说起，奶奶常用她的三寸金莲丈量从家到云山的胜力寺（莲花寺）的尺度，每年至少一次。

您总是很遗憾地告诉我们说，您对不起奶奶，奶奶没有享过您一天的福，从心底里您还愿意在百年后，回老家去陪伴奶奶，孝顺奶奶。但很多事情无法两全，您和母亲在长沙定居了，你们，包括我们，不但是湖南洞口人，也是湖南长沙人。我们的主根在洞口，但生枝发叶的藤，却是在长沙。我们在长沙,演绎着我们学习、工作、生活的故事,点点与滴滴。所以百年后的您,在长沙安家。我知道,您会经常回洞口,陪一陪您的老母亲——我们的奶奶,陪她说说话,和她唠唠嗑,然后将她老人家的快乐与祝福,回送给长沙的我们。

我一直觉得您没有走,而且很笃定。可是现在,我知道是我过于自信了。您的告别仪式后,我的生活轨迹基本转入了正常,但是,我却发现,我对什么事都没有太大兴趣,对事情没有什么明确的喜恶偏好。直白地说,对眼前的世界没有什么兴趣。像个木头人?!我邪门了吗?我有精神抑郁症了吗?不是,不是,不是的。我知道,是我误解了自己的平静,我以为,您没有离开我们,还和以前一样,一家人共欢乐、同甘苦,在您的鼓励中,我们晚辈不断尽自己的努力去上进……可,家中没有您的身影,没有您的欢声笑语,烟火缸里没有您按熄的烟头,您的房间没有留下您的气息……所有所有的这一切,都在告诉我,您没有和我们在一起了,我怎么可以去感觉您还和我们在一起呢?我这样如行尸走肉的生活,不是我想要的,我知道,更不是您这位慈祥的父亲需要的——这,不叫孝顺,而是叫"自我毁灭"!如果以后我的生活还是如此继续,您是会难过的,会很生气的,会像以前一样"狠批"我的。

写完这段文字,我笑了!刚刚,我为自己在鼓劲、加油了。父亲,您在九泉保佑我,我会挥洒汗水,写好自己以后的人生!

您的灵魂,永远与我们在一起。

江南无所有，聊赠一枝春

——送父亲谢璞

谢明子

父亲，我刚从树林经过。北方依然春寒料峭，只是这该发的芽都发了，要放的花儿也盛开了，亲爱的你，去往了何方？

风中，可是你的讯息？

父亲，我刚读过你送我的诗选。汉魏八代诗，堪称《诗》骚之流，唐诗之源，这是你我最爱的诗。书中，你随性所至而题的注，你寄语我的"万般玩乐皆烟云……读读写写山川新"，墨迹如新。

那么，亲爱的你，是不是就活在了这墨香里？

父亲，文友们都在纪念你。在这伤感的春日，他们说，你化作了春泥，滋养了万物。

父亲，你看，你的二月兰在这春风里摇曳，你的春晖正播洒在希望的田野。

你看，你不在，桃红李白春依旧；

你看，你不在，早莺呢喃争暖树，木棉灼灼迷人眼。

于是，在这生生不息的天地里，你，

恒在。

父亲，人人都称颂你的作品、文品、人格魅力。可是，于我们小家庭而言，你就是我们的父亲，我们的老人……

我是多么愿意再做你的小小闺女，牵着你温暖柔软的手过马路；

我是多么愿意你再训诫我一次，听你激昂慷慨谆谆教诲，然后小小的我热血贲张、豪情万丈，将志向和学习计划贴满小书房……

父亲，子孝父心宽。孟子云，唯孝顺父母，可以解忧。可是，父亲，我是多么愿意你正值盛年，意气风发，谈笑风生。

父亲，握着你因长期卧床、打针而变得枯槁且发青的手，捏着你因为偏瘫而渐次变形的指头，我的眼泪，没敢让你看到。老天，这是一双写作的手啊！这是创造了美好，滋养了几代人精神和灵魂的手啊！能不能，可不可以，让他再握一次笔、做一次演讲？

可不可以？

父亲，你走了。真的走了。

父亲，你坚持得太久，勇敢了太久。从小山村到大城市，从籍籍无名的农家子弟到二十余岁便在《人民文学》发表作品，见到周总理及其他文学大家的青年才俊，到克己为人回报社会的大家，这一路，你走得很走心，很忘我。

你的辛苦，我知道。

正如，这么久以来你与病痛战斗的经历一样。

你让我们骄傲。

你让我们心疼。

父亲，其实吧，我只是不舍得你走。是我的小自私。

父亲，你有满腹的才情，你有漫天的诗意，你烂漫一片，你侠气干云天。其实吧，你在哪里，老天爷都会给你福报；你去了何方，都能呼朋唤友，从者如云。我们实在不该过分悲伤。

大可不必。

只是，父亲，多希望你记得我。

我是你的一颗小小的种子。也许只能成为小草，可我愿意借着你给予的心灵滋养，努力成为一片草原。也许可以长成大树，以你的傲岸风姿，裁剪锦绣，汪洋恣肆。

也许，我是你的一颗珍珠。成色、品相不是那么完美，可是这颗有着沙核之心的小珠子啊，定不负水的恩赐，岁月的磨砺，认认真真地发着属于他自己的微光。

父亲，谢谢你，陪我们走过夏天、秋天、冬天，又一起度过春节、元宵节，待到了万物复苏。

春天，这是你最爱的季节啊！

是的，父亲，你把自己永远地留在了春天。璞玉归真，春晖满庭。

昨夜一帘幽梦，春风十里柔情。

花似伊，柳似伊，花柳清明人别离。待他日，风乍起，杏花落满肩头，我想，那一定是你在踏青，在歌唱……

父亲，春天了啊！

父亲，这是你的季节！

你要安好。

纪念我的父亲谢璞先生

谢明子

父亲谢璞，1932年出生，湖南洞口县高沙镇人，中共党员，因病医治无效，于2018年3月6日不幸离世。父亲病重期间，社会各界领导、亲朋好友殷勤前往探看；父亲逝世后大家又给予其极高的评价，在此，我谨代表家属致谢。我们将以父亲谢璞为榜样和前进的动力，努力工作，回报社会。

写自己的父亲不容易，尤其是名人父亲。我是现代文学研究方向毕业的，做过报刊编辑，对文学的理解仅仅是一孔之见，更何况，在众专业人士面前，评说一位文学大家，还真是怕露了学问与见识上的怯。那么，请允许我从热爱文学、敬爱父亲的女儿的角度，谈谈文学家谢璞吧。

一、文学家谢璞先生

毋庸置疑，父亲谢璞的文学成就颇高。父亲生前一共出版了包括散文、童话、小说在内的著作共29部，例如大家耳熟能详的儿童文学集《竹娃》《芦芦……》；短篇小说集《竹妹子》《姊妹情》《深沉的爱》《二月兰》《忆怪集》；散文集《珍珠赋》；中短篇小说集《无边的眷恋》《信誓旦旦》《血牡丹》《剪春罗》；儿童小说集《美妙的夜空》；中篇小说《小月亮和穿山甲》；长篇小说《海哥和"狐狸精"》《夜郎西舅》；寓言童话集《慢半步》《屋檐下的大世界》；长篇童话《小狗狗要当大市长》；自选集《谢璞自选集》等。他的作品，如：《珍珠赋》曾被国家教育部入选中学语文课本和大学文科教材；《芦芦……》被译成英、法等版本发行国外；《竹娃》获全国儿童文学创作奖；《湖的呼唤》《一片"菩提树叶"》先后获全国散文一等奖；《忆怪集》《丁香梦》获全国优秀儿童文学读物奖、陈伯吹儿童文学奖；《信誓旦旦》获湖南省委、省政府联合颁发的文学创作奖；等等。其作品共获奖数十次，个人多次受到省人民政府表彰。2009年，中国作家协会为褒奖父亲谢璞"对新中国文学事业作出的贡献，特颁发从事文学创作六十周年荣誉证书"和勋章。

父亲谢璞的创作，散文成就突出，儿童文学创作成绩不俗，小说创作也不乏力作。其文章"有着鲜明的时代烙印，同时又极具艺术价值"，文字优美，意境雅致，不浮躁，不矫作，不趋炎附势，有着鲜明的爱憎和深刻的立意。对于其创作特色，很多评论家、作家都给予过专业的评价。曾在延安鲁艺执教的老作家严文井老师说，谢璞是"有自己特色的作家，有自己的主张，在黯淡的浓雾中他也寻找美，而且总是渲染出一些彩色，有的鲜艳，有的淡雅，但都令人信服"。理论家胡光凡、欧阳文彬、作家郭风等人曾在《文艺报》等媒体上说，谢璞的创作"看似随笔拈来，实则涉笔成趣。他的作品具有抒情的基调，明快的节奏，欢乐的旋律。他唱的是新时代的田园之歌"；"呈现出神秘、浪漫、自由的楚湘风情，有着丰厚的文化内蕴"；他的作品"构筑了几代中国人多彩的童话世界，具有很高的艺术含量"；他毕其一生"在作品中营造了一个个爱与美的独特的艺术世界，展现出可贵的纯净、优美和反思精神，闪现着诗意的特质和自身可贵的精神追求"，阅读他的作品，是美的享受，是真与善的扬播，更是"几乎有着文学创作启蒙意义的一种阅读体验"，"时或出现一种浑厚的故土的文化气息，表现出一种与人民休戚与共的真情"。

（一）父亲谢璞的从文之路

父亲与文学缘起何处？这个问题我想过很久。在叔叔辈追忆性的文字描述里，我看到了一个勤奋、活跃、热情，好读书，悟性高，富有正义感的翩翩少年谢璞。他有善于发现美的眼睛，勤于思考的脑子，乐意写字爬格子的手，他热切地要把社会变革时期的所见、所想、所感表达出来，于是，少年求助于纸笔，开始写作。父亲在高沙镇政府文书的岗位上，在高级中学的校园里，写成了很多反映社会生活的小文，并得以发表在《新观察》《资江日报》乃至《人民文学》这样顶级的刊物上，从此一发不可收：出席全国首届青年文学作者大会，去中国作家协会文学讲习所学习，回湖南做教师、编辑，最终从事专业文学创作……这期间，父亲获得了太多眷顾。我的伯父，父亲的长兄，老教师谢虎臣无疑是慧眼识珠第一人；其次，新中国给予农家子弟的再学习机会；第三，父亲一路走来，接触了很多业界泰斗和"巨人"，比如他念念不忘的，代表大会上拜见过的郭沫若、茅盾、巴金先生、周恩来总理，还有后来给予过具体业务指导的周立波先生，等等。

鲁迅先生说，弄文学的人，一要坚韧，二要认真，三要韧长。文学界不比娱乐界光鲜有趣，更不如金融、实业界那般实惠，写作者必须发自内心地热爱缪斯之神，要怀着一颗朝圣的心，甘于寂寞和清贫，跋涉良久，方能写出灵与美兼而有之的作品。父亲生性积极、乐观、坚韧、勤奋，为人热忱、率真。他一生信奉，要以"阳光眼神、阳光口音、阳光嘴唇"，"播种阳光文学"，紧跟时代主旋律，跟从内心善与美的呼唤，"构建一个个正能量的美丽世界"……父亲毕其一生坚持信仰，为湖南乃至中国文坛的繁荣作出贡献，成就了人们口口相传的著名作家、温厚长者谢璞。

为了让人们"正视生活中的美与丑，善与恶……我喜欢奉献有一点苦涩味的果子"，不管计划经济、市场经济，不论工业时代，还是人工智能时代，父亲在歌颂美好的同时，始终保持作家特有的敏锐观察力和独立思考及判断能力，铭记社会担当，在作品中寄寓自己的社会良知和审美理想，表现出崇高的社会责任感。这也是他七十四岁高龄还笔耕不辍，写成中篇小说《夜郎西舅》的初衷。2014年，习近平总书记在文艺工作座谈会上作了重要讲话，指出，"追求真善美是文艺的永恒价值。艺术的最高境界就是让人动心，让人们的灵魂经受洗礼，让人们发现自然的美、生活的美、心灵的美"。我想，这既是习总书记对全国文艺工作者的寄语，也是在新时代对父亲这一批老文艺工作者的公开肯定吧！我父亲去世后，中国作家协会儿童文学委员会原副主任樊发稼发悼词称，"他不仅属于湖南，而且属于整个中国。谢璞的去世，是中国儿童文学的重大损失！"

国家给予我父亲很多的责任与荣誉。他是文学创作专业一级作家职称；国务院首批颁发的"突出贡献政府特殊津贴专家"；他历任湖南省文联副主席、执行主席，湖南省作家协会副主席、名誉主席。父亲还是湖南省第三、第五届人大代表，湖南省政协第七届常委；出席过全国第四次文学艺术代表大会，全国第四次、第五次作家代表大会。1989年12月至1990年1月，父亲作为中国作家代表团团长，率团出访缅甸，因其较强的政治纪律性和上乘的表现，受到了外交部的嘉奖。

（二）谢璞老师

父亲以报刊为阵地培养文学人才。他是湖南省作家协会儿童期刊《小溪流》的创始人之一；他一手创办了《小天使报》。父亲邀约文坛泰斗冰心老人为报纸题名，请来中央政治局原委员、国家教委原主任、全国人大常委会原副委员长李铁映为《小天使报》题词。他把全部的热情和能量无私地放在了报刊的发展上，采、编、发工作全部亲力亲为。

此外，父亲还担任过湖南省作协儿童文学委员会主任，湖南省关心下一代工作委员会委员；发起成立湖南省寓言童话文学研究会、张天翼童话寓言奖。他四处筹钱举办南岳儿童文学笔会，一办就是十年，培养了大批湖南儿童文学的中坚力量。父亲还是中国作家协会首届全国儿童文学奖评委，毛泽东文学奖首届评委会委员……借助各种官方或者民间团体和组织，采取激励和学术交流等形式，父亲帮助更多的人投入到了文学创作的大军中去。

父亲以满腔赤诚之心培养新人。在我的记忆里，我的家就是文友的家。即使素昧平生，来访之人只要是文学青年，只要是老乡，就能在我家吃饭、住宿，甚至常住。母亲负责给所有人做饭，照顾生活；父亲则手把手地给予创作上的指导。阅读文学青年或厚或薄的文稿，然后形成意见一一回复，这几乎就是父亲谢璞全部的业余生活。至于为成熟的作品写序，自不必言，父亲七十多岁时还乐此不疲。父亲总能在一堆文字中找到闪光点，在给出建设性意见之前，一定毫不保留，甚至略为夸张地给予作者热情洋溢的肯定。父亲更是会不时托人提携新人，尽己所能为文学新青年铺路搭桥。我的印象中，我家陋室永远是高朋满座——虽然，我们的家面积狭小，四个儿女三个尚未成年，在那个计划经济的年代，自己吃饭还需托人找粮票——父母从不忍拒绝任何人的请求，尤其是怀揣文学梦、有着美好追求的人。

父亲对老家一带的人、事，倾注了最多的心血。作为湖南省人大代表、政协委员，父亲一方面提交有助于家乡建设、开发的提案，亲自带头捐款、捐物；另一方面前往各学校讲学，扶助文学团体成长。父亲更是借助手中的刀笔，写出了能替家乡教师解决实际生活困难的美文《一滴茅台》。父亲几乎是有求必应，经济并不发达的湘西南一带，因为父亲，涌现出了很多的文学新势力。洞口县作家协会这样评价他："谢璞是洞口县文坛的旗手；是洞口现代文学的开创者和奠基人。"中国作家协会原副主席谭谈先生专门撰文，称谢璞"对青年业余作者十分热心"，是他"引导我在文学创作路上跋涉"。湖南省政协副秘书长，湖南省文联、湖南省作协副主席，湖南省儿童文学学会会长汤素兰女士也深情地说，"谢璞老师是一位温厚的长者"，"是儿童文学的一盏明灯"；"去年的树"化作了光，"永远亮在我们的心里"。

最近的一些纪念文章里，不约而同地提到了我家简朴的家庭陈设，还有我父亲朴实的夫人。此话不虚。我家客厅堂而皇之摆放的，是我爷爷所传的乡下八仙桌和板凳；父母亲卧室里的柜子、床则是新婚时双方父母的馈赠，数十年岁月，这些老物件辗转城乡，搬动于各楼栋间，始终不离不弃——正如他们之于美好时代、人与人之间的朴素感情一样。于是乎，父亲忙于文学创作、报刊编辑和社会活动，母亲则埋头持家、待客和照顾孩子。这两位朴实的人，对生活极为满足，他们以帮助他人为乐趣，为人们奉献了自己120%的真诚。

私下里，我曾经想过，倘若不如此，父亲也许能有时间写出更多、影响更大的文学作品吧？但是，倘若不如此，他们就不成其为他们了！快乐着他人的快乐，享受着自己的贡献，这是父母亲的秉性所在。

晚年时期，父亲爱上了写个人博客，便让我妹妹、《理论与创作》杂志社的编辑谢然子任打字员，他亲自主理博客内容。作品以外，父亲口述的一段话，我记忆犹新："祝福朋友们心灵的原野鲜花怒放，祝愿朋友们的生活像春天一样的美丽。"作为中文系学生的我，曾经高山仰止于父亲澎湃的诗情与创作硕果，待到后来，我由期刊编辑转行做了企业，每天与实务打交道多了，思想也起了变化，对这位为人包容、低调、坦荡到毫无保留的老人，不免有些杞人忧天了。直到今天，人到中年，有了稍进一步的人生阅历后，我才领悟，历经风雨沧桑，在熠熠其文的同时，保有一颗赤子之心，是何其珍贵！！

二、我的父亲与母亲

我的父母亲相差两岁，结合于1950年。他们是奉媒妁之言相识的，只是，女方家长没有即刻答应，因为男方家庭经济状况不佳，而我母亲祖上是地主出身。母亲那时候住在镇上，还没有经历后来下放农村的艰辛，眉清目秀、举止端庄、娴静，只一眼父亲就爱上了这个羞涩的姑娘。母亲跟我说，自此，只要一上街，她就会"碰巧"遇到我父亲。父亲还不请自来，上门去拜望准岳父。我外公是位略通文理，行善乡邻，颇懂中医药理的大能人，于是老者愿教，少年爱学，在教授中医这一来一往的过程中，聪颖又好学的父亲获得了外公的好感，婚事也就成了。后来，我父亲利用学来的各种药方，救治了不少乡人，当然，这是后话了。父亲曾经不止一次，深情地对我说："我和你外公睡一张床，他看我穿得单薄，被子也薄，怕我冷，他就捂着我的脚睡。他跟我说，你一定会有出息的。"前些年，我陪父母亲去高沙镇祖屋祭拜，年事已高的父亲还会对着外公的牌位深深鞠躬，泪流不止地喃喃私语。

结婚后，父亲从镇政府秘书岗位上辞职，入读高级中学。小夫妻俩没有收入，过着清贫而恩爱的日子。母亲总是说，父亲在外面读书，演文明戏，但是非常爱家，只要得了好东西，总会带回来和母亲分享。有时候可能是一两片腊肉，有时候也许是一小颗硬糖、一枚小发卡……父亲总是把东西夹在书本的夹页里，给母亲惊喜。冬天，母亲需要去冰冷的河边洗全家人的被褥，父亲会特意提前出门，绕道河边，就为了去帮她一把手。

几十年的风雨同行，使父母亲的感情和彼此的信任坚不可摧，于是，才有了后来我母亲放弃县机械厂的工作，回乡务农的岁月。母亲亲身体验新农村的火热生活，父亲由此写成了《信誓旦旦》《海哥和"狐狸精"》等植根乡土、真实反映农民世界的"时代田园之歌"。《湖南文学史》称其为普通劳动者的"歌者"。母亲给父亲讲故事的情景，我至今不能忘怀：就着那一方粗笨的方桌，板凳上的父亲饶有兴致地刨根问底，边问边做笔记；母亲放下手头的家务活，绘声绘色地描述和解释……有时候得闲，母亲还替父亲誊写稿件。从我记事起，就没见父母亲红过脸，拌过嘴，两夫妻相互尊重、扶助，风雨无悔，实在是我们后辈人的楷模。

用父母自己的话说，他们之间的感情像"老姊妹一样"。前些年，我母亲患上了帕金森和阿尔茨海默症，变得有些语无伦次，颠三倒四，父亲对母亲偶尔的失态表现出极大的体恤和理解，令我们晚辈动容。比母亲还年长两岁的老父亲，甚至会亲自给腿脚不便的母亲按摩，并帮助其洗脚。父亲总是说，你们的妈妈吃了很多苦，有功，你们不要忘记；你们的妈妈生病了，我们要理解，不要计较。即便在父亲病重卧床不起的日子，一旦听到我母亲身体尚好的消息，他就面有悦色，一再说："劝你妈妈，多吃点饭……"

父亲于去年夏天突发中风后，就一直卧床不起，病情持续加重。母亲前往医院探望，每回见面，二位耄耋老人执手相看泪眼，叫人不忍直视。为二老的健康，我们减少了母亲探望的次数，但每每自医院回家，母亲总要问："你爸爸好些了吗？问过我吗？"身患阿尔茨海默症的老妻，像孩子一样，毫不掩饰自己对老伴的依恋。

如今，父亲兀自驾鹤仙去，留下了这风雨兼程六十八年，携手并肩、相濡以沫的老妻——我的母亲。"知我意，感君怜，相思无尽处"；"此情可待成追忆，不思量，自难忘"，母亲的感受可想而知。我们为人子女者，唯有照顾好母亲，以宽慰父亲的在天之灵。

三、家长谢璞先生

（一）父亲的家庭教育

父亲非常注重孩子的品行教育，在家庭中，他身体力行地传播正能量，爱国、爱党、爱家、忠诚、守信，做端正、清洁之人，这是父亲对自己的要求，也是他留给我们的精神财富之一。

父亲爱孩子，但绝不以孩子为中心，他奉行榜样的力量，愿意我们主动去发现和学习。父亲没有对孩子刻意进行文学启蒙，家里众多的文学报刊、书籍，还有来往的文艺界人士，自然而然成为滋养我们的沃土。小时候，我就读过父亲的《慢半步》《屋檐下的大世界》，最喜欢他的《吹火筒的故事》《美妙的夜空》，小小年纪，我一方面为自己的父亲是个作家而骄傲，另一方面又被他构建的诗意而美好的文学世界所陶醉。这大概就是所谓的启蒙教育吧。

父亲的教育也会有意为之。有一次，大概是小学低年级的某个寒假，父亲难得地点名叫我看一本他指定的书。看了不多一会儿，我丢下书干别的去了，父亲就问："这么快？！书里都说什么了？"我就把书的大概内容口述了一遍。只见父亲和母亲迅速交换了一个眼神，然后就任由我玩去了。现在想来，那个眼神，应该叫欣慰吧！这之后，父亲在寒、暑假会开书目给我们，可惜，除了散文，其他的我兴趣不大；再后来上高中，我又迷上了古典文学，总之，不是那么靠谱的可造之才。父亲还叫我和妹妹比赛过背诵散文。最记得背诵朱自清《匆匆》的那一回，随着反复的诵读，我惊异于人居然能把自己给忘记了，完全钻进作者的情绪、文章的节奏里面出不来……父亲办报，会让我帮工，比如帮忙写个编后感，把长篇童话缩写成数百字的小文，又或者设计个报徽……等到我再长大些，父亲创作文章前后偶尔也会叫上我，说道说道，我或者拊掌赞叹，或者大言不惭建言献策，父女俩会因为文学创作而说上好一会儿。

春雨润物细无声，后来，我学习了新闻学专业，又从事过现代文学方向的研究，也陆续发表了一些散文和小小说，有一段时间，我甚至急于写一个大部头的作品。父亲语重心长告诫我说，人在经历中才会通心智，开慧眼，首先要做的，除了学习知识，还要用心去生活，"读万卷书，行万里路，阅世事、世人，总会有水到渠成的一天"。只可惜，多年以后疏懒如我，除了坚持读书，至今只敢将缪斯女神供在心里。我想，浸淫于生活，不等同于在生活中沉沦，父亲，我也许可以尝试做点什么了吧？希望经过磨砺的我，能有所进步。

（二）父亲的家庭生活

父亲很忙，不可能像今天大多数家长一样，亲自辅导孩子写作业，照顾生活，陪同娱乐。但我想，父亲给予我们的，其实很多。父亲白天忙于社会活动和行政事务，夜深人静的时候，就是他伏案疾书的黄金创作时间。多少次我从梦中醒来，透过厚重的蚊帐，看到昏黄的灯光下，父亲那熟悉的身影。绝大多数时候，父亲都在伏案疾书，偶尔会摇笔沉思。父亲写作有个特点，沉思时会快速摇动手上的钢笔，仿佛吟诵急急如律令一般，很快，父亲又下笔如有神，绝没见过他烦恼或者搁笔停工。有时候，父亲并不创作，他低声吟唱古诗词，声音高亢婉转，曲调古拙典雅，自成一派风采，每每让我有眼见汉魏高士之感。何谓开眼，于我而言，这就算是了吧！于父亲而言，俗务之外，这也许是他个人最好的一种享受吧！可是，无论多么缺乏睡眠，从未见他因疲惫迁怒于妻子、儿女。早上洗把脸，吃过简单的早餐，父亲就去工作了，出门时他一定是气宇轩昂、风度翩翩——所谓有匪君子，如琢如磨，如圭如璧，不过如是吧！

私底下的父亲其实是一个有趣味的人。难得的闲暇时间，他喜欢听戏，几乎无所不听；喜欢西方交响乐，尤其是贝多芬的第八交响曲。我们小孩子听不懂，就在边上腹诽不已。父亲最爱民族音乐，比如古琴曲《挟仙游》《凤求凰》《忆故人》《醉渔晚唱》等。去年重病卧床以后，为了给他精神上的慰藉，转移注意力，我跟他闲聊，也放一些有声书籍给他听，父亲就说："还是放古筝，就《平沙落雁》吧，我爱听。"父亲小时候尚武，颇有豪侠之气，为了帮助受欺负的邻居，少年谢璞学韩愈写过一篇《祭黑狗文》，痛骂二流子。年轻的时候，父亲爱演文明戏，似乎没当过男一号，但是我母亲爱提起这事，至今还是一脸的粉丝表情——可惜我们无缘得见。父亲颇有美术天赋，高兴的时候就爱描上几笔，在我当了妈妈以后，他还顺手画过一幅速写给我。退休后，除了继续参加各种会议，给人看稿子、写书评和序言外，父亲最喜的事情就是逛旧书店，时不时买一袋子回来，动不动就要转赠几本给我，也不管我要不要看。

年纪大了，又患上不断加剧的糖尿病，诸多的饮食禁忌使得父亲连吃饭、喝水都受到限制，生活质量大不如前，心里的苦闷可想而知。我有时会不管不顾地带他去过嘴瘾，看他低头专注地捧碗吃饭，心里会百感交集，无语凝噎。即便如此，父亲还是总想给别人以快乐和满足。记得有一年秋天，带他去湘阴吃螃蟹，明明啃不动，父亲依然兴味盎然地连声赞叹："美味啊，美味……"我和先生自驾车带父母亲去旅游过几次，无论到了哪里，风景、住宿条件几何，父亲总是一副诗意盎然、兴致勃勃的样子。他从不忍拂人美意，他对这个世界满是热情和包容。家里家外，长辈或者后学者面前，他从来没有两张脸，永远以最大的努力去给这个世界最大的善意。

其实，小时候我也曾经偷偷抱怨过，我的父亲和别人的不一样。记忆里，父亲很少陪我们过周末、去公园。但是，父亲一有空就会问问我们的成绩；再忙也会亲自参加家长会，回家从来不打骂，而是给予我们方向上的指导。最记得他激昂慷慨的谆谆教诲，如同演讲一般鼓舞人心，听得小小的我热血贲张，豪情万丈，把远大志向和学习计划贴满小书房……好友或者同学来做客，如果我父亲碰巧在家，那么，他一定会亲切地跟小朋友聊天，最后，重点又落到了他的专业里面去，问人家："你作文好不好啊？我介绍一本书给你看看啊？我考考你们啊……"我想，逢人全抛一片心，甚至部分保留了童真，这个人，就是我的父亲吧。

对孩子舐犊情深，对长辈，父亲更是孝心可嘉。祖父在世时，父亲回家探亲是一定会给祖父买好东西的。那时物质极其有限，所以，好吃的东西我们小孩子是没有的——而母亲甚至不许我们去守着祖父看——因为祖父会因此不忍心吃独食。父亲对于我早逝的祖母，有着深深的眷恋。2006年，我和老公第一次陪父母自驾游，他的第一目的地就是云山——只因为，云山是我祖母去过的唯一一个"远方"，而她徒步跋涉的目的，是祈求全家安康。云山当时还没有开发好，我们前后两次去，山里都没有电，而且要停车步行去投宿。父亲坚持要住下，摸黑在山坳里走也在所不惜，70余岁的老人连搀扶都不让，朝圣一般走向云山莲花寺；深夜也不肯睡，坐在场圃里赏月做静夜思。

（三）父亲，我爱您

我是父亲的第三个孩子，第一个女儿。父亲爱我，我也敬爱父亲。哪怕我已年届不惑，父亲还绘声绘色地讲述我出生时的样子，"脸趴趴的（圆乎乎的），像个男孩子，头发墨一样黑"，父亲比画着手势，告诉说，出生当晚我就睡在了他的臂弯里……那全情投入的身体语言，让我有无比幸福的感觉：父亲是有多欢喜我的降生啊！

在我生命的头四五年，父亲其实很少出现在我的生活里，不是不想，而是不能——父母亲两地分居长达十七年之久。后来，一旦有了可能，父亲便将我们接到身边，亲自陪伴成长。

我毕业后参加工作，便不再与父母同住，但每周总有一天，我必定回家探望。后来，我结婚生子，周六"回文联看外公"就成了雷打不动的家庭仪式之一。六年前，我举棋不定，犹豫是否迁去河南与孩子的父亲团聚时，父亲和长兄谢乐健给予了我极大的理解与支持——所以，当时的我确信，有大哥在，年迈的父母亲不会因此而过分伤心，生活也会一如既往的宁静、祥和。记得那是2012年9月5日，赶赴郑州的头一晚，我回父母家告别。晚饭后，心大的我去离家两站路远的阿波罗商业广场购物。当我在商场一楼发现了身后的老父亲时，我惊呆了！不会开车，也不用手机，80岁的老人家，什么时候，以何种方式，居然跟随我到了商场！父亲带我到金器柜，一定要给我买个金戒指。彼时的我还很清高或者说不懂事，对金器不是那么友好，可是我接受了父亲的馈赠——一枚小小的金戒指。我去付钱，父亲却一把拉住我，执拗地把银行卡晃到我眼前说："我有！"

再后来，我又在40岁生日时收到了一对金镯子，细若流云，镂刻着寓意美好的图案。父亲在电话里一再说，不俗气，你会喜欢的，我跑阿波罗两趟，才凑成了这一对……那一刻，我只想哭，一种令人窒息的幸福感和无以为报的无力感将我击倒。

从此，我金器不离身。因为那里面，是我父母亲比金子还宝贵的爱。

父亲一生极具审美能力，我所有好看的东西都是他买的。无论采风、开会还是讲学，走到哪里，父亲都会给我和妹妹带个小礼物，小到缠丝银镯子、新疆小帽子，大到天蓝色真丝小褂子；远到人生第一个正黄色雕花小书包，近到我三十岁了他还顺手给我买的粉色家居服套装，还有七十多岁时，父亲去北京开人生最后一次作家代表大会，特意买给我的墨青色项链……极为雅致。后来，何以坚持以金器送别？也许是希望这佛教七宝之一的金器，能护佑自己远走他乡的心爱的女儿吧？

中国人在家庭成员之间总是羞于直接表达感情，这四十余年，父女间从来没有说过一个爱字，没有给予对方哪怕一个拥抱。父爱如山——山一般的坚定、沉默、深刻。

父亲很注意对我品性的磨砺。有一年考学，我遭遇滑铁卢，情绪低落，父亲忙完回来后却兴奋地告诉我，他刚看到一个近似海豚的人在"走路"——爬行！他尚且如此，我们为什么就不行？！说这话的时候，父亲一脸的一往无前，至今想起，都叫我动容。父亲从来不说对我的期望，他采用的是鼓励和散养的方式。他放任我读各种各样的书，说各种奇怪的话，做大多数任性的决定。记忆里，他只对我生气过二次，一次是我不知道受了什么影响，乱谈政治，父亲严肃地批评了我；还有一次，已经有假性近视的我又躲进被窝看小说，父亲在我背上拍了一巴掌。一生仅有这一巴掌，而我当时居然委屈得哭了。年少无知，殊不知父亲的心也疼。

参加工作以后，无论婚否，我一直坚持经济独立，即使父母一再表示家里不多我一人。有一次，单身的我急需用钱，就找父亲要，父亲二话不说给了我。一段时间后，我终于达成心愿，异常兴奋地捧着钱奉还。父亲吃了一惊，问："为什么？我从来没让你们还过我钱啊！"我答："这钱不该花，窝囊，现在总算有了结局，所以一定奉还。"父亲不再多说，痛快地收了钱，给了我一句话："我不操心你。"

父亲以身垂范，任我去广阔的世界驰骋，无论一路平坦还是磕磕绊绊，父亲坚定地守望、陪伴，并不干涉，除非我寻求帮助。这些年，我辗转湖南、河南，从体制内事业单位辞职，转行到企业学习新的知识和技能，各种折腾，没有再搞过文学创作，但父亲给予的美学修养，培养的学习习惯，还有相对坚强的内心，给予了我克服困难的勇气和信心。"即使做一棵小草，也要丰润一片草原"；"种子的力量很大，小苗是可以长成大树的"——父亲，您实在是灵魂的塑造者！智者！

（四）父亲的家训

我认为在21世纪经济体系下，搞文学创作也好，从事别的职业也罢，人文素养绝对是纯技术能力以外的个人软实力。所以，父亲，请您拭目以待吧！热爱文学的人一定会越来越多。真正有生活，有人生体悟的，有理性思考的，甚至哲学层面上的，大格局的文学作品一定不会过时！文坛一定一派繁盛！而您作品中所播洒的真、善、美，也一定会在人们心中永生！

您说过"现在是一个浮躁的年代……要多读好书"；"文如其人，首先要完善自我，才能文以载道，传递爱心与公德"；"不要怕吃苦，不要怕流汗，要舍得花力气"……这何止是创作谈？我以为，这分明是父亲的家训：涵育、陶冶自己的人文主义情怀，关切人生，热爱人民，并由人及物甚至山川草木，事事关情，步步用心，这是我们通往成功的重要途径！

2018年的春天，您撒手人寰，从此，璞玉归真，风范长存。诗经有云："陟彼岵兮，瞻望父兮。父曰：嗟！予子行役，夙夜无已。上慎旃哉，犹来！无止！"这是古代父子之间深情的对话，如今，远游的是您啊，父亲！城春草木已深，儿女们倚门而望，寄书"犹来"只能拜托浮云了。父亲啊，莫愁前路无知己，天下何人不识君！我始终相信，您是踏青去了，您把自己永远地留在了春天。当春晖普照大地，一定是您慈爱而坚定的目光，给我们以生长的力量，精神的指引；当杏花雨落，杨柳风起，二月兰摇曳，一定是您在云端歌唱，在林间吟诵新的诗篇……

父亲，您一生不为一己私利，您从文学的殿堂借来火种，点燃智慧的火花；

父亲，您以生花妙笔写干净文字，您以高尚品格留人间佳话；

父亲，您为人正直，行事坦荡，乃真君子也。

父亲，此生为您的儿女，我们倍感幸福和荣耀。

"有努力，有奋斗，一定有乐趣，有收获"；"忠厚传家久，诗书继世长"；"心术当不得罪于天地，言行当无愧于圣贤"，我们当谨记您的教诲。子孙虽愚，我辈自当勤勉、勠力，崇文倡教，读书明理。少年心事当拿云，风物长宜放眼量；青山遮不住，毕竟东流去。儿孙自当以您为精神力量，珍爱每一寸光阴，上下求索努力攀登。

谨以此文纪念我的父亲谢璞先生。

2018年春于郑州

文学评论摘选

致 谢 璞

严文井

谢璞同志：

收到你三月二十日的信和《忆怪集》的二校样。虽然这几天我正处于茅盾先生逝世的悲痛中，我仍把这个集子中的每一篇都读了。在这一点上，我没有尊重你的意见。（编者注：谢璞同志写的信上只请求文井同志随意挑一两篇看看，并不是想麻烦他全读这个集子，怕影响他健康。）《芦芦……》这一篇早在刊物上发表它的时候就读过，这次又读了第二遍。

正如五十年代我初读你的作品时所感到的那样：你是一个有自己特色的作家（我曾对几个老一辈的同志说过我这感觉），二十多年过去了，你这本集子再次证明了这一点，我窃喜自己原来的判断没有错。二十多年来你沿着自己的路子有了新的进展，这是值得向你表示祝贺的。你的发展，是你自己探索和努力的结果，没有什么人可以分享这种荣誉。

《忆怪集》里所触及的、所描绘的是你的童年时代（也就是旧的时代）和你的小家乡，这很自然会显现出一种特色来。因为人物来自生活，是存在过，真正痛苦过，真正希望过，真正斗争过的，他们就使那些并非你同乡的读者也感到亲切。既"怪"，而又不怪，这些矛盾的现象就是过去我们的土地上普遍存在的现象。

你有自己的主张，于是在黯淡的浓雾中你也寻找美，而且总是渲染出一些彩色，有的鲜艳，有的淡雅，但都令人信服。为什么？因为你找到的那些是本来存在，人民喜爱并信奉的东西（当然是从你自己的角度发现的）。着意点染和夸张了你自己特别喜爱的某些方面，这是艺术家的应有的权利。不承认这个权利，就不会有不同的风格，也会使人停止思考。至少，探讨如何才能更有力地表现这个世界有关的美学观问题就成为必要的了。当然，实际上谁也制止不了这些思考和探讨。

本乡本土的景色，动植物、风俗、习惯、歌谣、方言等也帮助了你如何选择色彩。你的画笔，令我感到了"楚"风。我总觉得在色彩上《楚辞》比《诗经》更鲜艳，更浓。（我必须说明，对二者我都没有研究，我说以上那句话，只是凭我肤浅的印象。祈求上天保佑，在那句话上我不要闹大笑话。）

使你作品显出光彩的，最重要的还是你的"人物"，那些善良、勇敢、勤劳、具有自己的善恶观的普通人民。他们总是不幸，总是失败，然而他们的灵魂总是闪光。由于这样不断地闪光，中国一部历史尽管充满了血腥与污秽，终于能延续到现在，而且要一直延续下去。中国这个民族是不能灭亡的，也不会灭亡的。当然我们不能只发思古之幽情，我们还得往前走，走我们自己的道路，既谦虚，不保守；也不低三下四，样样都是别人好。

在你这部集子里，最使我感动的是《血牡丹》，那个角奶奶这么迷信，为了帮助别人，她竟然违抗了她所尊崇的神。她准备以牺牲自己作为代价来换得一个新的生命和一个母亲的生命。她的心不比金子还要贵重得多吗？如果去掉了愚昧，如果也正式学过医，这个老奶奶不也可以做白求恩吗？但是，在那个时代，角奶奶只能是角奶奶。她的行动没有让我发笑，只能博得我的尊敬，并且给现在的我对未来的中国增添了信心，中国有那么好的人民啊！

相知姐姐和角奶奶可能有点血缘关系（这是我不伦不类的联想），她是一根宁可折断不愿弯曲的翠竹。她也有点迷信，可是她烧纸钱，是为了给死去的秋喜哥还债，为了"来生"两个都得到自由。在死与不自由二者间只能有一个选择的时候，她选择了死。这样的姑娘，如果在另一个时代另一个环境里，她必然会变成一个轰轰烈烈的战士，战斗到最后一息。她是中国一百多年来前赴后继的烈士们的亲姐妹。你最喜欢这一篇不是没有理由的，我却遗憾她在人们的想象中上了月宫，但也没有办法。这样的悲剧存在于几千年的万万千千的事实中。相知和秋喜都是美的，美在他们的灵魂中。

《拨灯棍》可以说是一篇好的短篇小说，更可以说是一篇好寓言。刘先生是谦虚的，他认为自己不能发光，然而却不断拨亮别人心灵的光，甘心默默地做着不为人重视的，随便可以更换的拨灯棍。刘先生这种高尚的情操不易被人发觉，只有敏锐的诗人才能发现这种寓于平凡，甚至卑微中的可贵的东西，从而唱一支歌。

《芦芦……》里的那几个孩子，《四海游》里的咩公公，《苦啊！嘎咯》里的"嘎咯"叔，《灵猴秘史》里的吾伯伯，《一杯御酒》里的武半仙，等等，都是敢作敢为，又各有个性、特点的好人，他们奇特的同时又是真实地存在于那个时代的黑暗中，发着光，给人们带来了希望。

你这些故事有些像《聊斋志异》里的故事，但又不是。说它们有些像，是因为其中有"怪"，说它们不是，是因为说穿了到底不怪。"怪"而不怪，表明了它们是引人入胜的现实主义作品。

当然，这些题材到底是属于过去的时代的，你没有回避对丑恶的描写；不但没有回避，而且是尖锐地刺破了那些毒疮脓包。因此，它们令人信服，而且给人鼓舞。

只是，如何反映现在这个时代，刻画这个时代里的各种人物，我不知道你是如何打算的。我想，你一定会有所考虑的。但我猜想，你不会从真实生活出发的这条路上退回去。你将更用力于探索美，特别是美的心灵。现代的活生生的人，如果被真正刻画出来了，难道只会令人泄气，而不鼓舞人们继续向前的信心吗？我不信。

手法是各人各样；一个人可以有几个样。手法是为内容服务的。我欣赏你的"楚风"。也许，在若干年后，你的作品里某些段落会自然地变得更简练一些（不是全部都变了），有繁有简，繁简得体，那你就更加成熟了。当然，如果一切都变得干巴巴，那绝不是我所希望的。如果出现了这样的情况，一个人就可能老了，文思枯竭了。

你所记得的关于我的一切，都不足道，请忘却吧！握手！

文井

1981年4月6日

（《忆怪集》代序）

《珍珠赋·谢璞散文选》序

郭风

我想引录谢璞同志的散文《牵牛花》中的一段文字：

"牵牛""牵牛"，花名就"太土"。不过毕竟能开出真实的花朵。

我似乎有这样一个感觉：这些话（这一段简短的文字），也许是谢璞同志对于自己散文作品的一种"自况"，一种"自勉"；也许是他的某种美学追求、某种文学选择的告白？而文学选择或者美学追求，在我个人看来，归根到底，其中深寓着作家的人生理想以及道德追寻：想如此？

请允许我再引录《牵牛花》的一段文字：

……在我心灵的天平上，它（按：牵牛花）与圣诞树、玫瑰、牡丹形象一样可爱。它以生命的绿叶、细藤、鲜花，替我在阳台上编织遮掩阳光的"帘子"，阳光经过它过滤，变得温柔、迷离；经它梳洗的风，也多几分清新。……无声地劳作，默默无闻地创造，是它的天赋秉性。腼腆得像个天真的娃娃。

在一定情况下，一篇作品往往是作家的品质及道德追寻的一种具体的传达，而且渗透着作家的真挚情感。从这一意义上说，我大体相信老托尔斯泰有关艺术是宣传的见解。那么，从《牵牛花》中，我个人似乎获得某种道德满足，也从中隐约看见构成作家个人品质的某些活跃的元素。

"牵牛"之名"太土"。也许其品质之高贵恰恰在此（在于"太土"）。谢璞同志在《牵牛花》一文中，我看，其实也在"阐明"这种"土"的品质之高贵。对此，我一开始就提及了。因为，我个人以为明乎此，始得以理解谢璞的散文的艺术性质及从作品中出现的特殊的道德景象。所谓"土"，我意即故土或本土之意；或直截了当地说，其实就是土地之意。本土或故土，盖含有别于外地，特别是外域之土地，它可以给人们以极为丰富的、辽阔的、无穷无尽的联想；在这里，我主要想及它的浑厚，它与文化、与人们生活密切相连的关系。谢璞同志的散文，没有外域的气息，却发出一种故土的芬芳；他的散文作品，时或出现一种浑厚的故土的文化气度，表达一种与人民休戚与共的真情。谢璞同志似乎是从散文《珍珠赋》这一名篇开始，不断地向人们奉献包括《文家市的花》，以至《母亲》《荒诞的梦》《呼唤》，还有《画文井》《导师立波》等作品，这些作品也许"太土"，一如牵牛花，但毕竟开放了一朵一朵真实的花朵。

不可不提及的是，谢璞同志的不少散文，包括上举的《母亲》《呼唤》等，可以说是为少年儿童而作，或是少年儿童们可以阅读的散文作品。这些作品不仅具有一种儿童情趣，而且也显现出了作家一颗天真的心。

能为少年儿童写出文学作品，是人生的幸福。祝福本书的广大读者，祝福本书的作者。

1988年冬至节，福州。

漫谈谢璞的创作道路

冯放

谢璞是我喜欢的中年作家之一，我喜欢他有两个原因：第一，他是在《湖南文学》（原名《湖南文艺》）这块园地上成长起来的，1951年这个湖南省文联筹委会的机关刊物创办时，我与翻译家周微林都是执行编委；第二，他从五十年代登上文坛开始，一直坚持着社会主义现实主义的文学道路。正是这个缘故，我在古稀之年，又重读了他的几个在我手头上的作品集子：《姊妹情》（1959年版）、《二月兰》（1963年版）、《无边的眷恋》（1978年版）、《忆怪集》（1981年版）、《海哥和"狐狸精"》（1990年版），约百万字，大概是谢璞作品的几分之一吧。

《二月兰》是一个选集，它是从1957年北京通俗文艺出版社出版的《竹妹子》、1959年武汉长江文艺出版社出版的《姊妹情》、1962年上海文艺出版社出版的《深沉的爱》等几个集子中选出来的。《二月兰》的目录是按编年的方法排列的，从这个集子看，谢璞的第一篇作品，也就是通常所说的"处女作"是短篇小说《一篮子酸菜》，篇末注明是"1954年冬写"。不过从我的记忆来说，在这一篇之前还有一篇《修船》；这个记忆就像我记得孙建忠的"处女作"是《一个小皮球的故事》一样。为了证实我的记忆，我又查阅了我保存的《湖南文艺》五十年代的合订本（这个本子可能已成天地间的"孤本"了）。果然，在1953年11月15日出版的这一期《湖南文艺》上刊载着"生活小故事"《修船》，还配有伍觉的两幅插图，不过作者署名：曾筱青！这是否是与夫人合作的？我没有问过谢璞，不能确说。如果我的记忆不错，今年恰是谢璞创作生涯的四十周年，我这篇文章就具有纪念的意义了。

四十年来，谢璞经历了一个漫长的创作过程，尤其是这之间中国革命与建设的航船经历了巨大的转折，在粉碎"四人帮"拨乱反正、改革开放、"资产阶级自由化思潮"泛滥、"马克思主义'过时'论"流行之后，仍然坚持社会主义现实主义的创作道路，这是十分难能可贵的，这就是我在古稀之年仍愿来重读谢璞五十年代、六十年代、七十年代、八十年代的作品的原因。

社会主义的思想倾向，在谢璞的作品中，不是用论理的方式外加的；而是在人物的行动中自然流露出来的，也就是文艺批评家们通常所讲的：用形象说话。由伍觉插画的《修船》是这样，排在《二月兰》这个集子的第一篇的《一篮子酸菜》尤其是这样。作为一个编者，作品发表了将近四十年，那位住在"方砧坳"的勤劳朴实的二叔和热爱集体的二娘的音容笑貌依然让人感到亲切，原因就在用形象说话这一点上。这也就是1959年8月《姊妹情》出版后，我在《湖南文学》上撰写那篇大块文章——《生活·思想·形象——漫谈谢璞的小说》的原因。《姊妹情》这个集子是谢璞创作生涯中的一个很好的起点，谢璞在创作的道路上进步很快，从1954年冬写《一篮子酸菜》到1963年冬完成《牛府贵婿》(《湖南文学》连载时，标题为《这边风雨》)，谢璞创作过程中的第一个十年，可以说是跑步前进的，我这样说是指：《一篮子酸菜》还只是人物素描，虽然这种素描很传神，使人经久不忘；而《这边风雨》，却不是素描个别人物的问题，它塑造了一群人物，通过这一群人物的思想感情的表达和彼此关系的叙述，生动地再现了中国革命和建设的一个历史阶段。《这边风雨》的历史容量很大，它虽然不过五万来字，严格来说还是一个短篇小说，但它包含的社会生活内容，抵得上一部一二十万字的作品的容量；这就是它能改编成戏剧、电影作品的原因。应该说，《这边风雨》是谢璞的一部力作。与《这边风雨》相比，反映现实生活的长篇小说《海哥和"狐狸精"》显示了两个突破性的特点：第一，从结构上说，显示了史诗的色彩，即不仅是着意于人物描写，而是要表现一个历史阶段向另一个历史阶段的转折；第二，从艺术上说，在叙述过程中更充满了诗情画意。至于说到一些知识性的引述和议论，因为还未到冗长的地步，倒是显示了作者的成熟，而且在情节的转换方面，具有巧妙的推移作用。我衷心地希望谢璞"百尺竿头，更进一步"！

由于谢璞的创作活动一直贴近生活，所以从短篇小说《一篮子酸菜》、中篇小说《这边风雨》到长篇小说《海哥和"狐狸精"》，就把改革开放前、中国社会主义革命和建设的历史轮廓，清晰地勾勒出来了；使得这些文学作品，具有了历史文献的价值。

不过，事物无不具有两重性，正是因为谢璞的创作生涯四十年来始终与中国革命和建设的历程联系在一起，就遇到了另一个问题。一些信奉形而上学、缺乏历史眼光而又钦慕西方的人们认为，既然改革开放以来，以家庭联产承包制取代了人民公社制度，那么，农业合作化是错误的；反映、歌颂家庭联产承包制以前的农村社会主义革命和建设的文艺作品不但也是错误的，而且已经"过时"。他们从而把柳青的《创业史》与周立波的《山乡巨变》都否定了，何况谢璞？！

从人类的历史发展来看，无论是东方或西方，农业的发展方向都是，一家一户的小农业必将由规模生产的大农业所取代，只有这样，才能满足城市、工业和国防对于商品粮食的日益增长的需要，以及工业生产对于劳动力的需求。农业合作化，不过是工业生产落后的发展中国家，向规模生产的大农业过渡的一种方法。家庭联产承包制，是由于我们过早实行"一大二公"的失误而不得不做的一种"退步"；后退是为了前进，规模生产的大农业将取代家庭联产承包的小农业，从而彻底改变中国农业生产的面貌。这是不以人的意志为转移的事情。因此，从历史唯物主义看来，既然农业合作化是中国革命和建设的一个发展阶段，它支持了五六十年代在帝国主义封锁情况下的工业发展和国际敌对势力强加给我们的战争的需要；那么，作为社会主义国家的"社会主义文艺"，反映、歌颂这一段历史过程，就是作为上层建筑的意识形态的"题中应有之义"。《创业史》《山乡巨变》，包括谢璞的《一篮子酸菜》《这边风雨》《海哥和"狐狸精"》就不会"过时"，并且还不是有"过"，而是有"功"。文学史和后世子孙将会做出公正的评价。

如果说历史阶段过去了，反映这一历史阶段的文艺作品也就"过时"了，那么，封建社会早已成为历史的陈迹，稍有历史常识的人能够说反映封建社会的唐诗、宋词、明清戏剧小说，如《桃花扇》《西厢记》《三国演义》《水浒传》《聊斋志异》《红楼梦》等，我们能说它们"过时"了吗？！显然不能，这些文学艺术作品不但没有"过时"，而且形成了中华民族的优秀文化传统，一代又一代地熏陶、哺育着后世子孙，成为民族凝聚力的一种，鼓舞着中华民族的腾飞！

这种历史唯物主义的文学认识，是否是"思想僵化"的结果呢？这是"资产阶级自由化思潮"泛滥以来，人们经常提出的一个问题。关于这个问题，最近出版的《新文学史料》载袁良骏作《台湾作家心目中的鲁迅》，给了我们一个启示。粉碎"四人帮"以来，被毛泽东同志推崇为"空前的民族英雄""中华民族新文化的方向"的鲁迅先生，成了文化界一部分"新潮"派人物经常攻击的对象，他们认为鲁迅已经"过时"，因为从形而上学看来，鲁迅和他所描写的那个时代都已成为历史陈迹。可是，鲁迅在台湾中青年作家的心目中，却不是这个样子。很有名气的聂华苓说，"鲁迅创造了尖锐有力的杂文，在救国救民的运动中发挥了很大的力量……鲁迅的杂文，叫人惊、叫人怒；他的小说，却叫人深思。他杂文里的那根针，常常很巧妙地埋在小说里，刺得更痛、更深。鲁迅的短篇小说在技巧上在二十年代是'新'的，就是在七十年代也还是'新'的……今天也是写小说的人应该学习的。"（《三十年后——归国杞记》载《关于鲁迅的杂想》）另一位在国内外很流行的台湾作家於梨华则讲出了更加令人深思的话，"作家分三种等次，一流的必须是思想家，如俄国的陀思妥耶夫斯基、中国的鲁迅；二流的作家能写得动人的故事并创造人物，使读者久难忘怀；第三流的作家便是只说故事的。我是第二流的，当然想当第一流的作家，所以要努力争上游。"（《台港文学选刊》1990年第12期载《魂系故里》）这样认识文学和鲁迅的台湾著名作家聂华苓和於梨华，没有在实行社会主义制度的大陆混饭吃，她们的思想当然不会受社会主义熏陶；相反，她们生长在实行资本主义制度的台湾，并且还是被称为"现代派"的作家，她们的思想与我这个被称为"保守"的人物有共同点，可见我的思想并不"僵化"。我倒是由此而想到了另一个问题：西方"现代派"艺术思想传入中国大陆后，怎么就变了味，变成我这个能够理解台湾"现代派"作家聂华苓和於梨华、包括1982年获诺贝尔文学奖的"现代派"作品《百年孤独》的人所不能理解了！可惜，於梨华没讲否定理性、连故事也不说、只任意识流动的作家算是第几流，使我们失去了一个了解西方艺术思想的机会。

　　当然，既然一流作家"必须是思想家"，而人类不同的物质生产方式又构建了不同的思想体系，在不同思想体系指导下产生的文学艺术作品就会具有种种不同的思想性质。从社会主义中国来讲，由于还处在"社会主义初级阶段"和资本主义的国际环境中，就有社会主义思想性质的文艺、民主主义思想性质的文艺、爱国主义思想性质的文艺、人道主义思想性质的文艺，这些思想性质不同的文艺"百花齐放"，形成了社会主义国家文艺事业的繁荣局面，统称为"社会主义文艺事业"或"社会主义国家文艺"。由此可见，"社会主义国家的文艺"，是一种统一战线性质的事业。社会主义国家在大力提倡"社会主义文艺"的前提下，对其他各种思想性质的文艺都采取"扶持"的政策；唯独"排斥"反社会主义思想性质的文艺。这就是为什么共产党人反对在大陆产生《河殇》；却能理解并欢迎在台湾成长的"乡土派"作家陈映真，"现代派"作家聂华苓、於梨华等的原因！

我之所以在回顾谢璞四十年来始终坚持的社会主义现实主义创作道路的同时，借助台湾作家的资料对文学艺术事业做出一番议论，就在于鼓舞士气，希望谢璞沿着过去的足迹继续前进。最后，让我郑重地说一声：

谢璞，你好！

1993年10月18日，长沙藏拙斋
（《理论与创作》1994年第4期）

漫谈谢璞的作品

欧阳文彬

离开家乡二十年了。那边也再没有什么亲人可以记挂。最近却情不自禁地怀起乡来。

是什么触发了我的乡思呢？是谢璞的作品。

他那明丽的笔墨，娓娓的叙述，仿佛阵阵清风，股股流泉，随风飘荡的是故乡泥土的香味，与水俱流的是同乡亲友的笑语。在那字里行间，跳动着久违的故乡的脉搏。而跃然纸上的湘西儿女，更免不了要勾起我遥远的记忆。

自然，谢璞笔下的湘西农村和湘西儿女，全不是当年模样。然而，故乡就是这么奇异的地方——它和你血肉相连，不论离别多长时间，发生多大变化，总是一样熟稔，一样亲切。再说，正因为发生在故乡的变化，同样发生在祖国各地，即使相隔千里，也拦不住我以同时代人的心情去感知这一个崭新的故乡，所以读谢璞的作品，只觉得分外喜悦，分外亲切。

谢璞生长在农村，扎根在农村，从未离开自己的本土。自1953年写出第一篇短篇小说以来，他的笔也从未离开农村现实的土壤。早期作品散见于地方报刊，搜寻起来比较费事。我所看到的主要是他1958年后发表的一些小说、散文。其中有肖像画式的《老同志》《深沉的爱》《磨斧专家》，有田园诗式的《姊妹情》《玫瑰宴》《二月兰》《织蓑女》，有生活小喜剧式的《辣椒寨的春天》《嫩翅膀》《泥鳅河边》《喜乐的山窝》，也有新风俗画式的《我有一口"井"》《五月之夜》《葵帐》。尽管体例各殊，其为新生活的颂歌则一。在这些作品里，事无巨细，都是集体化激流中的浪花；人无分老幼，都是集体化道路上的战士。

从《老同志》里那位有名的老积极王四虎，《深沉的爱》里那位值得儿辈骄傲的老爹爹，《磨斧专家》里那位受群众爱戴的好领导，到《嫩翅膀》

里放农忙假回家的少先队员尹小耘,《泥鳅河边》里开展劳动竞赛、争当小英雄的两个毛孩子,哪一个不是热爱集体、热爱劳动、处处为公共利益着想的人物?他们能力有大有小,责任有重有轻,可是人人努力做到有一分热,发一分光。副业股长王四虎,当暴雨袭来时为了不让牲口遭淋,把自己的蓑衣盖在牛身上,回家来顾不得换衣服,先忙不迭地给牛羊驱寒气。年迈的老爹爹对公社的一片忠心,有他独特的表现方式,大年初一吃团圆饭,悄悄地到果园去给果树拜年,请果树吃年欢饭,祝祷公社果子丰收。下放到生产队当队长的县委农业部副部长,则在百忙中上山打猎,给社员改善伙食。素来胆小的尹小耘为了取野兽粪肥,战胜了困难重重的猫王洞;小雀子、小牯子姐弟俩为了救助"小拖拉机",也勇敢地上了豹子山,孩子们的冒险虽然以喜剧告终,他们优美的灵魂却通过这些令人发笑的情节射出最初的闪光。

　　谢璞写得较多而且相当成功的,是青年人。他给自己的作品挑选的青年男女主角,大多出生于四十年代初叶,现在刚长到花一样的年纪,正赶上建设社会主义的热潮,立下了改造自然的雄心壮志。例如领着青年突击队破冰积肥、挖井灌田的团支书幼松(《姊妹情》),努力钻研、积极取经的新任育秧员顶天(《辣椒寨的春天》),敢想敢做、改良土壤的第一流犁田手三满(《玫瑰宴》),顽强奋斗、开垦荒地的生产队管理委员福伢子(《织蓑女》)。除此以外,还有像小星(《喜乐的山窝》)和兰表妹(《二月兰》)那样被火热的生产劲头所吸引,决心在农村扎根的城市青年学生。这些朝气蓬勃的年轻人,生活中充满了新时代的欢乐。他们是社会主义农村的第一代新人。他们在党的教导下学习、成长,在生产的热潮中劳动、战斗,在幸福的空气里交往、相爱,用他们冲天的干劲和高尚的情操为我们绘出一幅春意盎然的美景。

　　谢璞显然是怀着掩盖不住的喜悦进行写作的。他在某种程度上和他的人物合而为一,在许多方面借他的人物表达了自己对生活的理想和热爱。我读着他的作品,总觉得处处闪动着作者的身影,处处能触摸到作者炽热的心。他把《深沉的爱》这一篇的题目,做了他的小说集的书名,也许是一件偶然的事情。在我看来,却好像是他对读者的内心直白。因为他所着意描写的,正是人们对社会主义、对生活、对劳动的深沉的爱。这种爱是通过各个不同的侧面和各种不同的情况表现出来的,作者的注意力却从来没有偏到故事情节上去,而是始终如一地倾注在这一主要之点上。

　　谢璞的作品,往往没有惊心动魄的场面,有时甚至连个可供讲述的故事都没有。看似随手拈来，实则涉笔成趣。平凡的劳动，普通的事件，到他手里都添上一层我们时代特有的色泽，成了揭示人物精神世界的材料。像《深沉的爱》，通过一个小女儿的口吻来叙述，让事件展开在一个和睦幸福的家庭环境里，而且是从两件迷信的老习惯讲起，却把老爹爹爱护集体、关心集体的心情渲染得真实生动而又亲切风趣。《老同志》里面，屡次提及"老积极"和他老伴之间的争吵，老伴时而责怪他不该不讲情面，得罪亲戚；时而埋怨他不该不顾自己的身体，这些笔墨巧妙地从反面烘托了主人公大公无私、公而忘私的高尚品质。《五月之夜》，只摄取了生活中一个给月婆婆道喜的场面，而且一切都按照古老的传统习俗进行，但是登场的人物是全新的，表达的感情也是全新的，因为中年得子的这两夫妇是大家所敬爱的大队党支部书记老贵和生产队长叶香，满村子人一个夙愿实现啦！

《姊妹情》《玫瑰宴》《二月兰》《织蓑女》写的都是爱情生活，这里的四对青年男女全是热爱劳动、热爱集体的生产能手，他们的爱情都建筑在共同的理想之上。《二月兰》里的兰表妹，原是一个正直、进步的泥水匠的女儿，凤凰窝里飞出来的凤凰，她在城里读完了初中，怀着做一个建筑工程师的理想，来到乡村的姨娘家复习功课，却被表哥一次再次组织"猛将"上野猪岭开荒的顽强斗志所吸引，也扛着一把大锄头上山去了。她说："村子四处一团火样的闹开了，我在屋子里能待得下吗？"当然待不下。还不只是待不下，事实是她那颗向往战斗的心一下子被那团火点着了。她爱上了这沸腾的山村，也爱上了这领着头开山劈岭的人。当野猪岭上的苞谷到了需要守护的时候，表哥坚持要独自留在山上，乡亲们正感慨他这单身汉没个人在山上给他煮饭，兰表妹忽然不假思索地说："我会煮！"仅仅三个平淡无奇的字眼，包含着多么深挚的感情！既可以看作兰姑娘爱情的真诚告白，又表达了她投身战斗的更大的激情，也可以说是兰姑娘形象的点睛之笔。

再以《织蓑女》里的赛妹为例。她像所有热恋中的少女一样，不愿和自己的情人别离，可是她所爱的苦生哥想去支援他出生的穷山窝抗旱，眼前摆着的难题是他走了谁来给他替手开抽水机。干部们议论纷纷的当口，赛妹挺身出来自告奋勇地请求学开抽水机，并且发狠心说："学不好技术，我用牙齿咬也要把技术咬出来。"当苦生哥从那边来信说他下定决心长住那里，还被选为生产队长的时候，赛妹的回信除了鼓励他在那里安心工作，还语重心长地告诉他一条改急躁性子的经验——从心里跳出一句"为的是社会主义"。

这是她学会开抽水机的经验。她写道："这句话一跳出，天大的苦，我也不怕了，我又埋头学了。"赛妹学开抽水机的过程，虽然没有做正面描写，从这封情书里透露出来的线索，却给人提供了想象的余地。细心的读者，也许还会从中感受到农村抗旱战斗的热气。

就连《我有一口"井"》和《葵帐》这样小巧玲珑的散文，也具有活跃的生命力。前者写一个欢乐的家庭等着在外地工作的亲人返乡举行割蜜糖的"典礼"，由难干的蜜"井"联想到盛开的油菜花，由兴旺的家景传送出农村的好消息；后者写一个年轻的母亲连夜在荷池边禾场上纺绩织帐，她要把帐子的圆顶用黄布贴成一朵向阳的葵花，让它伴着那最爱这种花的英雄丈夫继续战斗。两者篇幅都不过两三千字，一篇热闹，一篇幽静，但同样是以幸福的生活为背景，在我们所熟知明朗的底色上展开描绘的。

有时候，谢璞给他的作品标上带点象征性的题目。《磨斧专家》指的是主人公还会给人磨利思想的刀刃；《二月兰》意味着主人公欢喜在黑墨油浸的泥土上生长；《织蓑女》暗示着主人公辛勤织蓑供他人蔽风雨的精神。这些譬喻包含着作者对人物的评价，也道出了作者对生活的态度。

这里举出的只是几个例子，分析也很不充分，已经可以看出，谢璞善于给生活插曲谱上时代的声音，把个人感情融入对集体的热爱。他到处物色足以寄托自己的热情的材料，即使他所撷取的只是生活长河中的一朵水花，现实风云中的一抹霞光，即使他所创造的只是祖国壮丽图景中的一个细部，社会主义交响乐曲中的一簇音符，总能让人感觉到我们的农村多么美好，生活多么幸福，劳动多么愉快，人民多么可爱。谢璞歌唱这一切，唱得真挚、自然而又委婉。他的歌具有抒情的基调，明快的节奏，欢乐的旋律。他唱的是新时代的田园之歌。

谢璞的歌是怎样获得叩人心扉的力量的呢？毫无疑问，首先应当归功于他对生活的熟悉与热爱。只有熟悉了，才能生巧。只有热爱了，才能放歌。这是不言而喻的道理。另一方面，也不能忽视他在艺术上的辛勤探索。那种把生活素材处理得新鲜巧妙的手腕，绝非侥幸可致。那种饱含着情感与活力的笔触，绝非轻易得来。越是读起来轻松流畅的文字，越要求作者付出艰苦的推敲。在年轻的作者当中，谢璞是具有相当敏锐的感受力的一个。他在社会主义文学的广阔天地里，显露了自己清新、灵巧的艺术特色。

这些年来，谢璞在创作道路上迈出了值得欢迎的步伐，已经到达一个新的起点。以人物形象的刻画来说,《二月兰》里的兰表妹和《织篾女》的赛妹,比以前作品的人物要完整、鲜明得多。以文学语言的运用来说,近两年比之过去更为纯净、洗练。特色的形成和日趋成熟,也是显而易见的变化。

反复阅读谢璞的作品,在欣赏之余,也产生过疑问。他的作品很容易读下去,但不能紧紧抓住人的心。它们令人喜悦,但并不使人感奋。它们动人感情,但并不撼人心魄。它们有时也引人思索,但并不发人深省。这是什么缘故呢?当然不能简单地从题材大小上去找答案。何况谢璞确曾赋予日常生活题材以时代气息,并且通过这些题材去揭示人物的内心世界。问题到底在哪里呢?经过一番思索之后,我终于发现了几种情况:谢璞的作品有时代精神,但并不十分强烈;有真挚的感情,但并不十分深刻。它们在一定程度上反映了新社会的生活面貌,但也并不那么充分。再说,谢璞作品里的人物,显然正日益趋向鲜明和完整,似乎还是得力于抒情手法和气氛渲染得多,在对人物思想的深入挖掘方面有所欠缺,有时不免流于单薄。

如果我没有看错,要想解决问题就得从深刻、厚实两方面继续努力。只有思想、生活、感情不断地加深、加厚,才能充分掌握时代精神,真正洞察生活底蕴,在作品中深刻地反映社会本质,有力地表现当前的火热斗争,使人民惊醒起来,感奋起来,激励人民去克服新的困难,战胜新的考验,取得新的胜利。这本是每一个文艺工作者责无旁贷的义务和永无止境的努力目标。我用这样的热望来结束这篇漫谈,无非是期待着谢璞把他的笔伸向更深的土层,把他的歌唱得更激动人心。作为一个久别故乡的读者,我渴望看到的不只是湘西农村幸福生活的彩绘,更重要的还是湘西人民艰苦奋斗、从胜利走向胜利的英雄风貌。对于谢璞这样一个作者来说,这恐怕不能算是求全责备吧。

1963年3月31日
(《文艺报》1963年第5期)

美 的 追 求

朱日复

二月兰是一种开在田野里的花。自喻为"二月兰"并以《二月兰》成名的谢璞说，他每在下笔写一部新作品前，总要问一问自己："我应该怎样为读者心灵上添一点美？"谢璞四十多年的笔耕生涯，都是在辛勤地发掘美、创造美、追求美，在他的作品中表达着自己独特的美学信念和艺术理想。

谢璞是一位擅长抒情写实的作家，他的风格清新、朴实和优美，追求一种真实的、被一般人忽略了的美，他的作品被誉为"情、真、美"三者的艺术结晶。他早期的作品《姊妹情》《二月兰》《五月之夜》《织蓑女》等，即以其生动丰满的农村新人形象，对翻身农民的欢乐生活做了田园牧歌式的描绘，赢得了广大读者的喜爱。他的抒写洞庭湖的散文《珍珠赋》，被选入了中学和高等学校文科的教材，为全国青少年学子所传诵。

党的十一届三中全会以后，谢璞进入了创作的黄金时代。由于长期插队落户边远山区，他与广大劳动人民的心贴得更紧了，苦难的磨炼和对现实的深切体验，使他认识到：生活中的美不是孤立的存在，美和丑总是相反相成、相辅相生的，忽视了对丑的揭露，美也就会变成肤浅、抽象甚至虚伪的东西。因此，在歌颂美的同时，应当对丑恶的东西予以无情的抨击，通过鞭挞丑来歌颂美，通过揭露丑来突出美，通过解剖丑来创造美，从而增添人们战胜邪恶的勇气和创造生活的信心。这一时期，他灵泉喷涌，一连出版了《无边的眷恋》《信誓旦旦》《血牡丹》《忆怪集》等十三部小说集和儿童文学作品，逾三百万字。在这些作品中，作家以深邃的目光去透视生活中的矛盾，发掘出深沉厚重的生活底蕴。如中篇小说《信誓旦旦》，通过一对青年的美好爱情遭到毁灭的悲剧，歌颂了主人公正直、善良、坚贞和对事业百折不挠的信心。深刻揭露了混合着封建主义残余和教条主义因素的思想的危害性，也批判了随波逐流、庸碌无为的官僚主义作风，读后令人感到痛彻肺腑。又如《血牡丹》写一位旧社会遭受迫害却具有反抗和自我牺牲精神的农村接生老妇，她迷信神，但又敢于拂逆神的意志，以额碰墙，去迎接新的生命。在作家看来，她额头上碰出的鲜血，分明是一朵泪洗过的、极美的"牡丹花"。这些作品充满了强烈的爱憎。谢璞从极普通的劳动人民身上，发现了极感人的美，在污秽的血腥中，也看到了美的闪光，体现了谢璞在深层次上对美的追求。老作家严文井高度赞扬了这些作品，并说他"即使在黯淡的浓雾中也寻找美"。

谢璞继续坚持着他的现实主义美学信念和艺术追求，努力驾驭着生活的波涛，不断地探索和融会着新的时代精神，对美的歌颂和对丑的批判变得更强烈和深刻了。他痛惜地看到在商品经济大潮中所出现的种种负面现象：拜金主义、腐败作风泛滥、道德沦丧等，但他更看到，"我们周围，有不少心如明镜的人物，他们心灵高尚、美好、关心祖国的前途和人民的幸福，爱真理，爱正义，兢兢业业"。这些人物经常在他心中掀起"情感的风暴"，他要"诉说"他们，歌颂他们。八十年代中期出版的长篇小说《海哥和"狐狸精"》，写的就是这种"心如明镜"的人物，写他们在邪恶和丑恶的肆虐下所受到的挫折和不幸，但他们最终战胜了它们，春风满面地笑成了一朵花。这篇小说正如一位评论家所指出的，是"对我国交替变革时代的艺术观照"，它"相当准确地把握住了时代的总趋向和艺术地表现了生活的主旋律"。小说出版后受到了读者热烈的欢迎，很快就再版了。这一时期，谢璞什么都写：小说、散文、随笔、儿童文学。他说："只要是对社会有一丝一发的推动作用的，我都乐于为之。"他多次深入洞庭湖区，了解到八百里洞庭每年纳入一亿立方米泥沙，早在1991年就发表了根治洞庭湖的散文《湖的呼唤》，本着作家对湖区数百万人民安危的深切关心，发出了严重的警告。今年，洞庭湖遭受了特大洪灾，一位来自抗洪前线的朋友感叹地说："如果我们的领导同志早读过你的这篇文章，早下决心治湖，也许今年的水灾就会大大减轻甚至可以免除了……"目前，谢璞正酝酿又一部长篇小说。他说："创造美，是作家神圣的职责；创造美，也就是创造崇高。""作家的笔就是栽花的锄头，也是啄木鸟的钩舌头。我历来不主张玩文学。文学是播种阳光的事业。"

（《文艺报》1998年11月7日）

谢璞，湘西南当代文学的旗手

张建安

生长于湘西南的谢璞早在20世纪的五六十年代，即以其反映新社会农村生活的小说创作驰骋文坛，他的《二月兰》《五月之夜》《织蓑女》等作品，朴实、清新、优美，像一曲曲新时代的劳动之歌、田园之歌，反映了那一个时代广大农民普遍的愿望与心声，为广大读者所喜爱。数十年来，他坚持着现实主义的美学信念和艺术追求，努力从现实生活中发现美、发掘美、创造美，同时也毫不留情地对现实生活中那些丑恶的东西给予无情的抨击，通过鞭挞丑来歌颂美、揭露丑来突出美、解剖丑来创造美，从而增添人民战胜邪恶的勇气和创造生活的信心。纵览谢璞的创作，前、后两个时期他有着不同的艺术追求。

一、前期：淡雅、秀逸的乡风民情小说

前期（指20世纪五六十年代）的谢璞"以奔放的激情、浓重的抒情色彩，为普通劳动者唱赞歌，这样的主题可以说是谢璞小说的基本特色"[①]。在谢璞的小说中，农村的景色、日子和人物十分鲜活，好像没有经过刻意的加工和提炼。他的农村乡土小说是一种原生态，和过去的乡土文学有所不同。过去的乡土小说作者包括沈从文、汪曾祺，他们描写的纯粹是一种童年记忆里的乡村，而谢璞描写的则是实实在在的、正当行进着的中国乡村——湘西南农村。

是啊，谢璞是和新中国一同长大的作家，他第一次听到《没有共产党就没有新中国》这支歌的时候，他还是一个在蓼河边杉木皮屋顶下喝菜粥的半

[①] 陈书良主编：《湖南文学史·当代卷》，湖南教育出版社，1998年版。

文盲，与许许多多的贫苦农民一样，他感受到了翻身的喜悦。新中国成立以后，在人民政府的培养和教育下，他学习文化，学习写作，早在20世纪50年代就走上了文学道路，而且在较长时期里他一直生活在农村，熟悉各种人物，并亲身体察到农村所经历的种种变化。他对共产党、对新中国、对社会主义新农村，十分热爱，一往情深，的确，他是带着这种情感来写作的。

作者笔下的农村，大多是富有生气的。那许多山清水秀、婀娜多姿的景物描写，常常给人以美的享受：

这边风光最醉人。每一寸土地，都花香扑鼻，热气腾腾。这婀娜之姿的牛家庄，是春晖春雨迷恋的山窝，是在社会主义大道上前进的一个生产队，它有二十几缕袅袅炊烟。

这边有笑语欢腾的泉水，有婆娑起舞的绿树，有缀满野花的纵横阡陌，有挺拔俏丽的送月峰严严地守卫着半个山乡。

这婀娜多姿的地方，会使人感到中国大好河山中常见又似未曾见过，它别致得令人一见不可忘怀！……（《这边风雨》）

一场花雪后，油浸墨染的山野，变得白皑皑的，显得开阔了。威力无比的太阳一跳出来，田野上一切鲜味都给蒸发出来了，四处腾腾冒气。村子拱门前盛开的茶花，红得如喷出的一团团的火。（《野外鹊声》）

这不是单纯的写景。环境描写所烘托的气氛总是和刻画人物、表现主题息息相关的。在谢璞的许多小说里，无论是蓼河、泥鳅河，还是红枣湾、金石湾；无论是在放鞭炮、吃米花和血粑豆腐的新春佳节，还是在吃桂花蜜、吃花生米香痛了牙齿的重阳节；也无论是新婚时刻，姑娘们吵吵闹闹收"芝麻帐"，还是乡亲们吃着熟透了的枇杷和酸甜的杨梅从月婆子房里发出的笑声……那诸多迷人的场景和特有的湘西南风习，都使人为之倾慕和神往。

中国是一个农业古国，中国的农民对土地自然有一种宗教般的情感。在20世纪50年代，中国农村刚刚发生了一场巨变。土地回到了农民的手中，社会主义已经奠定了基石。与往昔的农村相比较，这是两个不同的时代，两种不同的天地，作者看到了这个根本性的变化。谢璞出于对自己乡土的热爱，对中国、对人民的热爱，把美好的事物、美好的景象描绘出来，献给读者，这并不是粉饰现实，矫揉造作，而是作家真情实感的流露。

的确，谢璞从1954年发表第一篇小说《一篮子酸菜》，到1978年出版的小说集《竹妹子》《姊妹情》《深沉的爱》《二月兰》《玫瑰宴》《这边风雨》等，写的都是雪峰山下的普通农民的普通生活，大多表现翻身农民的喜悦和崭新的时代风尚，较多地描写了广大干部、群众在社会主义道路阔步前进的风姿和对光明前途的向往。他寻找和表现的"美"，是他家乡农村的原生原态的生活风貌，是那里的人民建设社会主义山乡的巨大热情和高尚的精神境界，是青年男女建立在共同理想基础之上的爱情恋歌，是纯朴而又有时代气息的民情风俗。他那"田园牧歌"式的小说没有冷漠与忧郁，只有热情与欢快；没有假、恶、丑，只有真、善、美。《二月兰》中兰妹子的热情、大方、天真、聪慧、率直、疾恶如仇，几乎具有一个农村姑娘全部的美德美质——这显然是作者在表现生活中的美。这种美一直延续到这一时期他所塑造的所有的基层干部和青年男女身上。如傅江明（《天真的人》）、老雷（《报春花》）、幼松（《姊妹情》）、天师（《野外鹊声》）等都是当时农村出现的一代新人。他们思想开朗、情操高尚、热爱集体、热爱劳动，幸福、纯洁、欢快，堪称"美的天使"。在这里，作者显然没有停留在一般的表扬好人好事的层面，而是打开人的内心世界，深入到人的灵魂深处，开掘出浓郁的诗意和美来，特别是擅长表现和开掘青年人的心灵之美。"谢璞作品中的一代新人，有一种共同的东西，这就是纯真、质朴、无比地热爱生活，有着为了社会主义而忘我的献身精神和无边无际的浩瀚的情感、坦荡的胸怀。"[①]这些人物典型，在一定程度上丰富了20世纪五六十年代中国文学的人物画廊。

　　谢璞的小说洋溢着浓郁的诗情画意。他自己就这样说过：有诗意的触动才能下笔行文，不仅希望给人一个故事，还希望作品读起来像一首抒情诗。也正是这样一种抒情的格调，增添了其小说的艺术感染力量。

　　值得一提的是，谢璞在作品中所抒之情，并不是个人的"小我"之情，而是属于人民群众的丰富博大的情感，他们的深沉的爱与强烈的恨！

　　谢璞在着力表现劳动人民建设社会主义的巨大热情的同时，也有很多关于青年男女爱情生活的描写。这种爱情体现了我们民族固有的习惯和心理，并且带着农村特有的风味。《姊妹情》中的幼松，隔墙丢根洗衣棒槌给栓妹，以此传达爱情的信息；《二月兰》中的兰妹子，悄悄地在鸡蛋里放上十二粒胡椒送给自己的心上人，表示对情侣的关心体贴；《葵帐》中的莲花，夜深人静的时候，不知疲倦地纺绩蚊帐，丝丝缕缕，织进了自己对外出工作的丈

[①] 朱日复：《情·真·美》，湖南人民出版社，1980年版。

夫的一片深情；《织蓑女》里的赛妹和苦生这对情人久别重逢了，赛妹为了留住苦生多住一晚，偷偷地用剪刀把他磨烂了双肩的汗衫剪掉两大块，蓄意要留到第二天晚上再缝补，当他知道苦生急着要赶回去抗旱的时候，她当晚又熬夜将剪掉的汗衫补好，自觉地克制住自己的感情，让心爱的人早早回去。……类似这样动人的爱情描写，在别的作品里还有很多。它们像一阵阵清风，在读者的心头吹拂，叫人神清气爽。谢璞小说里的情爱描写，显得含蓄、真实，比较健康，其情调是高尚的、质朴的，能够使人感奋，引人向上。

除了爱情，谢璞还写了兄弟姊妹之情、父母儿女之情、同志朋友之情，这些感情的抒发，也大都是清新可喜的。它体现了我们这个社会里新型的人与人之间的和谐的关系。

我通常认为，一般书写农村的小说，是不能随随便便被称之为乡土文学的。因为乡土文学的作者必须要与农村血脉相连，和农村有着深刻的精神渊源。按这个说法来衡量，谢璞的创作当然是真正的乡土文学了。在中国这个古老而传统的乡土社会中，乡村和城市往往是以两种截然不同的面貌出现的。远离尘嚣、物质文明不发达的乡村，尽管是人们实际生活中千方百计逃离的土壤，却一直是人们精神回归的故乡。对那些出生于乡村却又居住于城市的"乡村游子们"来说，乡村更是他们逃离文化差异冲击下精神困境的田园梦乡。乡村犹如一位慈祥的母亲，贫穷但很纯朴，落后却不失优美。这种"乡村情感"反映在中国现当代文学中，便是作家们的创作不同程度地存在着的美化乡村的倾向，湘西的沈从文便是那乡村田园的永不疲倦的歌者，乡村的纯朴、恬静、真诚已成为他心中的永恒的净土。与沈从文不同的是——在新时期的小说家中，陕西路遥展示的是西北乡村的贫苦和抗争；河南的阎连科描画的是乡村的狡黠和诡谲；山东的莫言以"审丑"的视角，在其"高密东北乡"风情画中，亦寄寓着一个"刚强民族精神"的幻想……同样，湖南的谢璞几十年来则全身心地打造着属于他自己的淳朴美好的"湘西南"！

二、后期：追求崇高，改造人性的乡土反思小说

后期（指党的十一届三中全会以后）的谢璞写的小说主要是反映十年浩劫、极"左"路线给农民带来的创伤和不幸，但更多的是表现他们在困难面前不屈不挠的斗志和力量以及从平凡的生活中去发现美、创造美、弘扬美的人性，鞭答丑恶，其目的在于改良人性。

改革开放以来，特别是20世纪90年代以来，市场经济大潮猛烈地冲击着文坛，在一片"躲避崇高、宣扬赤裸人性"的鼓噪声浪中，谢璞始终坚持着现实主义创作的道路，高举起"追求崇高、改造人性"的旗帜。他认为文学是播种阳光的事业，他说："创造美，是作家的神圣职责；创造美，也就是创造崇高！"他坚信人性中具有美好的一面，但对人性中丑恶的一面，他也给予了有力而深刻的批判。

在这之前相当长的一个时期，谢璞也经历过下放边远山区劳动的生活，这使他更深切地体验到了底层劳动者真实的生存状况，他与普通劳动者的心贴得更近了，苦难的磨炼和对山区人民生活切身的体验，使他深深地认识到：生活中的美不是孤立的存在，美和丑总是相反相成、相辅相生的；忽视对丑恶的揭露，美也就会成为抽象的、虚伪的东西了。在我们人生前进的道路上不仅有阳光和快乐，而且也有泥泞和风雨，同时也存在着尔虞我诈、阴谋陷害、贪赃枉法和腐败堕落……因此在歌颂的同时，谢璞对于丑恶的东西也给予了强烈的尖锐的批判。

新时期社会的变革给作者带来了文学观念的更新，谢璞的创作也有了重大的突破。这一个时期的谢璞，可谓是文思泉涌，他一连出版了《无边的眷恋》《信誓旦旦》《血牡丹》《忆怪集》《剪春罗》和长篇小说《海哥和"狐狸精"》等十三部作品，多达三百万字。这些小说将人的命运置于历史和时代的广阔背景之下，作为社会、政治、道德、文化的艺术观照，以显示创作主体对于生活的思考。通过鞭挞丑来歌颂美，通过解剖丑来创造美，从而增添了人民战胜邪恶的勇气，真正给予读者以美的享受。

谢璞的小说《无边的眷恋》，不只是用一颗无邪的童心去仰视明丽的天空，作家更以深邃的目光去透视深沉厚重的生活底蕴，并且深受传统隐逸文化的影响，向世人展示了自己的田园情怀。

《信誓旦旦》的情节就是在宏阔的时代背景下展开的，小说将人物命运与历史进程紧密地结合在一起，通过崔雄和画眉子的爱情悲剧，歌颂了男女主人公的正直、善良、坚贞和对事业的百折不挠的信心，深刻地揭露了混合着封建主义残余和教条主义因素的极"左"的"唯成分论"的荒谬性和危害性。

《血牡丹》写一个农村接生的老妇人，虽然迷信，但为了新生命的顺利诞生，她却敢于拂逆神的意志，以额碰墙流出鲜血，这在作家看来，那分明就是一朵以泪洗过的极美丽的"牡丹花"。这里，谢璞从旧社会极普通的劳动人民身上，也发现了极感人的美，在污秽和血腥中，也看到了美的闪光。小说虽然批判的是老妇的愚昧，但它同时也歌颂了她以人为本、尊重生命的良知和善心。"在黯淡的浓雾中寻找美"，"他们总是不幸，总是失败，然而他们的灵魂总是闪光。由于这样不断地闪光，中国一部历史尽管充满了血腥与污秽，终于能延续到现在，而且要一直延续下去"①。

《忆怪集》由一组故事组成，刻画了一群天使般和魔鬼般的人物，小说会不知不觉地把读者带入到那混沌的童年世界里去。

特别值得一提的是他的长篇小说《海哥和"狐狸精"》，这是一个充满传奇色彩和悲剧气氛的爱情故事，更是一篇以爱情为引线而生发开去、全面披露隐性世相和纷繁心态的时代画卷。

我们甚至可以说，谢璞所有的小说都见证了新中国成立以来半个世纪的历史——每一个现实主义作家都是时代的见证者，他的心路历程自然携带着所历经时代的味道，这味道如果表达得真实，就对他人有意义。正是许多"一个人的历史记忆"就组成了某个时代共同的历史记忆，从这个层面上说，我们也是要感谢作家的。众所周知，文学要表现人文的历史，但文学不是历史的证人，历史也不是文学的地图。认知历史，更重要的是要认知人物，认知生命在社会变动（变革）中的意义。所以，我们从较为基层和底层人士的生活状态，从民间文化和大众心灵的剖析中，可以认识和看待社会人生，了解具有特殊意义的生活。

长篇小说《海哥和"狐狸精"》在这方面是颇引人深思的。小说的情节并不复杂，无非就是写了青年兽医汤流海和被称为"狐狸精"的美丽善良而又精明能干的"苦血姑娘"兰草香的坎坷曲折的爱情历程。但是作品的背景宏大，人物鲜活，情节兀跃，细节真实，生活味浓，时代感强。

小说中刻画得亲切感人的自然是三个少女的美好形象：绰号为"苦血姑娘""狐狸精"的兰草香、清莲和李桃芬，她们都是"心如明镜"式的人物，却各有其不同的性格特征和人生际遇。汤流海的形象也令人动情和感慨万千。当兰草香还在童年时期，便与少年汤流海邂逅而结为相好。后来，兰草香因父亲被错划为"右派"、母亲改嫁而历经忧患和人生挫折，终至流亡

---

① 严文井：《忆怪集·序》，湖北人民出版社，1981年版。

他乡，杳无音讯。汤流海则从农校毕业后踏入社会，当了一名乡村兽医，而心中却长久地思念着童年的相好。汤流海的父亲虽然当上了县农业局局长，但具有浓厚的传统观念，居然干出两次代儿子去公社领取"结婚证"的荒唐事情来，期望能延续汤家的"香火"。第一次进汤家门的是在生活的挫折和扭曲中变得玩世不恭的李桃芬（后来也醒悟过来了），她与汤流海结婚后，没有真正的爱情。汤流海在痛苦煎熬之中，忽然兰草香以全新的姿态出现了。她拿出三千元钱，为汤流海和李桃芬办理了离婚手续，使得青梅竹马的恋人终于携手喜庆，演绎了"有情人终成眷属"的传统愿望。不料天有不测风云，兰草香因对"革命委员会好"持怀疑态度，竟被打成"现行反革命"，遭到了关押和审讯，受到了种种凌辱和折磨，她就这样又一次从汤流海的生活中消失了。第二次踏进汤家门的是心地纯洁的清莲姑娘，她同意嫁到汤家来，是为了报答汤父（此时已升为副县长）对她家的恩情。当清莲姑娘得知汤流海已有所爱时，她甘愿与丈夫保持名义上的夫妻关系，并同丈夫一样一心一意地盼望兰草香早日归来。人们终于盼到了改革开放的新时期，兰草香从香港回到了家乡，为家乡的现代化经济开发作出了贡献，因而当上了副县长。汤流海也终于找到了日夜思念的情人，他们两人在激动和幸福中团聚了，忠贞的爱情追求和信念显示出一对情人的崇高品德和坚强毅力。清莲此时也主动地解除了与汤流海的婚约，离开了汤家，去寻找自己的幸福去了。小说通过对这些人物和情节的描绘，道尽了沧桑情，写透了世态心，歌颂了崇高的心灵美，鞭挞了丑恶、顽固、保守和专横，勾勒出了处于急遽转折和变革时期的生活风貌和时代特色。

　　从艺术构思上来说，作者是以一对青年男女的爱情故事作为整部小说的主体框架，同时又超越了它，让笔锋深深地切入到时代、生活和人们的心态的底蕴之中，从而表现了更广阔更深邃的时代和历史。在小说长达数十年的时间中，有历史冰河时期的不幸和困难，有乍暖还寒时期的曲折多变，更有复苏和改革时期的柳暗花明，"作品中人物的思想、行为，人际关系的价值观、审美观等，都随时代的前进而日新月异，给人以强烈的动态感和立体感"[①]。

　　小说笔法多变，描写细腻而生动，通篇充满了浓烈的感情、浓郁的诗意和浓厚的抒情气息。小说多层次、立体地表现了极"左"倾向和十年动乱对

[①] 朱日复：《一部乡土文学的佳作———谈〈海哥和"狐狸精"〉》，《中国文化报》，1992年7月12日。

人的压抑与人的抗争，野蛮落后的传统心态与进步文明的较量，改革开放带来的命运的剧变，自我的觉醒、社会心理和思维方式的变化，个性、人情、品格的张扬和升华，等等。作品将这些色彩斑斓的东西次第呈现出来，便具有了历史感和时代感。

小说人物塑造实现了从以前的单一化模式向人物多样化和丰富性的过渡。小说男女主人公不再只是田园旖旎景观下心灵美好、天真烂漫、欢歌笑语的"春的天使"，而是有着不同思想、情绪、个性和命运的生动典型的人物形象。小说的主要人物兰草香、汤流海以及白立川等已经由性格鲜明达到了性格丰富厚实的境界。兰草香是一个"血统"不好的苦命的女性强者，在疯狂的年代里，她的人格、理想、爱情，乃至她的美貌都受到有形或无形的摧残，吃尽了饥饿、歧视、囚禁、逃亡之苦，但她凭着思想和知识的力量，以及抗拒命运的勇气，她维护自己的人格，坚持爱情和理想，蔑视野蛮愚昧和世俗力量，张扬个性，大胆斗争，终于扼住了命运的咽喉，后来又在新时期成为大有作为的改革者。这个人物是作家对社会生活的艺术概括，具有一定的典型意义。

此外，小说人物自身的丰富性还表现在人物性格的多重矛盾组合。如《海哥和"狐狸精"》中的重要人物汤有余的性格就是如此。他既是农村干部，又是破坏汤流海与兰草香美好爱情的家长。他是一个矛盾的统一体，在他的身上，既有新观念所要求的求实精神、坚持原则、体恤民情、精明强干、进取乐观等品质，又有旧意识所表现的唯上级命令是听、明哲保身、整治他人、软弱无能、无为苦恼等缺陷。他的爱子之心与封建家长作风、粗暴野蛮脾性、软硬兼施手段，这种种矛盾的两极，都有条件有时序地展现在读者面前。真正做到真与假、善与恶、美与丑的对立、对比和共生、共存，以便更好地、更准确地体察历史风云、现实变迁、人情世相、民族心理积淀，以及创作主体对社会、政治、文化、道德的感情态度和严峻思考，从中获得丰富的认识价值和艺术美感。这部作品获得了文学评论界普遍的赞誉，被认为是"对我国交替变革时代的艺术观照，相当准确地把握住了时代的总趋向和艺术地表现了生活的主旋律"。同时，"这也是一部积极反映现实、讲究情节和注重刻画性格的成功之作"[①]。

---

① 袁千正：《谢璞的新奉献：审美意识的自我超越——读〈海哥和"狐狸精"〉》，《中国文学研究》，1988年第1期。

谢璞这个时期的小说大都以情节结构、矛盾冲突设立框架，在美的开掘与诗意的创造中，拓宽了小说的内涵与张力，表现了社会与人生的复杂性和矛盾的深层性。故事显得完整而不枝不蔓，环境优美而不显复杂。而且多用第一人称，还常常直接插入一些议论，即使在长篇小说《海哥和"狐狸精"》中也不例外。谢璞是情感意识很强的作家，他信奉汤显祖的"世上唯有情难诉"的名言。他在作品中表达情感的方式也是多种多样的，有时热烈、深沉，如《深沉的爱》；有时是含蓄、细腻的，如《姊妹情》，还有时是爱恨交加的，如《无边的眷恋》《信誓旦旦》《血牡丹》等。

谢璞小说的叙述语言，有浓重的抒情意味，他很少用粗犷的语言，也没有沉郁的色调，不求华丽的辞藻，而追求清新、明快、秀丽，富于诗意的文风。

——选自《当代湘西南作家研究》
（2007.5花城出版社）

谢璞的儿童文学作品，深深扎根于楚湘大地

谭群

谢璞（1932年11月21日—2018年3月6日）是与新中国一同成长起来的儿童文学家。湖南省洞口县人。曾任小学教师。中国作家协会文学讲习所第三期毕业，1959年加入中国作家协会。中共党员。湖南省人大第三届、第五届代表，湖南省政协第七届常委。中国作家代表大会第四届、第五届、第六届代表。历任湖南省文联执行主席，省作协副主席、名誉主席、省儿童文学委员会主任、《小溪流》主编和《小天使报》创始人（社长兼总编辑），中国作协首届儿童文学评奖委员会评委。国家一级作家。荣获国务院颁发的首批突出贡献政府津贴奖。

谢璞先后创作出版《二月兰》《血牡丹》《小狗狗要当大市长》等二十多部著作，散文《珍珠赋》被选进全国中学语文课本和高等学校教材。小说《二月兰》《五月之夜》《竹娃》和散文《珍珠赋》等，入选《中国新文艺大系》《中国新文学大系》及《中华人民共和国五十年文学名作文库》等多种选本。短篇小说集《忆怪集》获1982年全国优秀儿童文学读物奖。童话《丁香梦》获陈伯吹儿童文学奖。小说《芦芦……》被译成英、法文在国外发行。《湖的呼唤》和《一片"菩提树叶"》获全国散文一等奖和金奖。

早在20世纪50年代，谢璞就写出了一组出色的儿童小说，如《竹娃》《小桂游春》《嫩翅膀》《吉平得宝》《泥鳅》等。1980年，《竹娃》获得全国儿童文学创作奖。1981年以来出版了儿童文学集《忆怪集》《屋檐下的大世界》《慢半步》《从摆子寨逃出的孩子》《美妙的夜空》《小狗狗要当大市长》等。

怀着对故乡山水人情的热爱，他用艺术的笔墨描绘家乡的景、人、事、情，或精心雕琢流传在家乡的动人传说，其作品呈现出神秘、浪漫、自由的楚湘风情。谢璞谈及自己的作品，曾这样说："什么寻根不寻根，我的根不

寻也显而易见,那就是家乡的生活!"(张锦江:《说说谢璞的"楚风"》)

他作品的题材,专取"小家乡"的奇人怪事,有着奇异的民间传说色彩。作者并不是以"怪"来吸引读者的眼球,而以"怪"中的"悲"来体现丰厚的文化内蕴和自身可贵的精神追求。如《芦芦……》里,卖灵鸡子肉的怪老头,用一只模仿母灵鸡子的葫芦一吹,就会引来一群灵鸡子扑到火中烧死。"我"和水岩鹰砸碎了老头子的葫芦,但他又制造出了新的葫芦,"我"明白他的葫芦是砸不尽的,灵鸡子受骗的日子,是个没完的。"直到很久很久以后,我还容易把风吹、水流、风车叫的声音当作'芦芦……'的音响。简直叫人的灵魂感到战栗。那种声音啊,竟是这种痛苦而恐怖。它在我的童年时代,过早地添了一丝忧愁。相当长的一个时期里,我一直怕见葫芦,怕听真的或是假的那样'芦芦'的叫声。我只喜欢一切飞鸟在天地间自由自在地飞翔……"《阳雀怨》里,阳雀姑娘与半神的世人黄毛爷爷相爱。力大无穷、善良、乐于助人的黄毛爷爷却被心狠手辣的"朱善佛"陷害,阳雀姑娘最后化作一只报春的阳雀;《血牡丹》里,角奶奶违抗她尊崇的神,用自己的生命来换取一个新的生命;相知姐姐是一根宁可折断不愿弯曲的翠竹。在死与不自由二者间只能有一个选择的时候,她选择了死。《残酷的游戏》里,富翁王九让两个儿子跑马定胜负,胜者立为"小当家的",败者"打杂做奴才",最后落得两个儿子同归于尽的下场。《吉祥树》里,花脸阿哥为了赢得心爱的姑娘舍出命来,砍倒了一棵老妖树。《一杯御酒》中,武半仙搭台求雨。《四海游》里,会念咒语的杨善人;《苦啊!嘎咯》里的嘎咯半仙捉鬼。作者以悲悯的情怀呼唤生命的自由,讴歌真、善、美,鞭笞假、丑、恶。

在后期的创作中,作者也坚持着自己的信念追求与审美理想。《小狗狗要当大市长》将复杂的现实生活融于童话的幻象世界。这些内容和情节既包含作家丰富的艺术想象,又折射出现实生活的种种复杂影像。我们可以从中体会到作者的爱与憎、喜与怒。《打败了烦恼》体现了作者对人生的理解,烦恼总是挥之不去,消灭不了,与快乐共生,才得到了新的"快乐",又接着产生了新的"烦恼"。但它又不是旧烦恼的重复再生,而是在新的层次上产生新的"烦恼"。

儿童文学并不就是"轻"的,它也可以显示出文化的分量和生命的厚度。作者曾这样说:"为了让他们正视生活中的美与丑,善与恶,为了让他们成年后能自强不息,不是一碰到丑恶就惊慌失措,所以我喜欢奉献有一点苦涩味的果子。"(《湖南文学史》P90)《从摆子寨逃出的孩子》以几个孩子逃生为线索,在富于传奇色彩的故事情节中弘扬着生命的意识。孩子们在惊人的困境中,既能自救又为革命立下奇功。作者从童稚的视角观察生活,让读者在童趣盎然中领悟人生的哲理。

作者的秉性是诗情的,这不仅体现在博大的悲悯情怀、强烈的正义感和爱憎意识上,也体现在其作品的语言上。散文化的诗性语言让文本有着秀丽雅致的韵味和美感。他的童话、小说、散文无不体现出诗意的特质和光辉。"阳雀长到十六岁的时候,标致异常。她的头发柔美黑润,每当打散发辫来梳洗,就像大风吹拂下的一江碧波。她鹅蛋形脸,虽然由于成天晒太阳略见黑色,但黑里透红,越发显出青春的活力,好像用灯草都可以弹出血来。她柳叶形的眉毛,浓黑而修长,眉梢直插进鬓角。她的眼睛,有人说活像荷叶上的水珠,有人说像夜空闪烁的星星。也有人用篝火来形容她那飞扬的神采。她有秀美的身材,又有大方而机灵的举止。她的歌喉格外动人,每当她纵情歌唱的时候,森林里会响起伴唱的和声,月儿会忘乎所以地团团旋转,青山会变得更青……"(童话《阳雀怨》)其优美雅致的风韵,和安徒生的风格颇有几分神似。"圆圆的月亮,向着大地无休无止地泼洒水银,七姊妹星好像在夜空说着什么,时不时眨着它们金色的眼睛,轻纱似的彩云,荡来荡去。低空,有千百盏萤火虫灯流动。萤光灯影里,'纺织娘'在瓜棚花朵的花蕊里清唱,地面杂草中蛐蛐的歌声,听来格外清爽。劳动了一天的人们,熟睡了,包括好动的公鸡们,也做梦去了……"(童话《屋檐下的大世界》)"竹山湾是个好地方,一座一座小巧的砖屋,一簇一簇绿竹做了它好看的围墙。竹子常是好客的,招引了一群群、一对对的斑鸠、画眉、八哥和竹鸡来唱歌。村右有山,村左有一条不小的河;村前是一眼望不到边的水田。每年竹娃都能看到谷种怎样落田,能看到一田田绿秧,能闻到叫人高兴的稻花香……""黄昏时候了,打败对手的短尾巴公鸡懒懒地跟在母鸡后面,一群小鸡吱吱叫着,蹒跚地在它们周围打转转,它们是要进笼了。太阳完全沉没在西边山下了。碧蓝的天空,嵌上了几颗明亮的大星星。风儿轻轻地唱着歌,把桂树的清香往四面吹送……"(小说《竹娃》)

他的散文《珍珠赋》(1972年11月26日写,最初发表于《湖南日报》),深邃的思想,潮水般的情感,通过优美的语言倾流而出:

只见千百条水渠,像彩带似的,把无边无际的田野,划成棋盘似的整齐方块。那沉甸甸的稻谷，像一垄垄金黄的珍珠；炸蕾吐絮的棉花，像一厢厢雪白的珍珠；婆娑起舞的莲蓬，却又像一盘盘碧绿的珍珠。

洞庭啊，洞庭！在你这里，天上、地面、水下，处处闪耀着珍珠的异彩……

总之，谢璞的儿童文学作品，深深扎根于楚湘大地，在美的开掘和诗意的创造上迈出了重要的一步。对真、善、美的信念与追求，对生命的讴歌，对人性与命运的悲悯，对正义的诠释，使得他的作品有着感人的力量，能够穿越时空。作家郭风同志在给谢璞散文集写的序言中说："谢璞同志的散文，没有外域的气度，却散发出一种故土的芬芳。他的散文作品，时或出现一种浑厚的故土的文化气度，表现一种与人民休戚与共的真情。"

——选自《湖南儿童文学史》
（2015.9湖南少年儿童出版社出版）

对交替变革时代的艺术观照

——评谢璞长篇小说《海哥和"狐狸精"》

艾斐

谢璞的《海哥和"狐狸精"》(甘肃人民出版社出版)是一部以特殊的取景角度和艺术笔触描写当代农村生活的长篇小说。说它特殊,是因为小说的取材很别致,构思很独特,情境、人物、事件和场景的选择,也都别有一番意趣和韵味。作者以小见大,以微寓宏,于曲隐幽微之中和淋漓驭笔之处,道尽了沧桑情,写透了世态心;从儿女情长和严峻斗争的交转伏跃之间,富有动态感地描写了动乱年月给人们造成的生活悲剧和心灵创伤,以及在春归大地之后,新的生活和新的时代所赐予人们的意外的补偿。

乍看起来,这部小说的情节并不复杂,无非就是写了青年兽医汤流海和被称为"狐狸精"的美丽善良而又精明能干的"苦血姑娘"兰草香的坎坷曲折的爱情历程。但是,细一咂摸却意蕴宏富,思寓隽永,既引人入胜,又耐人寻味。何故呢?就因为作品的背景大,人物活,情节兀跃,细节真实,生活味浓,时代感强,笔法多变,描写细而生动,通篇充满了浓烈的感情、浓郁的诗意和浓厚的抒情气息,笔锋翔弋之处,无不楚楚动人;人物出没之际,更能撼心移情。

是的,确实是这样的。《海哥和"狐狸精"》所诉诸世人的,是一个充满传奇色彩和悲剧气氛的爱情故事,更是一幅以爱情为引线而生发开去,全面披露隐秘世相和纷繁心态的时代画卷:汤流海与兰草香还在童稚之年,便由于在狗鱼冲的一次邂逅而结为少年相好。此后,兰草香因为父亲白立川被错划为"右派",随着母亲的两次婚变而历经曲折,饱受忧患,流亡他乡,音讯全无。但是,她的心灵,她的形象,却在汤流海的心田里悄悄地埋下了爱情的种子。随着年龄的增长,种子发芽了,抽出了嫩叶,爱情也渐渐由朦胧变为明朗。汤流海长大了，成熟了，农校毕业了，正当那疯狂的年月而带着一颗毫无世故之壳保护的纯真的心踏入了社会的大门，迎接了生活的挑战，同时也屡屡遭受命运的捉弄和世俗的浸渍，他的纯洁的感情和纯正的心被戕伤了，被亵渎了。在这种情况下，他益发思念童年的好友兰草香，可是，她在哪里呢？！……茫茫然！……正当其时，他的皈依于传统观念的父亲（县农业局长）汤有余却利用职权两次到公社为儿子代领了所谓的"结婚证"书。跟着第一张结婚证进了汤家门的姑娘，名叫李桃芬，这是个因遭扭曲的生活的蹂躏而变得有点玩世不恭的姑娘，她所带给汤流海的，只能是一场没有爱情的纯婚姻的闹剧和悲剧。就在这时，兰草香经过崎岖的生活历程之后，竟神话般地出现了，由她出资三千元作为代价，李桃芬才答应与汤流海办了离婚手续。但不幸的是，正当兰草香和汤流海山盟海誓互表忠贞之际，兰草香却因为对"革命委员会好"持怀疑态度而被打成了"现行反革命"，在被审讯、关押和追捕中受尽了种种凌辱和折磨，她又一次失踪了。于是，随着由父亲代领的第二张所谓的"结婚证"书，又一个名叫清莲的姑娘进了汤家的门。这个清莲姑娘品貌皆佳，她之所以嫁到汤家，完全是为了报答汤有余任副县长时对她家的恩情。所以，尽管汤流海只与她保持名义上的夫妻关系，她也心甘情愿、含辛茹苦地熬了过来，并一心盼望兰草香早日归来，以促成她与汤流海花好月圆。直到疯狂的年月结束了，改革的时代到来了，兰草香才终于从香港回到县上，为县里的改革和开发献计出力，并当上了副县长。眼见一对真心相爱而又饱经磨难的情侣，在激动和幸福中重新团聚的时候，清莲这时主动解除了与汤流海的名义上的夫妻关系，流着悲喜交加的泪水离开了汤家，坚毅而乐观地去寻找自己应当走的生活道路。

  简单说起来，这个故事好像也并不神奇，但真要读起小说原本来，却按捺不住那令人迷醉而悸动的心，以至于动情的泪水和叫绝的拍案，常常油然而生、豁然而起。那人情、那世态、那笔致、那魅力，实在真切自然极了，质朴纯净极了，同时也颇具旖旎精巧、葳蕤秀美之特色。

  闳富旷达的谋篇立意和玲珑和谐的艺术构架，使小说在总体上给人造成一种深厚而完美的感觉，大大强化了思想内涵和时代印痕的广延性，艺术感召力和透射力也随之而有所增加。作者以青年兽医汤流海和被世俗者嫉美者嬉称和诬称"狐狸精"的兰草香的忠贞而崎岖的爱情经历为主线，辐射状地勾描了处于急遽转折和巨大变革之中的时代物质和生活风貌，背景是相当广阔的，事件、场景、人物和意象也都比较富于典型意义，从而使历史的冰河期、乍暖还寒的复苏期和颦骤旌扬的变革期，在客体和主体、物态和心态上，自然而有序地连成了一个艺术的鱼贯体，充分展现了疯狂年月和变革时期两种既有联系又有区别的社会情和人生相。这就是说，作者既以一对青年的爱情生活作为整部小说的主体艺术构架，但又十分自觉而艺术地超越了它，使笔锋深深地切入了时代、生活和人的心态的底蕴之中，从而在更广阔、更深邃的生活背景和艺术空间中，钩沉和淘漉、描绘和表诸跨时代的、全息状的社会生活风貌。实际上，纤狭的爱情故事，只不过是作者用来涵盖深广的生活内容和时代物质的艺术载体罢了。在小说中，汤有余、李大波、王翠凤、李桃芬、卢水桂、李本根、白立川、伍奶奶、宋金马、灯伢子、关英杰、袁喜莲、唐秘书、何书记、高远见、兰医生等人物的出现，就有力地证明了这一点，这些人物的典型意义和性格特征、思想情操和希冀追求，无不对社会的内蕴和人的本性具有极大的意识辐射性和信息覆盖量。几乎每一个人物都称得上是"这一个"，都艺术地对社会时代、历史和现实做了横断式的全面而裸露的展示。特别是汤流海、兰草香和清莲，其不仅是作品整体的艺术构架的三个有力的支点，而且也一个个都是真的形象、活的形象、美的形象。这一切，正如作者在小说第六章的结尾处所写的："谁能说，高远见不是个人才？森林里什么木料都有的。人类社会本来就有许多个舞台嘛……"

《海哥和"狐狸精"》就正是对人类社会这许许多多、形形色色的舞台的交叉重叠和综合效应，作者精心选择了最具有多元化、社会性的各种人物作为自己的描写对象，并通过同样的精心的艺术运筹，而使这些人物在有限的艺术空间中得以进行充分的表演，又从这种"表演"中，真切而生动地涵渗和影印了时代精神的"魂"和现实生活的"质"。汤流海就因为为人正派、刚直不阿，在媚俗而扭曲了的生活面前不随波逐流，在家规与世俗的箍制下始终不渝地忠实于最真诚的爱情，竟被人们认为是"疯傻"，是"痴憨"，以致被坏人欺负，被好人误解，使亲人痛心；兰草香就因为长得标致、水灵，而被"正统"的村民们视作"狐狸精"；就因为父亲白立川的"右派"问题和母亲的两次婚变，而被社会所遗弃，被世俗所嘲弄；就因为怀疑"革命委员会好"，而被投进铁窗和四处追捕，以致被善良的人们误以为她本来就是生就命苦的"苦血姑娘"。善良忠厚而又囿于传统心理定势和封建意识积淀的汤有余，每每怀着好的愿望助人、办事，却又常常引出适得其反的效果。

其他如李桃芬的玩世不恭，清莲姑娘的知恩负重，白立川的屡遭劫难，灯伢子的黯然神伤，以及粗鄙的李大波对纤丽而不幸的卢水桂的钳制，善于玩弄权术和钻营爵禄的高远见对道义和真理的亵渎与蹂躏等，都极为生动具体地勾画出了那"史无前例"的疯狂年月的时代垢迹，读后不仅令人震悚，而且引人沉思，其中深涵着沉重的历史代价和更加沉重的历史启迪！

但是，谢璞并没有让这种沉重的历史之网笼罩了生活和时代，并没有让这种压抑的历史变调成为生活和时代的主旋律。他是那么自觉、那么能动地把这种沉重的历史之网和压抑的历史变调，融入并置于生活和时代的欢快而奋进的氛围之中和基础之上。他相当准确地把握住了时代的总趋向和艺术地表现了生活的主旋律。汤流海、兰草香、汤有余、李桃芬、清莲、灯伢子、白立川，都像乘着"诺亚方舟"一样，终于在时代的大潮中度过了危难，迎来了光明，进入了新时期。不是吗？汤流海、兰草香、白立川，不仅由历史的"孽种"一跃而变为时代的宠儿，成了有知识、有专业、有开拓精神和进取勇气的改革家，而且也历经磨难终于团圆，获得了天伦与生趣所赐的双重幸福。就连汤有余、李桃芬，也打开了人生的智慧和复元了天性的良善。清莲、灯伢子他们再也不用黯然神伤和以泪洗面了，他们也都在新的时代和新的政策的光照下，满怀信心地开始了自己的新生活和新事业！

两个时代、两种生活，在古老的土地上和意识的深层中的投影，该是多么鲜明、浓重和富有典型意义呵！

这，便是《海哥和"狐狸精"》所寓含的深阔而厚重的思想容量和时代精神，同时也是它所爆发出来的生活激情和艺术魅力。

当然，这部长篇小说的思想和艺术成就，并不就止于此。特别值得一提的是，始终充盈于小说中的诗意和乡情，始终与情节和细节融于一体的幽谧淡雅的抒情气息，始终在宽舒大度和游刃有余中得以充分施展的散文笔法，始终锲而不舍地对新的知识和新的信息的艺术化的摄取和运用。看得出来，谢璞是一个努力赶赴时代潮头和驾驭生活波折的人，他在保持自己独特资质和风韵的创作特点和艺术优长的同时，也在不断地探索、寻觅、摄取和融汇着新的时代精神、生活营养、艺术资质和知识乳液，这使他的创作就像一棵茁壮的植株一样，获得了进行光合作用的最多机会和最佳选择，这也就使他的作品那样充满叶绿素，充满活力，不断地爆出嫩的叶和新的花。

与小说的内容比起来，特别是与小说的思想和艺术成就比起来，《海哥和"狐狸精"》这个名称显得不相匹配,有点逊色,有点传奇志怪小说的味儿。与小说的繁富内容、抒情笔调、葳蕤文势和精当描写比起来,开头部分显得有点枯燥滞缓,第一章的三节文字,整个写得比较平板和拖沓,且叙述性文字过长过多,与小说的总体上的知解力和谐性比起来,个别知识性引述和插叙,成为艺术整体和谐性的局部的和微量的离心力和耗散力——这些,都是从精益求精或见仁见智的意义上说的,也许是我的一种误解和苛求。

(《文论报》1986年11月21日・第33期)

呼唤社会良知的警世之作
——读谢璞中篇小说《夜郎西舅》

胡光凡

冬日，阳光灿烂。伴着窗前翡青的君子兰，我兴致勃勃地捧读着老作家谢璞的新作——中篇小说《夜郎西舅》（载文学双月刊《大家》2006年第5期），不觉深深地为它的艺术魅力所感染。

强烈的故事性和传奇色彩，是我国现实主义小说尤其是通俗小说的一个优秀传统，也是它们为雅俗所共赏的一个重要原因。而通过一个人或一个家庭曲折离奇、悲欢离合的遭际命运，透视一个时代和社会的变迁，揭示人性、人情的某些本质方面，又是我国传统小说创作的常用手法。《夜郎西舅》采用的就是这种艺术手法。作家充分发挥自己善于"讲故事"的才华，运用现实主义和浪漫主义相结合的方法，以主人公平凡而又奇特的人生遭遇为主线，把众多人物和事件串联起来，用一种明快、清新、秀美的语言，娓娓动听地为读者讲述了湘西舞水中游"夜郎西"古镇一个年近八旬的老翁——西舅爷令人唏嘘感喟的传奇故事。十分难得的是，小说在自始至终强调故事性、突出情节结构价值的同时，仍然不乏生活画面、人物形象和心理等方面的生动描写，并且常常以浸润着诗情、画意和哲理的散文笔调，特别是把大慈大悲、抚育万物、教人为善的"花神仙子"的美丽传说引入人物命运之中，使作品平添了许多奇幻的神话色彩和童话般的谐趣，更表现了作家既是小说家又兼散文家、儿童文学家的特色。

当然，小说的魅力主要还不在它的表现形式，而是在其思想生活内涵。古往今来，优秀的小说家都不只是生活的见证人，而是人生意义、生命价值的探索者。可以看出，在《夜郎西舅》中，作家借以审视现实、臧否人物的一个重要尺子，是中国人民的传统美德，特别是人民的义利观。义利之辨，这个贯穿中国漫长的历史进程的社会道德命题,在社会主义市场经济充分发育的今天,以新的形态更严峻地拷问着每个人的良知。小说开篇,就设置了一个发人深省的悬念:"大半生都是永不言悲的乐观斗士"的西舅,在当今歌舞升平的大好岁月里竟然得了"忧郁症"!人们不禁要问:究竟是什么使得这位老人出现了精神危机?经过调查,据说是由于镇上最近接连发生的两桩大事:一是故里"花神村"将长期出租给开发商,用来打造新的旅游景点;一是他原来最看好的三名基层干部,在手揽大权后都因贪腐触犯国法,被判重刑。但这毕竟是"外因","内因"还得从西舅自己身上找。那么,西舅究竟是一个什么样的人物,他的人品如何呢?为了给"乐于为西舅看病的医生"提供一份"参考",作家挥洒笔墨,铺陈了西舅一生许多令人刮目却难以理解的奇闻逸事。他出身微贱,从小敬仰"花神仙子",以勤劳、诚信为荣,以见利忘义为耻,像萤火虫一样在暗夜里闪光发亮。小说着重描述了他平生所经历的两次"暴富",但他视金钱如粪土,拥有千万私产,却仍然过着粗茶淡饭的生活,坚持把钱花在公益事业和慈善事业上,倾家兴修水库,扶危济困,深受乡亲们爱戴。小说通过这些"逸事",塑造了一个纯朴、无私、重义轻利、乐善好施而又疾恶如仇的山寨长老和贤者的形象。在某种意义上,"西舅"也可说是中国民间美德的一个典范。

正是在西舅这个独创的艺术形象上,作家寄托了自己的社会良知和审美理想,表达了关于人生意义的一种思考。他借故事中人物的话说,"君子尚德,小人尚利","金钱是双刃剑!它可以给你造福,也可以给你造成大祸害。关键是你怎样去花掉的问题"。显然,这也是作家的义利观。他是更珍重人品的魅力,珍视人性中那些真、善、美的东西,而鞭挞假、恶、丑,鄙薄拜金主义、享乐主义的。小说没有悼念一个时代、一种节操的伤感,但对道德滑坡、世风日下的现实却隐含着某种忧虑。这正是作家崇高的社会责任感的体现。从这个角度看,说这篇小说是呼唤社会良知的警世之作,也不为过吧!

(刊于2007年2月22日《湖南日报》副刊版)

痛彻肺腑，喜凌云霄

——评谢璞的《信誓旦旦》

朱日复

"信誓旦旦，不思其反。"（见《诗经·国风·氓》）说的是爱情的坚贞不渝。谢璞同志的中篇小说《信誓旦旦》（《新苑》1981年第2期）是一篇饱含着强烈感情的描写爱情的作品，如高尔基所说，篇中充满了"叫喊，笑，骂，爱"，还有憎恨、喜悦、眼泪……读之令人感到痛彻肺腑，辗转难眠，又觉志满山海，喜凌云霄，心情久久不能平静。

谢璞同志是一位擅长于抒情写实的作家，他的风格清新、朴实、抒情、优美，善于撷取现实生活中的普通篇页，制成隽永幽香的佳作，追求一种真实的、被一般人所忽略了的美，他的作品被誉为"情、真、美"三者的艺术结晶。但是在中篇小说《信誓旦旦》中，作家选择的却是充满了尖锐的矛盾斗争的重大题材，情节在广阔的时代背景下展开，人物命运与历史进程紧紧结合在一起，新中国成立后三十年的岁月好像化成一阵骤雨集中地向读者袭来。

古往今来，比较有价值的描写爱情的作品，无不是通过爱情的刻画，塑造动人的艺术形象，揭露社会本质的某一方面，提出发人深省的时代问题。《信誓旦旦》是将刚刚逝去的生活撕开一道血和泪的口子，通过主人公鬼雄和画眉子的鲜明形象和他们的爱情悲喜剧，向我们揭示了极"左"思潮的危害性。极"左"思潮在现实生活中表现形式多种多样，而其中危害最大者，莫过于"唯成分论"。凡是具有封建残余思想和教条主义思想的人都信奉它，把它当作一条衡量自己和别人有否"阶级观念"或有否"革命性"的简单的标尺。作品犀利的批判矛头正是指向此的；但它的立意还不仅仅在此，其思想意义要深刻得多。"信誓旦旦"与其说是表达了主人公对彼此爱情的忠贞，毋宁说是表达了尽管遭受到种种打击、挫折和不幸，主人公仍然对自己的理想和誓言保持着"不思其反"的执着追求和不可征服的信念。因而读了这个悲欢离合的故事，不觉得悲惨，却感到激愤；不觉得消沉，却受到鼓舞。基调是昂扬的，它是一曲对党的十一届三中全会精神的颂歌。

小说开头即别具一格。蒙冤多年的同志被落实了政策，恢复了党籍和工作，重新喝到了故乡的甜水，见到了故里的亲人，"呵？是你？是人？是鬼？……"这一连串惊喜的呼叫声，这种因消失多年的人的猛然出现所引起的震撼，不正是在党的十一届三中全会后一段时间我国现实生活中所出现的典型场景吗？鬼雄——鬼雄，在乡亲们的心目中早已变成了鬼，确实是死而复生之人了。他获得了第二次生命，像候鸟一样回到故乡来了，急于见到旧日的情人画眉子。当他听说画眉子虽然还在人世，却住进了精神病院，得了严重的精神分裂症时，嘴里立时吐出一口鲜血来。悬念强烈，文泉汹涌。

故事接着追溯到二十多年前的剿匪反霸和土改的时期。年青的鬼雄和画眉子的相遇带有神奇色彩，在黑黝黝的荒山石洞中，两人互以为对方是土匪，还生死格斗了一番。真是不打不相识，两人往后一往情深。他们最初的交往是甜美而纯洁的，很富于南方山村的风情和色彩，用唱山歌、掷野花来表达情意，用芭蕉叶卷成揪揪斗来舀水喝，在手心上画个日头来表示要去的地方，用吹竹箫来告知返家信息……他们的爱情有坚实的共同理想的基础，都立誓发愿要发展九十里兰山寨这个草多水清的"天上的跑马坪"的六畜事业。这种爱情本应该有一个美满的结局，可是仅仅为了一个原因——在画眉子的社会关系中，有一个十年没有交往的大舅是个富农分子，他们的结合便没有被批准。土改工作组的刘组长，本人出身和社会关系极不好，却是个"唯成分论"的忠实信徒，这种人为了证明自己的"革命性"，热衷于搞极"左"。他采取立即将鬼雄调离兰山寨的组织措施，并在鉴定中写下"阶级观点模糊"这要命的一条。他对画眉子则采取诱供、逼供手段，希望她能讲出不利于鬼雄的事来，企图置同志于死地。鬼雄、画眉子分离后，仍然坚持相爱。但往后的组织部长、县委书记都由于偏听偏信、未做实际调查而否决了他们的婚姻。1957年"反右"中，工作组刘组长正好又是专署文教局长，是他的顶头上司，世界真是何其窄小，就在他手中，鬼雄被打成了"反党分子"，开除了党籍，从此走上了坎坷曲折的痛苦的生活道路。本来，我们党早就制定有关于家庭出身、社会关系问题的正确的组织原则，鬼雄的父亲是轿夫，画眉子家庭是贫农，她这个社会关系中的微不足道的问题本不会对他们的结合和前途带来任何影响，可是生活往往是错综复杂的，由于碰上了刘组长这种"唯成分论"的狂热推行者，区委方正圆这种"明哲保身"的老好人，以及当时的特殊环境，终究铸成了爱情悲剧。这一情节设置虽带着几分夸张和偶然性，但它是从现实生活中概括出来的。从效果上看，正因为导致悲剧的原因微不足道，就更引起了读者的同情和惋惜，从而增强了作品的感人魅力。

画眉子的形象刻画得生动和丰满，她具有南方少女那种率直、开朗、热情、大方和灵巧的性格特征。她长得美，纯洁得就像一洼泉水。作家"恨不能折下一条青青的柳枝，把她的倩情的样子画在清悠悠的溪水上，描在紫罗兰的花瓣上"。她就像她的名字娇嗔奶腔的画眉子一样会唱歌，往往以歌代话。作家就是通过她那一串串甜蜜的、多情的、悲伤的即兴山歌，来塑造出她的独特的艺术形象的。这么一个美好的姑娘在生活中却遭到了难以想象的残酷命运。她爱嵬雄爱得特别深，把自己整个身心都贡献了出来，无论遇到何种挫折和打击都不动摇。她听到嵬雄发誓，马上轻轻在他嘴上打一巴掌，担心自己心爱的人当真会被五雷天火打死。离别那天，她为了要和嵬哥话别，把爹爹、哥哥支使出去打锦鸡，把妈妈请出去磨荞粉，然后送手帕，抹眼泪，拿出野党参煮的鸡蛋……等到爹妈回来时，她又是一种天真无邪的笑容，表明她感情炽烈，巧于心计。她在送别嵬哥的路上，更是行行重行行，难舍难分，最后在马刀背一般的龙鼻崖上，丢下一枝枝马尾松枝，让嵬哥踏着它们一步步走过险境。特别使人感动的是，每当一次新的打击降临时，她总是强颜欢笑，用好言语去宽慰嵬哥的心，劝他勇敢地迎接新的生活，而把自己的悲苦埋藏在心里。她几次痛不欲生地自杀，在山野中失去理性地狂呼。鲁迅说："悲剧将人生的有价值的东西毁灭给人看。"一个如此美好的形象被摧残了，糟蹋了，这是对极"左"思潮的血泪的控诉，作品因此产生了动人的悲剧力量。

作品中的嵬雄，是一个不断成长中的人物形象。他是作为一个解救兰山寨人民不受土匪"恶旋风"掠杀的战士来到山寨的，消灭了土匪后又留下来从事土改工作。他不会唱歌，在画眉子看来有点"傻"和"呆"；但这"傻""呆"正是憨厚和老实的代名词。他当然有值得画眉子执着相爱之处，忠心耿耿，襟怀坦白，愿意一辈子留在像"金盆盆"一般的、牛羊天生的安乐窝的兰山寨，发展畜牧事业，但是作品也展示了他刚参加工作时的幼稚和鲁莽，易于冲动，有一些不切实际的遐想，他的言行并非无一缺点。可贵之处是他参加工作队进山剿匪，以及奔赴抗美援朝战场，出生入死，并非单凭一股热情，而是基于一个获得翻身的贫苦青年的阶级觉悟，一个革命战士对党和人民的热爱，这便是他思想品质的主要方面。他与画眉子的爱情交往是一种阶级友谊的升华，当时工作队尚没有不准队员与群众谈爱的规定，行为无瑕可击。1957年他制造了自杀假象，远遁新疆，一去二十余年杳无音讯，也并非是一种消极的逃避现实，而同样是一种积极的反抗，一种对事业和理想的持续的追求。他在新疆终于学会了繁殖和诊治牛羊疾病的技术，使他能在重返家园后大有作为，继续为实现终生理想而奋斗。但他这一假自杀的行为也未免轻率，连亲近的人也不透给一点风，考虑不到此举将在爱他很深的人身上引起什么样的严重后果，这种后果也是最后由他自己来承受的。只有在他半白了少年头、重返故里之时，他才显得老练和成熟了。作品所展示的嵬雄的复杂性格及其成长过程是真实可信的，是没有人为地拔高和理想化的。

作品中方正圆的形象颇耐人寻味。他是画眉子的亲戚，土改中参加工作的干部。嵬雄和画眉子的底细他一清二楚，他也想成全二人的好事，可是一触及到有关自己的"阶级立场"问题，就像触到一团火，马上打了"退堂鼓"。他还想送画眉子进畜牧学校，又挨了上级的批评，从此不敢沾边。当嵬雄被打成"反党分子"后，他赶忙回到山寨，给彭老爹出主意，叫他快点给女儿找婆家，差点把画眉子逼死。

他又慑于权势，不敢去碰一下有个姊姊在当地委常委的颜革革，任其横行霸道，但也慷慨地掏出私囊，设法把画眉子安排到省城的精神病院去治病。方正圆的性格就像他的名字，可方可圆，能反能正，随遇而安，明哲自保，没有斗争性、原则性。可奇怪的是在极"左"思潮泛滥时期，这种同志往往官运亨通。方正圆步步迁升，最后做到了县委书记的领导职务。然而他终归是个好人，是好心办成了坏事。"在生活中，往往你以为最信赖的人，却是给你添麻烦最多的人。"作家在方正圆这个具有现实针对性的艺术形象中，寄寓了自己尖锐的、沉痛的然而又是善意的批评。

整个作品跨越数十年，篇幅却不算长。如果没有独特的典型细节的描绘，只停留于一些浮光掠影的概述，读者是不可能获得深刻印象的。"大跃进"中颜革革逼着自己老婆带头露着上身上工地挑土，从而进入了公社领导班子；"三年困难"时期歌王彭杉喜为了吃一餐饱饭，抱着野狗一道滚下了悬崖，使画眉子又一次跌入苦痛的深渊……这些细节好似随手拈来，却入木三分，把读者带进了当时的典型环境，具体地感受到了不同时期的历史氛围。

　　当鬼雄在二十多年之后，像候鸟一样又飞回到故乡时，慨叹地说："唉，时间太不饶人了！人要永远年青就好！"是的，人是不会永远年青的，但他们用逝去的青春换来了血的教训，换来了九十里兰山寨的新生。兰山寨这个"金盆盆"和"跑马坪"在浩劫之后确实使人伤心触目：记忆中是古木参天，百鸟啁鸣，现在是草枯地黄；见不到大群的山羊、水牛、黄牛，闻不到带着湿润的雾气和花香牛羊粪的气味，听不到醉人的牧歌和对唱的山歌，只见到参差不齐的寨楼屋顶像摊晾在荒坡上的干螺壳一样。这是经过十年浩劫之后的典型山乡景色。作品别具匠心地安排了画眉子的下一代的情节。当鬼雄重返兰山寨时，他看到了一个与二十多年前的画眉子一模一样的姑娘，连那身枣红色的哔叽上衣和紫荆花色的裤子，都是画眉子当年穿过的，只不过颜色陈旧了，并补满了补丁。原来她是画眉子的女儿敬雄，她站在树下等候着她的情人。这两个年轻人就好像是二十多年前鬼雄和画眉子的翻版。使读者们感到欣慰的是，年轻人再也不会重演老一代的悲剧了。党的十一届三中全会的阳光已经照亮了兰山寨，这里又要恢复到以畜牧为主的正确发展方针，鬼伯伯怀着昔日的雄心壮志参加了重建兰山寨的工作。他对下一代倾注了全部的爱和精力，敬雄和小伙子再也不想离开家乡了，"信誓旦旦"地召唤着人们为家乡的"四化"早日实现而努力奋斗。作品就这样给我们展示了党的十一届三中全会以后农村生活的美好背景，悲剧也就披上了欢乐和明快的色彩。

　　值得作家斟酌的是，作品所描写的党的一系列干部均受极"左"思潮影响较深，是否可以点缀一二坚持党的正确的阶级政策的人物？或可考虑以进兰山寨剿匪的东北口音的工作队长为鬼雄说几句实事求是的话？给那一片灰暗的底色上添上几个闪光的亮点，使读者能在作品前部的沉重气氛中得到几丝新鲜空气？当然，这种干部在极"左"思潮泛滥时期也许不会受到重用，甚至同样会受到排挤和打击，但他们毕竟是干部中的大多数，他们身上保存了我党一贯的优良传统作风，是正气之所存，人民的希望。在结尾部分，既然鬼雄能有时间与"我"在浏阳河畔畅谈往事，为何却不能尽早地去探望心中思念多年的情人？作品安排他与畜牧专家约会与探望情人的时间发生冲突的情节，固然可以增加对嵬雄为了实现理想可以牺牲个人一切的事业心的渲染，但读来终究使人感到勉强了一点。也许这是人们一种变异的心理状态，当久盼着的事物就要出现、久等着的人就要见面时，反而感到心怯和畏缩了，"近乡情更怯，不敢问来人"。写的大概就是这种心情吧，作家如果是刻画这种细腻心理，我觉得也应该稍加笔墨点明一下。

曾经读过谢璞同志的一首散文诗："一株受伤的桃树，伤口流着血——油脂，它用自己的血来医治自己的创伤，一边把蛀虫胶缠在血泪中，一边怒放着枝头的花蕾。它没有怨尤和悲哀，更没有说：'我不行了，我要休息！'"我觉得这首诗就是这部中篇小说的立意和灵魂，嵬雄的形象就是这株受伤的桃树，他的"信誓旦旦"的抱负和信仰是不可征服的，他还要在兰山寨绽放出理想的鲜花。巴尔扎克说过："在继续不断的斗争中维护身心的人，能因胜利而恢复青春的。"我们相信嵬雄和画眉子，以及兰山寨的全体社员，在党的十一届三中全会的精神指引下，将很快地恢复革命的青春，兰山寨将会变成牛羊成群、花果满山的江南牧场，名副其实的"金盆盆"和"跑马坪"。

"世上偏有还魂草，霜打三尺照样活。"

悲剧终成过去，教训永将记取，正如作品结尾所展示的，读者们也正在等待着作家崭新的续篇。

（文学作品评论集《思想、色彩、情调》
湖南文艺出版社1982年版）

谢璞的新奉献：审美意识的自我超越
——读《海哥和"狐狸精"》

袁千正

在近年来五光十色、流向歧异的文学新潮面前，谢璞的小说似乎貌不惊人，没有像某些"时髦"作品那样产生爆炸性的社会反响。但如果我们走出以西方现代派和拉美文学之类的艺术尺度论优劣的思维定势，便不难发现，谢璞的小说新作还是令人瞩目的。似乎可以这样认为，在近年来的文学新潮中，谢璞正努力寻求创作主体个性化的最佳方位，潜心于审美意识的自我超越，他所奉献的作品，也是杂色中耀眼的一色，众流中有益的一流。这里，笔者仅就他的长篇小说新作《海哥和"狐狸精"》（1985年5月甘肃人民出版社出版）谈谈自己的一些看法。

"淡化现实"如今已经成为若干作家追逐的目标。但谢璞的小说不赶这个时髦。他的《海哥和"狐狸精"》是毫不回避地切入了现实生活的。这部小说所要表现的，是海哥和他的情人"狐狸精"兰草香等一系列人物的命运、性格和心态。由于作者有意将人物融入历史和时代的广阔背景之中，作品鲜明地透射出了对政治、社会、道德的艺术观照。换言之，作品是从政治、社会、道德等视角去描写人物的命运、性格和心态的。被称为"苦血姑娘"的兰草香，因为父亲被错划为"右派"，在十年浩劫中命蹇运乖，饱尝人间苦难。汤流海（海哥）则因在那疯狂岁月中纯洁正直、深爱自幼即结识的兰草香，而遭受社会世俗的伤害和捉弄。直到1976年神州大地发生巨大变化以后，他们才扼住了命运的咽喉，开始新的生活，成为时代需要的改革者。其他许多人物形象，同样烙上了社会、政治、道德等各种印记，如同题材不能决定文学的价值一样，作家政治的社会的道德的视角，也不一定能使小说获得成功。几十年的创作实践证明，涉足此道反而容易招致思想和艺术的彻底失败。

"淡化现实"的审美趋向之所以能在现时得到若干作家和批评家的认同,想必也有这方面的原因。谢璞试图通过人物的命运、性格和心态去表现历史和现实的风貌,无疑出于艺术家应有的勇气和坦诚。当然,最可贵的还是他成功地避免了以没有生命力的人物去印证、图解理念中的社会生活,而以生动的人物形象和色彩斑斓的社会生活的契合与消融,圆满完成了作家的审美使命。文学有着多功能。作家可以写"淡化现实"的作品,以期摆脱文学对政治经济作急功近利式的直接因果反映。但文学的现实性却是天经地义不应当被忽视被排斥的,即使过去在这方面有过怎样的偏狭。

对现实中的真善美做艺术的呈现,是谢璞的追求。他说:"假如还有可取之处,那就是,或褒或贬,全出自于我的真实感受,倾吐了对春天的爱慕,对善、光明和真理的膜拜。"(《剪春罗》后记)他所说的真,主要是创作主体和客体的真情、真性;他所说的善,主要是历史和时代的光明、真理和积极因素;他所说的美,主要是社会和自然界一切美好的事物。这部小说表现了对真善美的礼赞,对假丑恶的贬抑。其特点是在双方的比较对立中展示真善美的不可压抑和摧毁的生命力,而不过分展露假丑恶的强大和永久。所以,作品虽有谬误、污迹、愚昧、落后、重负、痛苦的呈现,给人以诸多遗憾,却不会使人颓唐,或诱人遁入空门。相反,可以成为读者积极追寻真善美的动力。作者笔下的真善美及其命运前景,更给人以欣慰、向往、共鸣与启迪。作品具有明丽清新的风格和喜剧式的氛围,应当与此有密切的关系。人们不难发现,那谬误、污迹、愚昧、落后带给汤流海和兰草香的不幸,并没有制服他们,使他们的信念和追求归于毁灭。在最艰难最痛苦的时候,他们仍然为爱情、为事业、为真理、为光明而抗争。后来,由于现实发生了重大变化,开放和改革的时期已经到来,他们又终于掌握了自己事业和爱情的命运,成为既有个人幸福,又能在新时期施展才干的改革人物。其他人物如白立川、卢水桂、清莲、李桃芬、汤有余等,或在新时期里得到好运和精神补偿,或在新时期里开始洗涤灵魂的沉疴和污染,轻装前进。作者曾这样表白:他要把高尚的、美好的东西发掘出来,赞美它、歌颂它,使更多的人们去仿效它,学习它。足见讴歌真善美,注重作品振奋人心的作用,是作者的艺术自觉。这和热衷展露民族的愚昧、落后、野蛮,人心的孤独、失落、深痛,以及男女间的性心理行为,大异其趣。

谢璞五十年代即步入文坛,六十年代初更以《二月兰》等作品赢得读者的喜爱和评论界的好评。而《剪春罗》(1981—1983年的中短篇小说集,1985年湖南人民出版社出版)和《海哥和"狐狸精"》则标志着谢璞的小说正酝酿着重大的突破。如果说1981年以前,他热情讴歌农村新人新事和田园风貌的作品欢愉有余而厚实不足,还缺乏现实的广度、历史和时代的深度,以及艺术的力度,那么《海哥和"狐狸精"》就显现了作者小说观念的新变。他对生活、艺术的反思和新知,已经使他的作品在各个方面都取得了长足的进展。

"淡化情节",也是时下许多作家的审美趋向。但谢璞有他的主见。这部小说结构形态的特点,是在注意情节发展脉络的同时,向着多维联结突进。贯穿作品始终的汤、兰悲欢离合的爱情故事,富有传奇色彩。但作品又不囿于故事发展的自然流程。它往往借势发生,去表现历史和时代的风云变幻,各种人物的命运、性格和心态,以及正在萌生和发展的新的价值观念和人生意识。正因为如此,小说对社会生活的辐射和涵盖是广阔深刻而又富于生命力的。无疑,作者笔下汤、兰的命运、性格和心态,是历史和现实、传统与世俗的各种因素所铸成的,生动反映出了社会生活的基本风貌。为了更加深广有力地反映社会生活,作者又将另外的许多人物、事件、事态,嵌入汤、兰爱情故事的发展流程之中。有关白立川、卢水桂、清莲、李桃芬等人的情节,都是其中写得很丰富很完整的部分。例如写被错划为"右派"的白立川二十多年来政治上背负沉重的枷锁,失去妻子女儿,1976年以后逐渐恢复人的尊严,以退休之龄投身改革;写卢水桂失去父母、被人贩卖,落入李大波的牢笼,到她的觉醒与抗争;写清莲嫁给汤流海,忍受没有爱情的苦楚,却又体贴汤流海,成全他和兰草香的婚姻,以及终于离开汤家和被新生活召唤;写李桃芬被玷污,嫁给汤流海,又以金钱为条件而离婚,以及接受教训,返璞归真,获得灯伢子的爱情……诸如此类的完整情节,都是小说网络结构的重要组成部分。不仅如此,作者在白立川、卢水桂、清莲、李桃芬等人物的情节之中,还巧妙地嵌入了若干表现其他人物的情节。例如因白立川而写S君(白妻,因丈夫被划为"右派"而离婚)和兰医生(S君与白离婚后的丈夫)的悲剧;因卢水桂而写其母袁喜莲的不幸;因清莲而写灯伢子的爱情和他惩罚小流氓关英杰的事件;因李桃芬而写她父亲只图金钱不要廉耻的行为……这多重的情节,使创作主体在结构网络的敷布中,得以实现历史眼光和当代意识对真善美与假丑恶的全方位审视和评判。极"左"倾向和长达十年之久的动乱对人和个性、人性的压抑、摧残,以及个人和个性、人性的呼唤、抗争,那传统心态中嫉美、妒贤、害能、因循、愚昧、野蛮的一面和正直、无私、团结、奋发、创造、文明的一面,那开放改革时期人的命运的改变,自我意识的觉醒,社会心理和思维方式的演化,个性、人性、品格的张扬升华;进取、开拓、奉献的欲望,都色彩斑斓而又有层次地呈现在读者眼前,给人以历史与现实的碰撞交融之感,体现出创作主体反映当前社会生活的重大转变并为之寻求历史依据的企图。

在人物描写上,小说与"非性格化"的审美趋向不同。作者遵循现实主义原则,既注意人物性格的多样化,又注意性格自身的丰富性。这部不到二十万字的小说为我们提供了二十多个互不雷同的人物形象。除上文已提到的汤流海、兰草香、白立川、S君、兰医生、卢水桂、袁喜莲、李大波、李桃芬、清莲、灯伢子、关英杰外,还有汤有余、伍奶奶、女演员、宋金马、刘局长、何书记、唐秘书、高远见、高血压者、黑眼镜、人口贩子、猎人等。这品类繁多的人物,都有各自的性格特征和典型意义。如写清莲的善良和懦弱,写袁喜莲的人性人情和义无反顾,写卢水桂的单纯软弱和希望冲破丈夫罗网的呼声,写李桃芬被权势和金钱侵蚀的灵魂和醒悟,写何书记明察事理、干练沉着、敢于斗争,写唐秘书疲沓、圆滑、不讲原则,写高远见冥顽不灵、狂妄自大、阴谋争权,写高血压者胆小怕事、模棱两可、回避矛盾……所有这些着墨不多的人物,都有个性化而非类型化的特征。至于作品着力描写的主要人物,个性化的特征就更突出了。个性的多样化,正是人物多样化的主要标志。

但我以为,更值得称道的还是小说人物性格自身的丰富特征。这个特征,在一些次要人物身上也有所体现,但以主要人物最为突出,也最有社会价值和审美价值。兰草香这个纯洁、善良、聪明、美丽的"苦血姑娘",在疯狂的年代里,饱受白眼、凌辱、流浪、饥饿、囚禁、拘捕、逃亡之苦,她的人格、理想、爱情乃至美貌,都遭到野蛮、愚昧、世俗力量的有形无形的践踏。但生活磨砺了她的意志,知识给了她力量,信仰赋予她以希望,使她有勇气、有才能、有信心去维护自己的人格、理想、爱情,同时积极参与变革现实的实践,有理智、有感情、有毅力、有智慧,蔑视野蛮、愚昧、世俗力量,张扬个性,敢于斗争,敏于改革,这就是她性格机制中最可宝贵的因素。显然,这是一个历尽坎坷的女性强者形象,也是时代推出的改革者的形象。

虽然有作者理想的渗入，但由于作者以生活真实作为艺术真实的参照，对性格做了多方位、多层次的生动描写，避免了"假""大""全"和类型化的弊端，而使人物活跃起来，成为了有生命、有典型意义的形象。汤流海有过幼年的欢乐，青年的爱情。但青年时期正当十年浩劫，和兰草香一样带给他的不幸是双重的：走进社会后，赤诚之心，累受创伤，又在爱情和婚姻问题上受家长和世俗势力的捉弄，以致痛苦万状，被视为"疯傻"之人。作品以作者描述兼人物自叙的方式表现了他的纯正、坦诚、热忱，以及知识、事业、理想、爱情。和兰草香相比，他幼稚、软弱、浮泛一些，没有那么多夺目的光泽。作为艺术形象，其性格也具有丰富性的特征。小说中其他重要人物如白立川和汤有余，也值得重视。因为作者对这两个人物的性格同样做了多侧面的描写。白立川是个正直而又多灾难的农校教员，1957年被错划为"右派"后，始终没有消沉，但已怀孕的爱人因他是"右派"而离婚，却给他带来巨大痛苦。1976年以后的社会重大变化使他恢复了人的尊严，但欣喜之余又因衰老、退休感慨万千。而不良的社会风气和年轻女演员的求爱，则使他困惑、惊讶。随后，他得知兰医生夫妇的死亡和兰草香的不幸遭遇，更是无限感伤。但改革的浪潮还是激励着他将知识奉献给人民。这是一个饱经沧桑、坚持真理、感情丰富、忧患意识强烈的献身教育的知识分子形象。作者的意图很明显，是要塑造一个反映知识分子命运、性格和心态的艺术典型。和白立川不同，汤有余性格的丰富性特征，主要表现为其性格自身的多重矛盾组合。这个五十年代起就在县里担任重要领导职务的汤有余，是汤流海的父亲。作为干部，他的命运、性格和心态，与社会政治生活紧相系连。在他身上，新观念和旧意识、唯上级之命是听和求实精神、坚持原则和明哲保身、体恤民情和整治他人、精明强干和软弱无能、进取和无为、乐观和苦恼等色彩纷呈的矛盾两极，都有条件有时序地展现出来。作为家长，他年轻时也有过爱情的追求，如今却百般破坏儿子的爱情，先后逼迫他与李桃芬、清莲结婚。他有真切的爱子之心，但也有更多封建家长的气味、愚昧落后的意识、粗暴野蛮的脾性、善于谋算的心计和软硬兼施的手段。要言之，汤有余这个形象是多重性格的矛盾组合，作者对他的多向、多义、多层次的描写，凝聚着时代风云、人情世相和民族心理积淀，概括而又真实生动地反映出社会生活的复杂风貌。和作者以前的小说相比，这是一种可喜的超越，不难看出他对性格创造和典型的新理解和新追求。

这部积极反映现实、讲究情节和注重刻画性格的成功之作说明：现实主义在今天仍然有强大的生命力，问题是需要拓展艺术思维的空间，努力创新。谢璞是一个重视文学的社会效果和审美价值的作家，也是一个勤奋、自信、有才能并形成了自己艺术风格的作家，这部小说预示着：他的创作还将进一步超越自我，实现更重大的突破。

（《中国文学研究》1988年第1期）

论《忆怪集》对中国传统叙事的继承发展

吴振尘

摘要：谢璞的儿童小说集《忆怪集》继承和发展了中国小说怪异美学和中国叙事艺术的传统，主要体现在角色的塑造、楚风的刻画、作品开头及结尾的叙事风格、第一人称限知视角的运用等方面。同时，《忆怪集》作为儿童小说，注重与儿童结合，以儿童的眼睛描绘成人世界，表现儿童的纯真心理，具有儿童化的审美风貌。

关键词：谢璞；《忆怪集》；传统叙事；怪异美学；儿童小说；湖南文学

谢璞的儿童小说集以《忆怪集》[①]（1982）为代表，包括《芦芦……》《四海游》《苦啊！嘎咯》《血牡丹》《灵猴秘史》《拨灯棍》《相知姐姐》《一杯御酒》《阳雀怨》9篇。作品集以写作者家乡蓼河怀抱的湘西南高沙市镇（小南京）的旧社会时期的事件为特色，在这一特色风格下，《忆怪集》还应包括《骨狼》[②]一书中收录的《残酷的游戏》《骨狼》《吉祥树》3篇。长篇儿童小说《从摆子寨逃出的孩子》[③]，也基本属于这个系列。《忆怪集》继承与发展了中国传统叙事，在湖南儿童文学史上具有承前启后的重要意义。

一、对"怪"美学的中国传统的继承发展

《忆怪集》的"怪"，由作品中非正常的人与事来体现，由此展现的怪异美学，是对中国文学志怪传统的继承发展。"我国古代的笔记小说为文人

---

① 谢璞. 忆怪集[M]. 武汉：湖北少年儿童出版社，1982.
② 谢璞. 骨狼[M]. 北京：华文出版社，2005.
③ 谢璞. 从摆子寨逃出的孩子[M]. 长沙：湖南少年儿童出版社，1991.

好奇和遣兴之作,记奇述异,谈玄论学。"①《搜神记》《怪异录》《唐传奇》等神怪、传奇,"事非奇不传"。一以贯之,直至"三言二拍"和《聊斋志异》。笔记小说承载历史传记,突出现实中的怪异。《忆怪集》从幻想的"怪",发展到现实的"怪",描写了旧社会里令人惊异的非正常的"怪"。

旧社会的"怪"有魔鬼(《四海游》)、"两只脚的东西"(《芦芦……》)、"骗钱米的扁马"(《哭啊!嘎咯》)、"大圣人"(《相知姐姐》)等,这些作威作福、欺压百姓的旧社会怪物,往往以善人、圣人的面目出现,迷惑百姓。除了反面角色,在正面人物身上,也体现出"怪"。《血牡丹》中的角奶奶,作为接生婆,有传统迷信的一面,如接生出门前,需要向求子观音乞卦。卦象不好的时候,以头撞地出血,期望观音心软,即可保佑接生平安。角奶奶额头的血,如牡丹花,是为他人而绽放的。《相知姐姐》中的主角相知反抗财主欺压,拒绝金钱诱惑,追寻自己的爱情。《一杯御酒》中的武半仙反抗借修桥为名搜刮百姓的百寿先生,出主意让百寿先生由重建桥改为换桥墩,为百姓减轻了摊派。武半仙如诸葛亮借东风一样,在干旱时节向天借来大雨。《阳雀怨》的黄毛爷爷因为个子高、发黄、力大、饭量大,十七八岁即被称为怪人、黄毛爷爷。黄毛爷爷因为与阳雀的爱情,反抗财主朱善佛,反而被诬陷吃人,"谣言胜过杀人的钢刀",被受了蛊惑的百姓们设宴用石灰弄瞎了眼睛、用刀割断了脚筋,成为了悲剧人物。

《忆怪集》的楚风也体现了怪异美学。由于作品具有独特的楚地地域特色,展现了楚风的传统,也显得怪异。例如,《芦芦……》中的水岩鹰脱牙齿向白牛磕头,发噩梦请巫公画符咒;《血牡丹》里为救被逼疯了的达念叔叔,角奶奶请了傩愿、斩煞;《四海游》的讲故事;《苦啊!嘎咯》的扎收鬼台捉落水鬼;《灵猴秘史》的宣讲;《相知姐姐》的杀天狗;《一杯御酒》的敬神求雨;等等。严文井对此评论说:"本乡本土的景色,动植物、风俗、习惯、歌谣、方言等也帮助了你如何选择色彩。你的画笔,令我感到了'楚'风。"②《忆怪集》的楚风运用,既是中国传统小说怪异美学的体现,也是写作中国故事的需要。从写作意图上说,除了写实、继承小说传统之外,还有如鲁迅所说的:"所以我的取材,多采自病态社会的不幸的人们中,意思是在

---

① 杨义.中国叙事学[M].北京:人民出版社,1997.
② 谢璞.忆怪集[M].武汉:湖北少年儿童出版社,1982.

揭出病苦，引起疗救的注意。"①

二、对中国叙事传统的继承发展

《忆怪集》开头、结尾的叙事风格，体现出对中国传统叙事艺术的继承与发展。

1. 开篇的叙事

谢璞儿童小说《忆怪集》的开篇叙事是有特色的，如代表作《芦芦……》，开篇有13自然段，或议论或记叙，但都没有进入主线故事。第14段："一个星期天的上午，我在蓼河环抱的高沙市镇上见到一个'卖灵鸡子'的老头。"到这里，才是作品要说的故事。开篇这一部分，是多余还是特色叙事？

我们再次阅读这一部分。第1自然段："时光老人本领大啊！……可是，他这双魔法的妙手，也许磨不掉各人童年的记忆。"第2自然段承上，"当然，并非所有的琐事记得住……唯有我恨过、爱过的事情，才深深地镌刻在我记忆里。"这里，都和主线故事有关。第3自然段："……人物，给我稚嫩的心灵留下的印象……越来越清晰了。"第4自然段叙述有趣的事，包括向白水牛磕头，以求以后不会脱牙齿。第5-6自然段写一个朋友（水岩鹰）缺了门牙，"我"建议他向白水牛磕头。第7-13自然段，写水岩鹰向白水牛磕头了，但牙齿还是掉了，就报复性抽了白水牛几鞭。牧牛老人劝说："……牛是好心肠的哑巴仙人，不是骗子。世上骗人的东西，只有两只脚，你们要到两只脚的东西里面去找啊！"之后写卖灵鸡子的老头，通过观察和反思，了解到老头的残忍面目，"恨这个'两只脚的东西'！"

开篇13自然段看似游离主线故事，其实是用心的设计，并没有跑题，也不存在繁杂不简练的问题，这可以看作是对我国传统叙事的继承和发展。在"三言二拍"等传统叙事里，存在葫芦格结构，即在说主要故事之前，先说个与主题有联系的小故事。《芦芦……》开篇白水牛的故事，既有湖南地域风俗色彩，又有对生活的体会以及深入的演变、成长的过程，并对接下来的主体故事进行了导入和对比。

2. 结尾的评论

《忆怪集》结尾的评论，有《史记》的"太史公曰"、《聊斋志异》的"异

---

① 鲁迅.鲁迅经典全集·杂文集（下）·南腔北调集·作文秘诀[M].北京：北京理工大学出版社,2016.

史氏曰"的遗响。刘熙载《艺概》的《文概》篇说:"叙事有寓理,有寓情,有寓气,有寓识。无寓,则如偶人矣。"①《忆怪集》在叙事之前和之后的评论,较为自然地寓情、寓气、寓识。

仅举书的前两篇为例。《芦芦……》的结尾:"直到很久很久以后,还容易把风吹、水流、风车叫的声音当作'芦芦……'的音响。简直叫人的灵魂感到战栗。那种声音,竟是这样痛苦而恐怖。它在我的童年时代,过早地添了一丝忧愁。相当长一个时期里,我一直怕见葫芦,怕听真的或是假的那种'芦芦'的叫声。我只喜欢一切飞鸟在天地间自由自在地飞翔……"爱护鸟类、反抗残暴的情感,抒情地贯穿其中,点明主旨"我只喜欢一切飞鸟在天地间自由自在地飞翔"。飞鸟所代表的自然,与人和谐相处的生态伦理主题的表达,是超群于当时作品的。在情理之中,"寓识"即寄托着非常的见识。《四海游》的结尾:"历史上成天为吸血鬼效劳的'权贵名流',活着谋生的日子,每一步都混杂着一个'骗'字,是没有灵魂的伪君子。但咩公公始终爱着大多数劳苦的大众,从不与伪君子合拍,他只想唱自己要唱的歌谣。多年来,我一直缅怀咩公公!"这个结尾,爱憎分明,情理清晰。由杨博士等"权贵名流"身上,辨识出其吸血鬼、伪君子和骗子的本质。对咩公公的缅怀,突出寓情的一面。

3. 第一人称的限知视角运用

在我国史传著作中,总体上采取全知的视角,但在局部重要篇章中,限知视角被广泛运用。小说为了取得更好的惊奇效果,限知视角必不可少。正如恐怖片的恐怖效果,镜头往往是从特写开始,然后拉开。"限知视角成为志怪小说的表现形态,可谓历千年而不衰。"②

五四时期,以鲁迅为代表的作家进行的小说实验取得了很高成就,形成了第一人称叙述的限知视角的风貌。"限知视角在现代小说中得到非常广泛和深入的运用,尤其在短篇小说领域。它简直被视为对世界感觉精致化和深邃化的一种标志。第一人称视角虽然不是限知视角的全部,但无疑是它的一个重要的侧面。"③

《忆怪集》采取的是第一人称叙事,"我"是儿童,生活在高沙市镇。

---

① 刘熙载. 艺概[M]. 上海:上海古籍出版社,1978:42.
② 杨义. 中国叙事学[M]. 北京:人民出版社,1997.
③ 杨义. 中国叙事学[M]. 北京:人民出版社,1997.

作者力图揭示旧社会的怪事及其根源，同时有给家乡写史的潜在意图。第一人称的使用，增强了历史亲历者的真实感。这种真实感的一个重要借鉴，是鲁迅小说中对鲁镇的创作。《社戏》《故乡》《祥林嫂》等名篇在前，塑造了"迅哥儿"的"我"。但《忆怪集》中的"我"进行了儿童小说需要的改造，故事中"我"是儿童而不是成人。

第一人称带来了叙事上的限知视角。历史故事、志怪风貌、短篇小说等，都促成了《忆怪集》对限知视角的选择和运用。

4. 叙述的范畴

徐岱在《小说叙事学》中概括中国古代小说的四大范畴是：白描、闲笔、虚写、传神。[①] 白描即是鲁迅所说的"有真意，去粉饰，少做作，勿卖弄而已"[②]；闲笔是在叙事中夹叙他事，掌握节奏变化和控制气氛情调；虚写与实写相对，是衬托、烘托；传神是写出人物的性格特点，传神地表达。

《忆怪集》以与儿童交流的说故事的方式，对事件多采取白描的方式写作，在主要事件叙事中，穿插其他事件，看似闲笔，但并非可有可无。在塑造人物时，通过虚写的回忆事件来完善，通过角色的语言叙述来刻画；通过有信度的"道听途说"，完善第一人称视角不完善的真实感。传神的表现在于塑造了一系列的怪人，并通过特殊的事件、细节体现了出来，如《四海游》中的屠夫袁十三在刺探咩公公时露出的眼光及有意误导的语言，写活了帮闲的丑恶嘴脸。

《忆怪集》所运用的闲笔令人印象深刻，作品的开篇往往是闲笔的运用，但没有采取西方小说常见的一人一事一景的角度手法，以至于被认为是多余。但作品中的闲笔不闲，对于交代环境、塑造人物、凸显主题等，都起到了应有的作用，如《苦啊！嘎咯》闲笔先写蓼河里有落水鬼，引入到要捉落水鬼，水性好的嘎咯于是被人利用来捉鬼；《芦芦……》中开篇对"两只脚鬼怪"的提示，说可怕的是"两只脚的鬼怪"，儿童"我"和伙伴水岩鹰虽当时不懂，但经过与卖灵鸡子老头子的斗争事件之后，也明白了这个道理。

---

① 徐岱.小说叙事学[M].北京：商务印书馆,2010.
② 鲁迅.鲁迅经典全集·杂文集（下）·南腔北调集·作文秘诀[M].北京：北京理工大学出版社,2016.

三、对儿童化的发展运用

传统的传奇志怪文学没有考虑到儿童读者。《忆怪集》作为儿童小说，注重与儿童结合，进行儿童化的运用。

1. 儿童与事件

用儿童眼睛看成人世界而不是儿童自身的世界，谢璞的《忆怪集》是对五四时期叶圣陶等人提倡的"为人生"艺术的继承与发展。

儿童是事件的亲历者。街上有人卖灵鸡子，引得"我"和小伙伴水岩鹰馋得慌，经历了从要吃鸡腿、去抓灵鸡子到保护灵鸡子的过程，从忍受一夜蚊子叮咬、好奇葫芦、看灵鸡子栽进火堆里害怕同情、不愿意背装着灵鸡子的袋子、不要分来的两只灵鸡子，到砸碎葫芦，其间有着明显而生动的儿童心理成长变化历程。与抓卖灵鸡子的老头子的凶狠比起来，儿童的力量弱势，虽有好的愿望，却于事无补。这里的儿童是人性美的代表，是黑暗社会中的亮光。《拨灯棍》中，"我"进入拨灯棍刘先生的补习班学习，见到了刘先生面对阔少爷时的气节，听到刘先生为穷人讲的励志故事"周昭王之死"，亲见刘先生为被乡公所抓去的"我父亲"拟禀帖，救了父亲。刘先生被打压后，父亲托"我"和大哥去看望。之后"我"仍报名刘先生的补习班，送笔给他。儿童不能与成人世界隔离，他们在成人的故事里能感受到成人的真善美与假恶丑。

儿童是事件的旁听者。这个听来的故事，由于儿童与经历者的关系，使得故事仍显真实。《相知姐姐》的故事场地发生在表哥家乡，"我"走亲戚时亲见相知姐姐的美善和坚强，而相知姐姐与秋喜表哥的爱情、曲折悲惨的遭遇，主要是听来的。《阳雀怨》是童年时代听妈妈讲的故事，父母所讲的是其故乡的故事，也具有口传的真实性。

儿童既是事件的亲历者，又是旁听者，两者结合共同叙事，写出真实。《四海游》中"我"被杨博士好心"收魂魄"，"我"和袁山山被选为"迎故事"的主角。"我"亲见反派杨博士的魔鬼面目，也亲见醉酒的上尉军官对杨博士血腥发家的揭露。杨博士借刀杀人，杀了上尉军官的事情是听说的。虽是听说的，却因符合角色性格更显真实。杨博士的卖女求荣，是"我"从大人们嘴里听说的；杨博士因歌谣而忧惧，"三天没吃硬饭，至少瘦了几斤肉"是"我"听杨博士的二管家（袁大婶的姨老表）说的，也因符合角色性格而可信。

2. 儿童心理的表现

叙事之中，儿童心理的把握也是体现儿童化程度的优点。《忆怪集》把志怪文学加以儿童化，很注重对儿童心理的表现。

《芦芦……》写为了吃到灵鸡子，"我"和伙伴水岩鹰的各种表现，都展现了儿童心理的变化。水岩鹰吃到了灵鸡子腿，向"我"炫耀。"我"说大话明天要去抓灵鸡子，是出于好胜心。两人找抓灵鸡子的老头子学怎么抓，躲在店铺的屋檐下，忍受蚊虫叮咬，用指甲互掐，免得睡着了。喝醉了的老头子，终于夜出。两人从身后，"冷不防不声不响扑过去，揪住他所背的一个空麻袋。"老头子差点跌倒。老头子得知原因后，答应带上两人，还奖励一只灵鸡子。"我们兴高采烈，讨好说，只需要参加抓灵鸡子，不需要奖励。"路上心情好，"我情不自禁地唱了一句歌"，遭到老头子斥责，于是"像羔羊似的驯服"，跟着走。老头子跌进水沟，两人也跟着跌进去。月色下两人感到害怕："如果他是狼外婆变的，说不定会把我们从头到脚吞下去的。"烧火堆时，听到如何抓灵鸡子，"我就兴奋"，希望灵鸡子能听出葫芦的声音，落到火堆里来。等到灵鸡子大批落进火堆里时，"我"又觉得灵鸡子愚蠢。没烧死的灵鸡子，飞到他们的肩上，没有一只走的。"我出于同情心，把肩上一只活生生的灵鸡子甩上天空"，让它逃生去。老头子杀了几十只灵鸡子，"我"和伙伴水岩鹰则是"胆怯的模样"。老头子让帮着吹葫芦，两人"犹豫不决，不大愿意效劳"。天快亮了，两人很累，"后悔不该瞒着父母外来自讨苦吃。"得知葫芦的秘密时，两人一致决定砸了葫芦，然后逃跑。在故事中，灵鸡子的悲惨遭遇唤醒了儿童的爱心，他们的选择发生了变化，从一开始要捉灵鸡子转变为打破葫芦、不让老头子再去捉灵鸡子。随着情节的变化，儿童的心理也发生了变化，作品不动声色地描绘了这一点，起承转合非常巧妙，故事的冲突出乎意料又在情理之中，展现出儿童与成人截然不同的心路历程。

《四海游》中，"我"开始对咩公公有误解，"可是咩公公到底是没有学问的粗人，他给我们的回答是很可恼的"，之后才明白咩公公回答的深意。《相知姐姐》结尾，"我"猜想相知姐姐可能住进了月亮里，在天狗吃月时，"我"和小伙伴拿脸盆、饭盒使劲敲打，"我"甚至把饭盒盖子给敲破了。其他作品中也都以儿童的"我"的视角展开故事，对儿童心理的刻画都有所表现，如《灵猴秘史》中"我"对猴子的好奇、《拨灯棍》里"我"被刘先生教训而"气得泪汪汪的,赌气要走"等。

儿童的心理不仅表现在顽皮和幼稚上,也自然地表达着爱憎,如对角奶奶的描写:"我站在大门边望着她渐走渐远的高大而微弯曲的背影,像一座小山似的背影,蓦然,我想到前次角奶奶额角上的血,也是为了别人的生而流的,一点不会错哪!"这和鲁迅《一件小事》中"榨出皮袍下面藏着的'小'来",以及与朱自清的《背影》相同,都给人以震撼的力量。

3. 歌谣的运用

中国古代的叙事思想中,有两个核心,即所谓"史传"和"诗骚"。[①] 中国古代的叙事思想渐渐形成了两种流派,即主史派和主诗派。主史派强调叙事的纪实性:"叙事不仅要纪事,而且所纪之事必须能证实。"[②] 主诗派的一个表现是小说中的引诗入文,"有诗为证"。鲁迅批评过度的诗文运用:"而诗词简启,充塞书中,文饰既繁,情致转晦。"[③] 儿童小说中诗词运用情况少,也许古代诗词本身对儿童来说接受上就有些难度,当然主要与作家的审美趋向有关。有人认为小说中的诗词,往往流于程序化,但其具有民族化的叙事特色是无疑的。同时,形式手法不能决定艺术本身的高低,《红楼梦》诗词运用不影响其伟大。继承了唐传奇等显示的史才、诗笔、议论的传统,《忆怪集》把古诗词发展为了儿童歌谣,以适应和体现儿童文学的特色。

《芦芦……》中卖灵鸡子的老头子叫卖声,一边用胡琴伴奏一边唱:"山珍海味真好呷,灵鸡子肉赛天下,为人没尝过灵鸡子肉,想来实在不像话……要问抓灵鸡子何妙法?全靠我前世与玉帝是亲家……"《四海游》有3段歌谣,《苦啊!嘎咯》中嘎咯唱的歌,《灵猴秘史》中的"告诫歌",《相知姐姐》中的9段歌谣,《血牡丹》中达念叔叔讥讽吸血鬼"保队副"的歌谣,《一杯御酒》中揭露自愿乐捐的歌谣,《阳雀怨》中阳雀对不公的怨恨悲愤的两段歌谣,等等。当然,也有没有运用歌谣的,如《拨灯棍》。

歌谣的作用主要体现在塑造人物、凝练情节、揭示主题等方面。《相知姐姐》在人物对话时,以唱代说,显示了特定地区人民的乐观性格。人们用山歌赞美相知:"听过相知开口唱,煮饭忘记滤米汤,猪栏里面丢牛草,牛栏

---

① 陈平原."史传""诗骚"传统与中国小说叙事模式的转变——从"新小说"到"现代小说"[J].文学评论,1988(1):92.
② 徐岱.小说叙事学[M].北京:商务印书馆,2010.
③ 鲁迅.中国小说史略[M].北京:中国书籍出版社,2016:234.

里头喂猪糠。"这与赞美罗敷一诗有相同的效果。相知送给秋喜一双布鞋,秋喜傻乎乎地对别人讲了。相知唱歌批评:"穿了新鞋少啰唆,大街之上莫打锣,燕子衔泥紧闭嘴,蚕儿抽丝在心窝。"先说穿了新鞋不要声张,后以燕子衔泥、蚕儿抽丝做比喻,责备秋喜不解男女之情。这与唐传奇中男女主角诗词寄情类似,虽不比士子,但更符合底层人民身份,以唱传达。相知怕招来闲话,"有心喊郎吃早饭,又怕旁人闲话多",得到了秋喜妈和灵芝姐姐的赞扬。《灵猴秘史》中盛达先生教唱告诫歌:"高昌有个高小四,油桶藏银多奸计……"概括了高小四卑鄙的发家史。比起概述故事来说,歌谣的方式更加凝练生动。《一杯御酒》的歌谣:"重建桥,重建桥,穷人出钱富人逍遥,挂羊头卖狗肉,'行善之人'眯眯笑,猛发横财的时机又到了",揭露百寿先生等富人"吃人"的本质。《四海游》咩公公编的歌谣揭露了杨博士"恶魔"的罪恶人生、"迎故事"活动的杀人本质:"灭口杀人有七个,渔民当了替罪羊""当场晒死'赵子龙',受热丧命有九个。今年'故事'又要迎,血的教训记心窝。"《苦啊!嘎咯》中嘎咯教唱的歌,揭露了社会黑暗现实,抒发了对人民遭受苦难的感慨。

(《特立学刊》2018年第6期)

附录

谢璞创作年表

（1）《竹妹子》（短篇小说集）

——北京通俗文艺出版社出版，1957年1月第1次印刷。

（2）《竹娃》（短篇小说集，与许有为、周倩等合集）

——湖南人民出版社出版，1957年9月第1次印刷。

（3）《姊妹情》（短篇小说集）

——长江文艺出版社出版，1959年4月第1次印刷。

（4）《深沉的爱》（短篇小说集）

——上海文艺出版社出版，1962年1月第1次印刷。

（5）《二月兰》（短篇小说集）

——湖南人民出版社出版，1963年4月第1次印刷。责任编辑：黄起衰，唐维安。

（6）《珍珠赋》（散文集，与韶兵、春晓等合集）

——人民文学出版社出版，1973年5月第1次印刷。

（7）《无边的眷恋》（中、短篇小说集）

——上海文艺出版社出版，1978年10月第1次印刷。责任编辑：谢泉铭。

（8）《忆怪集》（短篇小说集）

——湖北人民出版社出版，1981年第1次印刷，1982年1月第2次印刷；

——湖北少年儿童出版社出版，1985年第1次印刷。责任编辑：饶竹纯。

（9）《小月亮和穿山甲》（中篇小说）

——湖北人民出版社出版，1981年第1次印刷。责任编辑：饶竹纯。

（10）《笑天子找"智囊神"》（中篇小说）

——湖南少年儿童出版社出版，1982年3月第1次印刷。责任编辑：陈忠邦。

（11）《信誓旦旦》（中、短篇小说集）

——花城出版社出版，1982年7月第1次印刷。责任编辑：杜渐坤。

（12）《慢半步》（寓言童话集）

——江苏人民出版社出版，1983年8月第1次印刷。责任编辑：黄天戈。

（13）《屋檐下的大世界》（寓言童话集）

——少年儿童出版社出版，1983年9月第1次印刷。责任编辑：孟绍禹。

（14）《血牡丹》（中、短篇小说集）

——人民文学出版社出版，1984年5月第1次印刷。责任编辑：崔坪、赵惠中。

（15）《回顾我的童年》（《童年文库·作家的童年》第15集，其中含陈学昭、谢璞、赵景深、方敏四人作品）

——新蕾出版社出版，1984年7月第1次印刷。责任编辑：李沍、远山眉。

（16）《海哥和"狐狸精"》（长篇小说）

——甘肃人民出版社出版，1985年1月第1次印刷。责任编辑：马牧。

（17）《剪春罗》（中、短篇小说集）

——湖南人民出版社出版，1985年4月第1次印刷。责任编辑：唐维安、汤延涓。

（18）《为他治好了胆小病》（中篇小说）

——新蕾出版社出版，1987年4月第1次印刷。责任编辑：郭一尘。

（19）《美妙的夜空》（儿童小说选）

——湖南少年儿童出版社出版，1989年11月第1次印刷。责任编辑：陈大兴。

（20）《珍珠赋·谢璞散文选》（散文集）

——湖北少年儿童出版社出版，1991年1月第1次印刷。责任编辑：饶竹纯。

（21）《从摆子寨逃出的孩子》（长篇小说）

——湖南少年儿童出版社出版，1991年7月第1次印刷。责任编辑：刘杰英。

（22）《小狗狗要当大市长》（长篇童话）

——湖南少年儿童出版社出版，1995年12月第1次印刷。责任编辑：杨实诚。

（23）《打败了烦恼》（中篇童话集）

——湖北少年儿童出版社出版，1997年8月第1次印刷。责任编辑：姜淦洲。

（24）《当代湖南作家作品选——谢璞卷》（含长篇小说《海哥和"狐狸精"》、散文24篇、短篇小说5篇）

——湖南文艺出版社出版，1997年12月第1次印刷。责任编辑：欧阳强。

（25）《谢璞自选集》（上下册）

——湖南文艺出版社出版，2004年4月第1次印刷。责任编辑：薛健。

（26）《骨狼》

——华文出版社出版，2005年1月第1次印刷。责任编辑：谭笑。

（27）《芦芦……》

——湖南少年儿童出版社出版，2006年6月第1次印刷。责任编辑：郑瑾。

（28）《夜郎西舅》

——海南出版社出版，2009年第1次印刷。责任编辑：古华。

（29）《谢璞的文学世界》

——光明日报出版社出版，2015年3月第1版。责任编辑：王娟。

珍 珠 赋

谢璞

芙蓉花开的日子,我和几位同志访问了浩瀚的洞庭湖。它是美丽富饶的鱼米之乡,又盛产珍珠。

古老的洞庭,由于历代反动统治阶级不加治理,洪水常常泛滥,原是"淼茫千里白"的地方。唐代诗人白居易曾经叹道:"安得禹复生,为唐水官伯?手提倚天剑,重来亲指画。……龙宫变闾里,水府生禾麦。"但这只是诗人的幻想。在旧中国①,洞庭湖到处是溃决堤垸的灾难,只有满湖的血泪,无尽的悲怨。就拿一九三五年来说,滨湖一带溃决垸子一千三百多个,活活淹死了三万七千五百多人,还有四百多万人挣扎在污泥秽水里,无家可归。可是,古代的诗人,哪曾料到历史的长河中,竟会涌现一个"六亿神州尽舜尧"的伟大时代!在红日照耀下,几百万洞庭人民挥舞"倚天剑",指画洞庭,整修了滨湖堤垸及湘、资二水入湖的洪道,完成了大通蓄洪工程,"龙宫"不仅变成了"闾里","水府"不仅能生"禾麦",而且大量地生产了珍珠。

在一只渔船上,我们大开了眼界。一个白发老渔民从舱里捧出一握珍珠来,只见那颗颗珍珠,有大如羊奶子头的,有小如红豆的,光华四射,莹光熠熠,鲜艳夺目。我们问每年可以收多少颗珍珠,老渔民笑着说:"这里的珍珠不是论颗数,而是论斤两的。汉寿县有个大队,今年就可收珍珠一百一十多斤!"

珍珠是名贵的药材和装饰品。我国自古代就有出产珍珠的盛名,合浦珠的采捞,从汉代就开始了,至今已有近两千年的历史。但洞庭湖产珍珠,却是近几年的事。滨湖人民利用天然水源,精心养殖珍珠蚌,在很短的时间内,

---
① 此处为作者原文用法,现不使用此说法。

就摸索出了养殖的规律，获得了优质高产。这是令人赞叹的奇迹。然而，老渔民告诉我：洞庭湖还有更美的珍珠！

离开渔船，走上堤岸，只见千百条水渠，像彩带似的，把无边无际的田野，划成棋盘似的整齐方块。那沉甸甸的稻谷，像一垄垄金黄的珍珠；炸蕾吐絮的棉花，像一厢厢雪白的珍珠；婆婆起舞的莲蓬，却又像一盘盘碧绿的珍珠。那大大小小的河港湖泊，机帆船穿织如梭，平坦的长堤公路上，拖拉机往来不断，到处是机声隆隆，水畅人欢。今日洞庭，诗意盎然，彩笔难绘，简直是一个用珍珠缀成的崭新世界！

我们来到有名的白洋湖边，坐上名叫"双飞燕"的渔船，在比小河还宽的渠道中缓缓前行。清水滔滔地流着，渠道两岸密密地栽种着千姿百态的绿树，有香椿、泡桐、苦枣、白杨和挡浪柳。划行十几里，进入白洋湖口子边的卫星湖。这里养了大量的鱼，有鲢鱼、青鱼、草鱼、麻牯莲子鱼、大鲤鱼，还有来自武昌的花鳞甲的金鲤……

我正被这些鱼群吸引着，突然前方传来一阵清亮的歌声：

手握珍珠喜盈盈，

千颗万颗照洞庭；

好水一湖金不换，

幸福源头在北京。

……

穿过一丛密密的垂柳，眼前顿时出现了一幅别致的水彩画。一望无际的莲荷，花红叶绿。一群穿着各色衣裳的姑娘，驾着织布梭子形的采莲船，一边不停地采摘莲蓬，一边唱着笑着。

看到洞庭湖丰收的图景和欢乐的人们，谁也想象不到，这里，今年持续有一百二十多天没有下雨，历年防洪防污的滨湖突然遭到了严重干旱。可是滨湖人民为了祖国富强，千方百计战胜了旱魔。就以南县来说，全县共出动了六万多人，苦战了半个多月，日日夜夜，争分夺秒，筑了五条坝，堵了四条河，实现了东水北调，北水南移，既挽留了长江经过洞庭湖的水，又把湖水抽上了内河，大旱之年夺得大丰收。我们赞美洞庭湖的珍珠，更要赞赏这培殖珍珠的千千万万的滨湖人民，赞美他们战天斗地的革命精神。

正当我们返回的时候，天渐渐黑了。霎时间，四面八方，电灯明亮，就像万千颗珍珠飞上了天！这排排串串的珍珠使天上银河失色，叫满湖碧水生辉。

　　谁猜得着，整个洞庭湖滨有多长的高压电线？湖区向机械化、电气化进军，八百多万亩土地上，已经修建了六千一百多个排灌站，一万五千多处涵闸，使百分之七十的耕地实现了旱涝保收。听说架设的高压电线共有七千六百多华里长！

　　洞庭啊，洞庭！在你这里，天上、地面、水下，处处闪耀着珍珠的异彩，你就是镶嵌在我们伟大祖国土地上的一颗大珍珠！应该挑选天下最鲜艳的油彩，来描绘洞庭的珍珠，因为每一颗珍珠，都沐浴着生养万物的雨露阳光，每一颗珍珠，都是洞庭碧波上开放的瑰丽花朵！

1972年11月26日发表于《湖南日报》

丁 香 梦

谢璞

小丁香，确实是个丁香般的女孩子。她的梦，格外多，梦的滋味也不一样。

到乡下外婆家度暑假，本来是愉快的，可是她却做了一个梦，一个苦涩的梦。

她变成了小鸟儿，飞翔着，突然她被舅舅围住关在小小的笼子里，舅舅多坏呀！

其实，舅舅不坏，很关心她。因为她上学期考得不好，生了气的爸爸领她到外婆家，希望舅舅帮她复习好两年来的功课，从严教育这个小外甥女。她爸爸还讲到，如果每门功课不达到八十分以上，不让回城里念书。

就在小丁香做噩梦的前一天，舅舅和她有一回针尖对麦芒样的"对话"。

"你下乡来，玩了好几天了，好玩吗？"

"还可以，玩得还痛快。"

"你来乡下要达到什么目的？"

"目的？很多！"

"第一？"

"逮几只会斗架的小蟋蟀。"

"第二呢？"

"准备同小伙伴夜里到坟山上，去听猫头鹰鬼叫……"

"第三呢？"

"好好研究一下——会鼓肚子的癞蛤蟆的气功。"

"哎！成绩不好的人进不了城，明白吗？"

"明白？舅舅也进不了城，也是成绩不好的人啵？"

"我是在谈你。"舅舅生气地说,"你爸爸委托我在暑假做你的教师……"

"是吗?"小丁香心里想着要得罪舅舅,免得他来干涉自己行动,她玩笑说,"城里那么多成绩好的教师,也教不好我,成绩不好的舅舅,能教好我吗?"

舅舅心里不舒服,但毕竟是有经验的小学教师,他没有"中计",便改变为缓和语气说:

"就算舅舅成绩不好吧,不做你的教师,做你的同学,该可以吧?"

"这还差不多,谁也不能干涉谁!"

"对,那就靠制度来管我们。每天上午学习三个小时,谁也不能走出大门半步。"

"你能做到,我也赞成。"

"那就从现在开始复习功课吧!"舅舅趁热打铁地说。

小丁香二话没说,立刻把书全找了来。不过,她还讨价还价,指指堂屋方桌上的小闹钟说:

"舅舅,你看,我们已花掉半个小时左右了,今天上午只能够再复习两个半小时了。"

舅舅再让步,答应了。从此,小丁香便开始了每天上午三小时复习功课的生活。然而,她总嫌时间太长,仿佛每天要"熬三年",思想集中不起来,凳子上好像尽是尖钉子。

有一天上午,她终于找到了开小差的借口。舅舅布置好作业后突然不见了。她张望了一阵,便也窜出大门槛,不料,老外婆在走廊上拣青菜。

"小丁香,上哪去?"

"我找舅舅。他不向我请假,违反制度到什么地方去了,现在有问题没地方去问,白白浪费我一上午时间还行?!"

"外婆替你去找!"外婆很高兴小外孙女如此这般珍惜时间。

"不用了。我腿勤快。"小丁香说着,就一阵风似的飞远了。

她发誓今上午要痛痛快快玩玩,估计舅舅也不敢责备自己,就说自己四处找他去了。

这是七月的火辣阳光,光着脚丫子走,干地方、水里面都方便。她先和几个年龄相仿的小伙伴在水池里捉小鱼,差一点儿逮住一条大沙鳅;后又同他们到"九霄山"树林子里采蘑菇。小朋友们回家吃中饭去了,只剩下她一个人时，突然感到寂寞起来，又无形中想到"复习"这件恼火的事情，心里说："要是没复习好，回不了城，那也真不得了哩！爸爸呀，你也实在太厉害了！……"

她信步在山坡走着，也不知走了多远，走近了一座围墙高耸的新红砖房子，大门边还有块漂亮牌子："三苟竹笋厂"。

"管你什么厂，人太困了，我该休息休息了。"围墙边有一株大槐树遮阴凉，她便在树边坐下来。

才坐下来，便听到有热闹的嗡嗡声。她发现好些野蜂子往新围墙上"冲锋"。仔细一看，它们都在忙忙碌碌旋转着身子打洞洞，用尖细的嘴子在凿许多块很硬的红砖。有的才凿出穴痕，有的已凿成新洞洞，原来它们是在开挖自己的窝，没有斧子，没有钢钎，居然用自己的嘴在凿红砖！这实在是奇观呀！野蜂子凿泥砖，她见过，凿这般坚固的红砖，确实还是第一次见到！"小小生命，多么顽强呀！"小丁香心里响起了这样的赞词。她发现有七块红砖上已凿得花花点点，她佩服野蜂子会选择这种"宝地"建筑自己的安乐窝。她心儿震惊了。

"你们，好汉，好汉呀！"她对野蜂子们伸出了大拇指，又说，"我们，能交朋友吗？"

忙于建筑的野蜂子们嗡嗡地扑着翅膀，在"施工场"上回答了她，那嗡嗡之声，好像是说："好呀，好呀！"

返回外婆家去时，她格外轻松、愉快，心里只有一个念头："野蜂子是好样的，它们真勇敢！我小丁香未必就比不上它们……"

这一天晚上，小丁香又做了个梦，是个很甜很甜的梦！梦境里，有一只野蜂子把一滴蜜滴进了她嘴里，还问话：

"小丁香，甜吗？"

"真甜！你……别太客气了！"

"交朋友了呗！我是来慰劳你的，你不在复习功课吗？"

"你看看我能回城吗？"

"包在我身上，包你每门功课一百分。"

小丁香笑醒了。同一张床上的老外婆问她笑些什么，她如实说了。外婆也笑了，并且欢喜地说：

"做这么甜的梦，从此你会交好运了！"

小丁香第二天复习中,既主动,又精力集中。三个小时一眨眼似的过去了。后来,天天如此。

临到回城前两天,舅舅对小外甥女进行了全面考试,语文和算术各得一百分。

舅舅高兴,兴致勃勃地问:

"小丁香,后来你变了样,有什么秘密吗?"

"有的,现在可以公开了,是一群'小小朋友'启发了我,帮助了我!……"小丁香讲出了那天在什么地方见到的奇观,又说,"舅舅,你能陪我到'三苟竹笋厂'围墙边,再去看看野蜂子吗?离开朋友的时候,总得同朋友道一声别吧?"

舅舅当然高兴陪她去。走了好一阵,舅甥俩才到达目的地。不过,很叫小丁香失望,那高耸的围墙,全用纸渣石灰浆粉刷过了!再也看不到一个野蜂子小洞洞窝了。也许当初用尖嘴打洞建窝的那些野蜂子们,全部活埋在里面了。小丁香一想到这一层,就潸然流下泪来,谁忍心朋友受罪呢?她舅舅能理解她的心事,心里也不好受,便牵着她的手离开了围墙,并安慰说:

"小丁香,别难过,也许围墙被粉刷前,你的那些'小小朋友'们事先搬迁了……"

小丁香再没有吱声。

她是带着丰硕的复习成果回城市去的,同时也是带着遗憾离开乡下的。幸亏后来她在城里又做了个梦,是个美梦,梦见一群野蜂子来城里看望她,原来它们确实是粉刷围墙前搬走的,它们又在另一个新的世界凿出了新的窝,新的家。自从做了这个梦,小丁香就更高兴了,她成为班上头三名成绩的好学生。

(《儿童时代》1990年第4期)

汨罗江的鱼（外二章）

谢璞

我看见了汨罗江的鱼，不分大小，总是很肥，很乖！一切江湖河海的同类，似乎没有它们阔气。据说，它们得天独厚，因为祖祖孙孙吃过天地间罕见的东西——诗人屈原的肉和骨冰。再加上年年端午，有那些好心肠的人来求情，把大量的粽子投进了汨罗江，希望鱼族吃了粽子，再莫去吃屈原的骨肉。但是，它们吃了一切，粽子和屈原一起吞下去，一概用锯齿先来细细咀嚼，吃得津津有味。

同时，我也看见了朋友家油锅子里炸汨罗江的鱼，炸得又香又脆，撒上点姜丝，洒上些糖醋，变成佐餐的美味。骨头、肉、肉骨头，吃吃吃，又香又脆。幸亏仓颉有发明，若不，肥物的锯齿，把《离骚》也要消灭。

三脚鹿

我看见了一群鹿奔走在山林。它们是那样快活，一时追逐跳跃，一时吮吸泉水，一时伸长颈子饱餐山坡上的青草，一时又向着蓝天呦呦地欢唱……

在这群欢乐的生灵中，有一只鹿比同伴蹦得更高，叫得更欢。我十分惊讶地发现，它只有三只脚。但我更惊讶的是，看不出它有什么痛苦。它的神情好像是在说："我的自由不仅仅是天赋的，大半是自己用痛苦换来的。"

森林中的能言鸟告诉了我：一天，这只鹿误入陷阱，被猎人埋设的机关卡住了一只脚。它向苍天哀求，向大地呼救，却全然无用。它面临着两种选择：或是完整无缺地死去，或是用极大代价换取自由。在这生死关头的时刻，它选择了后者。它用自己的牙齿咬断被卡住的那只脚。流出鲜血，换取了自由……

我又联想到生灵万物中的一些懦弱者，他们以为自由靠老天的恩赐。

小生命的欢笑

我看见了一只母雀,把全部的母爱注入一个雀蛋,孵蛋期间不算短,废寝忘餐,几多昼和夜!忽然,一只小生命凭母爱化变的全部力量,用柔软而又坚毅的嘴喙,把雀蛋壳啄破,挣扎出来。把养育过它而又禁锢过它的小天地——蛋壳啄破挤开,大口大口地呼吸崭新世界的新鲜空气,它再不愿意在蛋壳里做美梦,再不愿在蛋壳里沉默!有片刻的迟疑,它的新生命,就不会存在,不会存在!

我看见了刚刚呼吸到新鲜空气的小雀在欢笑着:"大世界,拥抱我,快来,快来!"其实,它已把新鲜的大世界紧紧地拥抱在怀中。

(1980年10月)

后 记

2018年3月6日，我最敬重的父亲远行了，留给我的，除了悲痛，还有曾经的温暖和无尽的思念。

许多文艺界的领导、朋友、家乡父老，都发来纪念文章、挽联，极为诚挚。在湖南儿童文学学会、湖南少年儿童出版社、湖南省文联以及家人的共同努力下，编辑了这本《永远的珍珠赋——谢璞先生纪念文集》，且希望在他老人家病逝后的第一个诞辰日，能得以付梓印刷。

该书由我整理的相关照片、谢璞先生生平、文学艺术界谈谢璞先生、文学艺术界之挽联（辞）选萃、亲属追思、文学评论摘选、附录、后记等几部分组成，其中收入的文学评论，都是具有代表性的专业文学评论。

文稿的作者们，从不同的事件和角度，追述了我的父亲谢璞先生的文学之路，还有他严于律己、宽以待人的大师风范。我的父亲是一位真诚的人，高尚的人，他在几十年的文学道路上，挥洒才情，著作等身。他培养后辈，倾力指点，为我们后辈留下了宝贵的精神财富。

在这里，我一定要感谢：

欧阳斌先生。他是中国作家协会会员，是湖南省政协原副主席、我父亲所在单位湖南省文联的主席。在得知将出版这本书的时候，欧阳斌先生在百忙之中，拨冗为谢璞先生的小女儿，也就是我，写了一封信，满含真情义的一封信，其中既有对我父亲一生的肯定，也有对我们这些子女的鼓励。我会珍藏这封信。

汤素兰女士。她是湖南师范大学的教授，现任湖南省儿童文学学会会长等职。她还不断进行着深入读者心灵的文学创作，平时是很难有太多空闲时间的，但她抽空为这本书作了序，很纯朴的序，真挚感人。

杨金鸢先生。他是湖南省政协学习联络委员会副主任，湖南省文化创意产业协会会长，中共湖南省委宣传部原副部长，湖南省广播电视局原局长。听说要出版这个文集，欣然提笔，为这本书题了书名。

吴双英女士。她是湖南少年儿童出版社的总编辑，是个为了孩子不遗余力去工作的女士。为了出版这本书，她所付出的努力是不言而喻的。

编入书中的作品的作者，有我父亲谢璞先生尊敬的长者，也有共事多年的文学界老友，还有他亲自帮助、指导过的文学后辈。他们饱含真情，写出了这些文稿。这些纯洁而真挚的感情，对于文学的拳拳赤诚之心，在当代社会，仍然是我们需要的，值得珍惜和发扬的——这自然也加重了本书的厚度和分量。

我的父亲谢璞先生虽然远行了，但他仍然会像"一棵去年的树"，发着属于未来的光，永远照耀和激励着文学界的后来者。

由于本书篇幅有限，"照片"部分出版社的编辑只能从海量的照片中挑选出一小部分。

由于水平有限、时间仓促，加之稿件来自四面八方，搜编起来实有困难，所以难免有疏漏之处，万望大家谅解并指正。

在此，我对所有帮助、支持过《永远的珍珠赋——谢璞先生纪念文集》的编辑、出版的朋友，表示最衷心的感谢。目录排名不分先后，再次谢谢大家。

谢然子

2018年8月28日